KROONPRINS FILIP

© Barend Leyts, Brigitte Balfoort & Mark Van den Wijngaert /
Houtekiet 2007
Uitgeverij Houtekiet, Vrijheidstraat 33, B-2000 Antwerpen
www.houtekiet.com
info@houtekiet.com

Omslag Jan Hendrickx
Omslagfoto Eric Vidal, Photo News
Foto's binnenwerk Photo News
Foto p. 170 Barend Leyts
Vormgeving Intertext, Antwerpen

ISBN 978 90 5240 986 3
D 2007 4765 38
NUR 698

BAREND LEYTS,
BRIGITTE BALFOORT &
MARK VAN DEN WIJNGAERT

Kroonprins Filip

Houtekiet

Antwerpen/Amsterdam

INHOUD

WOORD VOORAF

Aangezien hij voor de voortzetting van de dynastie moet zorgen, bekleedt de kroonprins een bijzondere plaats in de monarchie. Aan zijn opvoeding en vorming besteden de koning en het Hof dan ook extra aandacht. De overheden van het land omringen de troonopvolger met meer eerbetoon dan de andere prinsen. De kroonprins krijgt ook meer aandacht in de publieke opinie. Kritiek op de troonopvolger of twijfel aan zijn kwaliteiten als toekomstig monarch komen niet of nauwelijks voor bij de eerste vijf Belgische kroonprinsen, dit wil zeggen vanaf Leopold II tot en met Albert II. Dat verandert met de huidige troonopvolger, prins Filip. Dat heeft ongetwijfeld te maken met het feit dat in de jongste jaren de betekenis van de monarchie in politieke kringen en in de publieke opinie in twijfel wordt getrokken. Maar het heeft ook te maken met de kroonprins zelf en hoe hij op die kritiek reageert.

Dit boek brengt het verhaal van prins Filip, van zijn prilste jeugd, zijn opleiding, zijn vorming, zijn huwelijk en zijn leven als kroonprins. Het Huis van de prins was op de hoogte van het project, maar vond het te vroeg voor een biografie en twijfelde aan de bedoeling ervan. De conclusie was dat men het initiatief niet zou tegenwerken, maar dat de prins en zijn medewerkers geen interviews zouden toestaan. Voor de samenstelling van het boek waren de auteurs dus aangewezen op andere getuigenissen.

Bij de start van het project waren slechts weinig bevoorrechte getuigen bereid te spreken. Dat veranderde als enkele prominenten uit de kringen rond de kroonprins hun verhaal hadden gedaan. Dan gingen plots vele deuren open en waren velen bereid te getuigen, zij het meestal niet *on the record*. Daardoor moeten we een groot aantal getuigen anoniem laten. Anderzijds waren er evenzeer prominente vertegenwoordigers van het Belgische establishment die er geen bezwaar tegen hadden dat hun naam vermeld zou worden. De auteurs danken al diegenen die de realisatie van deze biografie mee hebben mogelijk gemaakt. Zeer in het bijzonder danken zij graaf Michel Didisheim, generaal Guy Mertens, baron Gerard Jacques en baron Paul Buysse. De informatie en duiding die zij verstrekten, hielp de auteurs in hoge mate om een zo volledig mogelijk beeld van de kroonprins te schetsen.

De auteurs van het boek hebben bewust de platgetreden paden van het verheerlijken of het verguizen van de prins links laten liggen. Zij zijn op zoek gegaan naar de componenten in het leven van de kroonprins, de elementen die hem gemaakt hebben tot wie hij nu is. Daarvan hebben de auteurs een objectieve balans opgemaakt, uiteraard in het besef dat dit boek slechts een eerste aanzet is van de uiteindelijke biografie van kroonprins Filip.

HOOFDSTUK 1

De kroonprinsen

Eén van de belangrijkste functies van de erfelijke monarchie is te zorgen voor continuïteit. Dat gebeurt via het nageslacht en daarin neemt de troonopvolger uiteraard een bijzondere plaats in. De kroonprins – tot 1991 zijn prinsessen in België niet troongerechtigd – heeft een apart statuut en wordt door zijn entourage in de regel met de nodige zorg voorbereid op zijn toekomstige taak. Zijn opvoeding staat hoofdzakelijk in het teken van het instandhouden van normen en tradities die met de monarchie zijn verbonden, maar houdt meestal ook rekening met de maatschappelijke veranderingen. De troonopvolger treedt in de voetsporen van zijn voorganger, maar is, als het systeem vooruitziend werkt, ook vatbaar voor nieuwe ideeën en belangrijke evoluties. Een monarchie die zich enkel vastklampt aan tradities en verworvenheden lokt immers conflicten uit en is gedoemd om te verdwijnen of aan macht en aanzien in te boeten.

Tot daar de theorie. In de praktijk verloopt de troonopvolging niet altijd even vlot. Per definitie bestaat er immers een generatiekloof tussen de koning en zijn opvolger. De regerende vorst heeft niet altijd evenveel vertrouwen in zijn zoon en die laatste aanvaardt niet zonder meer de wijze raad van zijn vader. Het plotse overlijden van een vorst of zijn troonsafstand maken daarenboven dat de kroonprins niet altijd even goed is voorbereid op het koningschap of er, in het geval van Boudewijn, tegen zijn zin mee wordt opgezadeld. In de geschiedenis van de Belgische monarchie verloopt het leven van de kroonprinsen vaak een stuk minder rechtlijnig dan men er op het eerste gezicht van zou verwachten.

Leopold II

Uit het huwelijk van Leopold I met de Franse koningsdochter Louise-Marie wordt in 1835 een zoon geboren die naar zijn vader wordt genoemd. De eerste kroonprins van de Belgische dynastie krijgt de titel "hertog van Brabant". Hij en na hem alle andere kroonprinsen dragen die titel tot aan hun troonsbestijging.

Op elfjarige leeftijd wordt kroonprins Leopold toevertrouwd aan de zorgen van een gouverneur, luitenant-kolonel De Lannoy. Leopold krijgt privé-onderwijs samen met zijn jongere broer Philippe. Op het programma staan Latijn, Frans, wiskunde, aardrijkskunde, geschiedenis, literatuur, godsdienst, kalligrafie en welsprekendheid. Maandelijks moeten de prinsen examens afleggen. Omdat de kroonprins niet erg aandachtig is in de les, wil de koning dat zijn beide zonen om de beurt over hetzelfde onderwerp worden ondervraagd. Koningin Louise-Marie kiest pater Dechamps, een redemptorist, als godsdienstleraar voor haar kinderen.

Aan talenkennis wordt in de hogere kringen waartoe de koninklijke familie behoort, veel waarde gehecht. Leopold I is van huis uit Duitstalig, heeft zijn kennis van het Engels door zijn huwelijk met de Britse kroonprinses Charlotte kunnen bijschaven en kent, zoals het de adel van die tijd betaamt, vrij goed Frans. Na het huwelijk van Leopold met Louise-Marie van Orléans wordt het Frans de hoftaal en dat zal lange tijd zo blijven. Leopold I kent geen woord Nederlands maar toch moedigt hij het Vlaamse cultuurleven aan. Hij is er schijnbaar om bekommerd dat de kroonprins de taal van de meerderheid van zijn onderdanen zou leren. Maar het blijft grotendeels bij een vrome intentie. De koning benoemt weliswaar Hendrik Conscience tot leraar Nederlands van zijn kinderen, maar dat is veeleer een eretitel. De gebrekkige kennis van het Nederlands wordt een vast gegeven aan het Hof en dit tot ver in de twintigste eeuw.

Naar vorstelijke traditie krijgt de kroonprins als kind al militaire graden toegekend. Als elfjarige knaap is hij onderluitenant; negen jaar later is hij al generaal. Toch is de kroonprins maar matig geïnteresseerd in militaire aangelegenheden. Dit heeft te maken met zijn lichamelijke handicap - een reumatische aandoening in zijn been - waardoor paardrijden en andere militaire activiteiten moeilijk voor hem zijn. Hoewel de koning zijn zoon zelden bij zijn beleid betrekt, doet hij toch een beroep op de kennis van de kroonprins als nieuwe kanonnen en geweren voor het leger moeten worden besteld.

De koning regelt niet alleen de opvoeding van zijn zoon maar ook diens huwelijk. De kroonprins is amper achttien jaar als hij in 1853, op aandringen van zijn vader, huwt met de zestienjarige Marie-Henriette, dochter van de Oostenrijkse keizer. Het huwelijk wordt enkel uit politieke berekening gesloten. Beide koningskinderen hebben weinig met elkaar gemeen. Marie-Henriette is een vrolijk en impulsief meisje, Leopold een nogal gesloten en ernstige jongeman. Beiden voelen zich van meet af aan niet aangetrokken tot elkaar. Dat valt ook koningin Victoria op, tijdens het bezoek van de kroonprins en zijn vrouw aan Londen. Zij schrijft aan Leopold I: "Jammer genoeg hebben Leo en Marie-Henriette geen enkele gezamenlijke interesse of geen enkel idee gemeen... Marie houdt momenteel niet van hem... Leo toont niet het minste gevoel van liefde of bewondering voor haar." De echte passie van de kroonprins, althans in die fase van zijn leven, is het bestuderen van verre landen, volkeren en culturen.

Leopold I zorgt ervoor dat de kroonprins een dotatie krijgt die hem de nodige materiële en financiële middelen ter beschikking stelt om zijn taak te kunnen uitvoeren. Het grootste deel van dat geld dient voor het betalen van het personeel waarmee de kroonprins is omringd. Die dotatie is een afgeleide van de civiele lijst die krachtens de grondwet aan de koning voor de duur van zijn koningschap door het parlement wordt toegekend. De dotatie wordt bij gewone wet geregeld. Later worden ook dotaties uitgekeerd aan de weduwe van de koning en aan andere koningskinderen.

Vijf jaar na haar huwelijk is Marie-Henriette zwanger. Het wordt een dochter, prinses Louisa. Tegenslag voor de monarchie die alleen mannelijke opvolgers erkent. Een goed jaar later wordt echter een zoon geboren, Leopold. Hij krijgt de titel van graaf van Henegouwen. Hij is voorbestemd om die titel te dragen tot hij zelf troonopvolger wordt. Zijn vader heeft een boontje voor hem, hij moet immers de dynastie verder zetten. Hij zal hem op alle manieren bevoordelen. Hij vindt het zelfs niet nodig dat zijn dochters dezelfde erfrechten hebben als zijn zoon. Als een koning aan al zijn kinderen hetzelfde nalaat, betekent dat volgens hem een verzwakking van de positie van de belangrijkste vertegenwoordiger van de dynastie. Dat die ideeën tegen de wet ingaan, is de minste zorg van de kroonprins, die in 1865 de troon bestijgt als Leopold II. Begin 1869 doen de eerste geruchten over de zwakke gezondheid van zijn zoon de ronde. De dokters weten geen raad. Ze vermoeden dat een hartafwijking de oorzaak is van de gezondheidsproblemen. In januari 1869 overlijdt de kleine kroonprins, amper tien jaar oud. Leopold II is niet te troosten.

De troonopvolging baart hem zorgen, want zijn drie dochters zijn volgens de toenmalige grondwet niet troongerechtigd. Door de dood van de enige zoon van Leopold II wordt zijn broer, prins Philippe, officieel de troonopvolger. Maar Philippe voelt zich daar te oud voor – hij zal overigens vóór Leopold overlijden – en laat die taak liever over aan zijn oudste zoon, prins Boudewijn. Die valt in de smaak bij het volk en kan het uitstekend vinden met zijn oom. Er wordt zelfs gedacht aan een huwelijk van Boudewijn met prinses Clementine, de jongste dochter van Leopold. Dat gaat niet door want in 1891 komt Boudewijn in officieel niet opgehelderde omstandigheden om het leven. Bij de begrafenis van Boudewijn lijkt Leopold II ontroostbaar. Nadien raakt hij steeds meer in zichzelf gekeerd en heeft hij steeds minder contact met zijn familie. Door het plotse overlijden van kroonprins Boudewijn wordt diens broer Albert de nieuwe troonopvolger.

Albert I

Van meet af aan vlot het niet erg goed tussen Leopold II en zijn neef Albert. Hij noemt zijn opvolger een "gesloten envelop". Albert is inderdaad niet zo vlot als zijn overleden broer. Maar hij is pas zestien en moet nog op zijn koninklijke taak worden voorbereid.

Als kind is Albert niet bepaald een voorbeeldig jongetje: hij is wispelturig, onzeker, opstandig en zorgeloos. Aangezien hij niet voorbestemd is voor de troon, wordt daar niet al te zwaar aan getild. Albert leert lezen en schrijven bij vrij onbekende opvoeders, maar die hebben, in tegenstelling tot de privéleraars die de koningskinderen opvoeden, een open kijk op de realiteit. Zolang hij geen kroonprins is, wordt Albert niet afgeschermd van de maatschappelijke veranderingen. Zijn leermeesters zijn het erover eens dat de prins niet bepaald geniaal kan worden genoemd: hij is vrij traag, is geen vlotte spreker en een talenknobbel bezit hij al evenmin.

Albert groeit op tot een ijverige maar in zichzelf gekeerde jonge man. Van hem wordt verwacht dat hij net als zijn vader een militaire carrière zal uitbouwen. Maar zoals zijn vader houdt hij in feite meer van boeken dan van het openbare leven met al zijn uiterlijk vertoon. Hoe dan ook, in 1890 begint de vijftienjarige prins lessen te volgen aan de militaire school. "Kortrokje" noemen ze hem daar soms plagend, omdat zijn officiersjas door zijn grote gestalte een beetje aan de krappe kant zit. Vaak krijgt Albert deze bijnaam nochtans niet te horen, want de ijverige prins behoudt net dat tikje jeugdige weerspannigheid dat hem bij zijn compagnons erg geliefd maakt.

Op 23 januari 1891, bij het plotse overlijden van zijn oudere broer kroonprins Boudewijn, neemt Alberts leven van de ene op de andere dag een totaal andere wending. Albert wordt de nieuwe troonopvolger. Vaarwel het zorgeloze leven, vervlogen de droom om ooit ingenieur te worden. Aangezien de traditie wil dat de erfprins bij de infanterie dient, maakt Albert dat jaar de overstap van de cavalerie naar de infanterie. De jonge officier Harry Jungbluth wordt aangeduid als zijn raadgever en zal grote invloed op Albert blijven uitoefenen in militaire aangelegenheden. Via de militaire school leert de kroonprins ook nog andere mensen kennen die een blijvende invloed op hem als koning zullen uitoefenen. Zo wordt de primus van de afdeling artillerie-genie, Emile Galet, Alberts adviseur tijdens de Eerste Wereldoorlog. De tweede beste van dezelfde afdeling is de latere eerste minister Georges Theunis. Emile Francqui is repetitor aan de militaire school en wordt later een van de belangrijkste raadgevers van de koning. Albert behaalt overigens behoorlijke resultaten op de militaire school en krijgt privélessen Latijn, recht en economie.

Albert is zich ervan bewust dat de middelmatige opvoeding die hij als prins heeft gekregen, niet volstaat voor een toekomstig vorst. Daarom besluit hij een inhaalmanoeuvre uit te voeren. Hij verslindt boeken over wetenschap en techniek, geschiedenis, aardrijkskunde en sociologie. De kroonprins wil echter meer dan alleen boekenwijsheid en zoekt daarom contacten met mensen uit verschillende kringen. Ook de man in de straat interesseert Albert; zo gaat hij graag incognito een glas drinken in een landelijk café om de volks- mensen te horen praten. In het buitenland reist hij soms per trein met een derdeklasticket om de bevolking beter te leren kennen. De kroonprins houdt van reizen. Hij bezoekt achtereenvolgens Griekenland en Turkije, woont in Rusland de keizerskroning van Nicolaas II bij en maakt in 1897 in het gezel- schap van Jungbluth kennis met de Verenigde Staten. Die buitenlandse trips zijn niet alleen vormingsreizen. Dat Albert graag naar het buitenland gaat, heeft ook te maken met de vaak gespannen verhouding met zijn oom en met het feit dat de "moderne" Albert niet altijd even goed overweg kan met zijn ouderwetse ouders die er een negentiende-eeuwse levensstijl op na houden.

Albert komt herhaaldijk in aanvaring met Leopold II die weinig of geen tegenspraak duldt. Het sterkste voorbeeld daarvan is het conflict over de keuze van een huwelijkspartner. Leopold II gaat ervan uit dat een koninklijk hu- welijk niets romantisch heeft en enkel op politieke berekening moet berus- ten. Hij vindt dat Albert daarom best kan huwen met Elisabeth van Habs- burg. Zij is de dochter van aartshertog Rudolf van Oostenrijk-Hongarije en van Stefanie, de tweede dochter van Leopold II. De kroonprins voelt daar niets voor. Zijn voorkeur gaat uit naar Isabelle d'Orléans. De ouders van Albert vin- den dat een uitstekende partnerkeuze, maar Leopold II stelt zijn veto. Hij voert aan dat een huwelijk van de Belgische kroonprins met een lid van de Franse familie van troonpretendenten diplomatiek slecht zou kunnen ont- vangen worden in de Franse Republiek. Later leert Albert Elisabeth von Wit- telsbach kennen. Ze stamt uit een hertogelijk geslacht verwant met de Co- burgers. Albert en Elisabeth hebben gelijklopende smaken, maar verder is zij alles wat hij niet is: zelfverzekerd, extravert, optimistisch en enthousiast. De kroonprins ziet wel wat in deze kleine, pittige jonge dame en dit keer verzet Leopold II zich niet tegen de relatie. "Mijn beste neef, u heeft een aller- aardigste manier gevonden om de twintigste eeuw in te luiden," zegt de ko- ning bij de verloving. Op 2 oktober huwt Albert in München met zijn "kleine prinses" en drie dagen later worden ze enthousiast onthaald in België.

In 1901 brengt Elisabeth een zoon ter wereld, die Leopold wordt genoemd. Naar verluidt kan Leopold II haast niet wachten om de toekomstige troon- opvolger aan de natie te tonen en in 1905 moet de vierjarige Leopold mee naar de wereldtentoonstelling te Brussel. De koning wil immers dat het volk de drie generaties van de Belgische dynastie zou toejuichen. Na Leopold worden er nog twee kinderen geboren: Karel en Marie-José. De kroonprins waakt erover dat zijn kinderen een verzorgde opvoeding genieten en volgt de opleiding van Leopold en Karel met argusogen. Hij is van oordeel dat de prinsen niet met te veel eerbied of bewondering mogen worden behandeld en dat ze niet in overvloedige luxe mogen opgroeien.

Via gesprekken met Auguste Lambermont, een medewerker van Leopold II, raakt Albert vertrouwd met de internationale en de koloniale problematiek. Hij laat zich kritisch uit over de kolonisatie van zijn oom en hij verheugt zich er in 1908 over dat Congo niet langer privébezit van Leopold II blijft, maar een Belgische kolonie wordt. Minister Franz Schollaert wil de kroonprins zo snel mogelijk met de kolonie laten kennismaken. Nadat hij aan zijn vrouw heeft beloofd haar schriftelijk van zijn reiservaringen op de hoogte te houden, vertrekt Albert in april 1909 voor een reis van 82 dagen naar Belgisch Congo. Hij schrijft niet alleen geregeld aan Elisabeth maar rapporteert ook aan minister van Koloniën Jules Renkin. De kroonprins staat versteld van wat hij in Congo aantreft en laat zich in zijn logboek laatdunkend uit over het bewind dat Leopold II in Congo-Vrijstaat voerde: "De enige impuls die Congo tot nu toe van België kreeg, is een gecentraliseerde monopolistische administratie. Maar die is nu onthoofd, want de absolute vorst die zijn wil voor alles en nog wat aan zijn onderdanen oplegde, is verdwenen." Als Albert enkele maanden later zijn oom als koning opvolgt, pleit hij in zijn troonrede voor een politiek van meer menselijkheid voor de Congolese bevolking. Alles uit Congo weghalen, lijkt hem geen verstandige politiek. "Als ik morgen alle bomen uit mijn park in Laken verkoop, dan ontvang ik meteen enkele miljoenen maar heb ik mijn eigendom volledig geruïneerd," redeneert hij.

Voor het zover is, vervolmaakt Albert zijn opleiding. Om zich vertrouwd te maken met de problemen van zijn tijd voert hij gesprekken met eminente geleerden als Emile Waxweiler. Deze laatste verruimt Alberts horizon en brengt hem in contact met onder anderen Ernest Solvay die een blijvende invloed op de latere koning zal hebben. Alberts intellectuele peil ligt niet al te hoog, maar niemand kan ontkennen dat de kroonprins zich enorm inspant om zichzelf zo goed mogelijk op het koningschap voor te bereiden.

Leopold 11 houdt niet echt van Albert die in zeer vele opzichten zijn tegen-beeld is, maar toch gaat hij zijn neef mettertijd enigszins appreciëren. De koning vertikt het echter enige bevoegdheid aan de kroonprins over te dra-gen of die in zijn ervaring te laten delen. Albert vergezelt zijn oom soms bij officiële bezoeken en mag uitzonderlijk wel eens aanwezig zijn bij gesprek-ken over staatszaken, maar een belangrijke rol speelt hij niet. De koning kan er soms niet aan weerstaan zijn neef in het openbaar op zijn nummer te zet-ten. Tot de dood van Leopold 11 in 1909 leeft Albert volledig in de schaduw van deze majestueuze maar tirannieke en onpopulaire vorst.

Leopold 111

Koning Albert heeft zich meer dan eens geërgerd aan zijn eigen "beperkte" opleiding. Opdat zijn zoon en toekomstige koning niet onder hetzelfde min-derwaardigheidsgevoel zou gebukt gaan, zoekt hij voor hem de beste opvoe-ders uit. Het is echter geen sinecure om een militair gouverneur voor de kroonprins te vinden, want Leopold 11 keurt de ene na de andere kandidaat af. Als het dan zover is, zijn de prinsen Leopold en Karel blij dat ze na de gou-vernantes eindelijk een gouverneur krijgen, maar ze zingen spoedig een toon-tje lager want kapitein René Maton blijkt een zeer streng man te zijn. Ma-tons opvolgers, majoor André De Groote en luitenant Max Nève de Roden, genieten wel alle sympathie van de prinsen.

Terwijl de gouverneurs zorgen voor de opvoeding van de prinsen, wordt het onderwijs verstrekt door privéleraars. Het basisonderwijs wordt verzorgd door Vital Plas, al is niet iedereen daar gelukkig mee. Kardinaal Mercier bij-voorbeeld keurt de benoeming van Plas af, omdat hij in de liberale Brusse-laar een vrijmetselaar ziet. Koning Albert heeft echter het volste vertrouwen in Plas en vraagt hem de prinsen op te voeden als kinderen van het volk, niet als bourgeois. De prinsen Leopold en Karel vinden Plas een bijzonder leuke man. Het wordt anders met Armand Poissanger, een nogal plechtstatige Lui-kenaar, die belast wordt met de middelbare studies van de prinsen.

Aan het vrij onbekommerde leven van Leopold en Karel komt een einde als in 1914 de Eerste Wereldoorlog uitbreekt. Voor alle veiligheid brengt het schip Jan Breydel de koningin en de prinsen naar Groot-Brittannië. Net voor het anker wordt gelicht, roept koning Albert kroonprins Leopold bij zich en hij drukt hem op het hart: "Jij moet later voor het leger zorgen. België moet steeds een goed leger hebben." Die woorden maken een diepe indruk op Leopold. In Groot-Brittannië verblijven de prinsen in Hackwood, het landgoed van lord Curzon, de gewezen onderkoning van India, met wie koning Albert bevriend is. Ze zetten er onder leiding van Max Nève de Roden hun studies verder; 's morgens krijgen ze les, 's middags sporten ze.

In de kerstperiode van 1914 gaat kroonprins Leopold naar De Panne, waar zijn ouders in de villa Maskens verblijven. Een vrij eenvoudig onderkomen zonder stromend water noch centrale verwarming, maar Leopold houdt er goede herinneringen aan over omdat de koninklijke familie daar als een gewoon gezin leeft. Leopold krijgt Nederlandse les van Noterdam, een West-Vlaming die zijn zangerig accent aan de kroonprins doorgeeft. Commandant Léon Preud'homme leert Leopold de organisatie van het leger kennen en bezoekt met hem eenheden in rust. De kroonprins ontbijt vaak samen met zijn vader en commandant Emile Galet, die verslag uitbrengt over de gebeurtenissen aan het front.

In 1915 laat koning Albert de kroonprins inschrijven "achter" het twaalfde linieregiment. De vorst kiest dit Luikse regiment omdat het bij dagorder van het leger de meeste eervolle vermeldingen heeft gekregen. Zo wordt de veertienjarige Leopold in april 1915 de jongste infanterist van het Belgische leger. Hij leert met wapens omgaan. Met zijn regiment neemt hij deel aan allerlei oefeningen en taken, zoals het aanleggen van loopgraven en het vullen van zandzakken.

Na zes maanden militaire opleiding laat koning Albert zijn zoon inschrijven in Eton College, de befaamde Britse *public school* waar traditioneel heel wat kinderen uit de adel moreel en fysiek worden gevormd. Albert wil niet dat zijn zoon er een voorkeursbehandeling zou krijgen. Omdat de kroonprins op Eton last heeft met wiskunde, laat zijn vader hem bijwerken door de Italiaanse professor Guiseppe Cesaro. De vakanties brengt Leopold door in De Panne. Wanneer in oktober 1918 het einde van de oorlog in zicht komt, keert Leopold definitief naar België terug en voegt hij zich bij zijn ouders op het kasteel van Loppem. Hij vergezelt zijn vader bij de opeenvolgende Blijde Intreden. In Luik stapt hij een laatste keer op met het twaalfde linieregiment, dat er bijzonder warm onthaald wordt.

In 1919 vergezelt Leopold zijn ouders op hun reis naar de Verenigde Staten; hij verbaast zich over de enorme populariteit die Albert en Elisabeth ook buiten Europa genieten. Terug thuis beslist de koning dat zijn zoon, vóór hij naar de militaire school gaat, eerst een jaar voorbereiding nodig heeft. Na de periode in Eton vindt Albert dat de kroonprins ook de Franse cultuur moet leren kennen. Op zijn vraag stelt maarschalk Pétain een Franse officier met literaire belangstelling, commandant Plée, als nieuwe gouverneur ter beschikking van de kroonprins. Leopold kan het uitstekend met hem vinden. Hij krijgt van Plée hulp bij onder andere de voorbereiding van de redevoeringen die hij moet uitspreken bij de inhuldiging van monumenten voor de gesneuvelden in talloze Belgische gemeenten.

Terwijl Herman Teirlinck de prins onderwijst in de Nederlandse cultuur, probeert Jacques Pirenne, zoon van de beroemde historicus Henri Pirenne, hem enige liefde voor de geschiedenis bij te brengen. Als de koning verneemt dat Jacques Pirenne een actieve rol speelt bij het uiterst rechtse *Jeunesses Nationales*, stelt hij hem voor de keuze: de lessen aan de prins of de politieke activiteit. Pirenne zet zijn politieke activiteiten op een laag pitje en blijft les geven aan de kroonprins. Die vindt hem trouwens een uitstekend leraar. Pirenne heeft Leopold echter niet alleen geschiedenis maar ongetwijfeld ook een autoritair ideeëngoed bijgebracht. Als koning zal Leopold zeer sterk overhellen naar autoritarisme. In die zin is ook te verklaren waarom hij in de jaren 1945-1950 Jacques Pirenne vraagt om zijn secretaris te worden.

In november 1920 wordt Leopold als leerling van de 66ste promotie cavalerie en infanterie in de Koninklijke Militaire School toegelaten. Leopold werkt er hard, doet veel aan sport maar haalt ook grappen uit. Eind 1922 behaalt de kroonprins na twee jaar opleiding de graad van onderluitenant.

Als beloning voor zijn goede prestaties mag Leopold zijn moeder, koningin Elisabeth, vergezellen op een privéreis naar Egypte. Beiden bezoeken een dag na de historische opening het graf van Toetanchamon. Vóór zijn opleiding aan de militaire school begon, was hij met zijn ouders meegereisd naar Brazilië. In 1925 maakt Leopold op aandringen van zijn vader een reis van negen maanden door Belgisch Congo en de mandaatgebieden Rwanda en Urundi. De kroonprins maakt uitvoerig aantekeningen over die reis en correspondeert zeer veel met zijn ouders. Hij zal nadien nog eens Congo bezoe-

ken en het Nederlandse koloniale beleid bestuderen bij een bezoek aan Nederlands Indië. Volgens koning Albert vormen verre reizen een wezenlijk deel
van de vorming van de kroonprins. Die moet de wereld leren kennen. Leopold
krijgt de smaak van het reizen te pakken. Veel later, na zijn troonsafstand,
zal hij met een uitgesproken belangstelling voor fauna en flora heel de wereld rondreizen.

Albert en Elisabeth vinden dat hun zoon oud genoeg is om te trouwen.
Ze gaan op zoek naar een geschikte partner, al willen ze Leopold niet echt uit-
huwelijken zoals in de negentiende eeuw. Moeder en zoon maken een rond-
reis in Scandinavië en bezoeken er de verschillende vorstenhuizen. Zo verblijven ze incognito enkele dagen bij prins Karel Bernadotte, de derde zoon van
de Zweedse koning Gustav V. Leopold ziet wel wat in Astrid, de jongste dochter van het gezin. Het is een spontane en opgewekte jonge dame, die net als
de kroonprins dol is op skiën en ervan geniet om met een sportwagen door
de bochten te scheuren. Leopold is ervan overtuigd dat hij de ideale vrouw
gevonden heeft. Koning Albert wil zich vergewissen van de keuze van zijn
zoon en daarom komen Astrid en haar moeder enkele dagen logeren op het
kasteel van Ciergnon. Een probleem is dat Astrid tot het lutherse geloof behoort en dat de Belgische koninklijke familie wil dat het huwelijk katholiek
zou worden voltrokken. Als Astrid belooft dat ze haar kinderen volgens de leer
van de katholieke kerk zal opvoeden, staat niets meer het huwelijk in de weg.
In aanwezigheid van 1.200 genodigden verbindt de burgemeester van Stock-
holm op 4 november 1926 Leopold en Astrid in de echt. Nadien begeeft Astrid
zich per schip naar Antwerpen. Daar wordt ze opgewacht door Leopold.
Prompt vergeet Astrid alle voorschriften van het protocol, ze stapt Leopold
enthousiast tegemoet, omhelst en kust hem. De Antwerpenaars vinden dat
geweldig en juichen het prinsenpaar zo hartstochtelijk toe dat het politiekor-
don doorbroken wordt en een aantal hoge gasten wordt omstuwd door de
massa. Het kerkelijk huwelijk wordt door kardinaal Van Roey op 10 november in de Sint-Goedelekathedraal voltrokken.

Om gemakkelijk officiële taken te vervullen, vestigt het jonge paar zich
in het hotel Bellevue, dat vlakbij het koninklijk paleis ligt. Meestal verblijven Leopold en Astrid echter op het kasteel Stuyvenberg dat ze van koning
Albert ter beschikking hebben gekregen. Daar worden hun drie kinderen ge-

boren, Joséphine-Charlotte, Boudewijn en Albert. Op het kasteel Stuyvenberg heerst een familiale sfeer.

Ondertussen vervolmaakt Leopold zijn vorming. Via een reeks gesprekken met oud-minister Theunis raakt hij beter op de hoogte van de economische en monetaire problemen van het land. Oud-minister Henri Jaspar legt hem de doelstellingen en de middelen van de buitenlandse politiek uit. De beginselen van het publiek en internationaal recht worden hem bijgebracht door Arthur Goddyn, de eerste voorzitter van het Hof van Cassatie. Kardinaal Mercier geeft in het aartsbisschoppelijk paleis te Mechelen wekelijks twee uur filosofie aan Leopold, maar de wijsbegeerte spreekt de kroonprins in het geheel niet aan. Leopold doorloopt de militaire rangen in versneld tempo en wordt in 1933 bevorderd tot kolonel en aangesteld bij de generale staf van het Belgische leger. Hij helpt soms zijn vader bij het opstellen van documenten en rapporten en vertegenwoordigt hem vrij vaak. Vader en zoon doen aan alpinisme. Geregeld trekken ze samen de bergen in.

Koning Albert en Leopold hebben een goede relatie. De kroonprins kijkt op naar Albert en zal zich ook als koning spiegelen aan het voorbeeld van zijn vader. Die brengt hem in de Eerste Wereldoorlog bij dat de koning zelf het opperbevelhebberschap naar zich toe moet trekken. Dat Albert daarbij de minister van Oorlog en die van Buitenlandse Zaken opzijschuift, is Leopold bijgebleven. In de politieke en sociaal-economische crisis van de jaren dertig legt koning Albert de schuld bij de politieke partijen. Zijn voorkeur gaat uit naar een versterking van de uitvoerende macht en een verzwakking van de rol van het parlement. Hij wil dat de ministers schatplichtig zijn aan de koning en niet aan de politieke partijen. Dat is de geest waarin Leopold wordt opgevoed. Hij zal die autoritaire opvatting proberen in praktijk om te zetten maar uiteindelijk zal de politieke wereld hem dat beletten en hem tot troonsafstand dwingen.

Boudewijn

Boudewijn is pas vier jaar als zijn grootvader, koning Albert, in 1934 in Marche-les-Dames verongelukt. Zijn vader, Leopold, wordt koning en Boudewijn kroonprins. Een jaar later komt zijn moeder om bij een auto-ongeval in Zwitserland. De koning-weduwnaar verhuist met de kinderen van het kasteel van Stuyvenberg naar dat van Laken.

In 1936 krijgt Boudewijn een Nederlandse gouvernante, Margaretha de Jong. Die leert hem Nederlands. Ze weet zijn vertrouwen te winnen. Om de tweetaligheid van de prinsen te bevorderen, wordt in het gezin in de eerste helft van de week Frans en in de tweede helft Nederlands gesproken. In het paleis te Brussel en in het kasteel van Laken wordt een klasje ingericht waar Boudewijn samen met drie leeftijdgenoten onder toezicht van juffrouw Berger het programma van de lagere school doorloopt. Burggraaf Gatien du Parc, de gouverneur van Boudewijn, coördineert als huisonderwijzer de vorming van de kroonprins. Zelf onderwijst hij Frans, wiskunde, geschiedenis en aardrijkskunde. Monseigneur Collet staat in voor godsdienstonderricht. De prins neemt steeds meer deel aan officiële plechtigheden. Die wakkeren zijn plichtsbesef aan. Juffrouw De Jong vergezelt de kroonprins bij nagenoeg al zijn verplaatsingen. Leopold vindt het belangrijk dat zijn kinderen vaak van omgeving wisselen, maar daardoor missen zij een echte thuis. Omdat de kroonprins aan hooikoorts en bronchitis lijdt, gaat hij een aantal keren naar Italië bij zijn tante Marie-José die getrouwd is met kroonprins Umberto. Eind 1939 wordt de prins lid van de scoutsbeweging. Speciaal voor Boudewijn wordt een horde welpen samengesteld, waarbij nauwkeurig wordt gelet op een evenwichtige vertegenwoordiging van Vlamingen, Franstaligen en Brusselaars, en van gelovigen en vrijzinnigen.

Wanneer in mei 1940 de Tweede Wereldoorlog uitbreekt, beslist koning Leopold dat de prins afscheid moet nemen van juffrouw De Jong. Voortaan zal enkel gouverneur Gatien du Parc voor zijn opvoeding instaan. Diens eerste taak is de prinsen in veiligheid te brengen; via Frankrijk komen ze uiteindelijk in San Sebastian terecht. De Spaanse minister van Binnenlandse Zaken, Ramón Serrano Sùñer, die tevens schoonzoon is van dictator Franco, laat weten dat zijn regering de koningskinderen als haar eregasten beschouwt. Koning Leopold zou Franco verzocht hebben zijn kinderen in bescherming te nemen. De militaire gouverneur van San Sebastian krijgt van Franco de opdracht het verblijf van de prinsen zo aangenaam mogelijk te maken. In augustus 1940 komen de prinsen naar België terug. Zij verblijven het grootste deel van de tijd in het kasteel van Ciergnon. Daar vat Boudewijn zijn middelbare

studies aan. De "krijgsgevangen" koning Leopold huwt in 1941 met Lilian
Baels. De prinsen krijgen er niet alleen een stiefmoeder maar ook een broertje bij als in 1942 Alexander wordt geboren. Het gezin wordt herenigd in Laken. De lessen worden voortaan gegeven in het kasteel van Stuyvenberg. In
de zomer worden in de Ardennen kampen georganiseerd door de scoutsgroep
waarvan Boudewijn deel uitmaakt. Zijn totem is *élan loyal*.

Na de geallieerde invasie in Normandië worden Leopold en zijn familie
begin juni 1944 door de Duitsers eerst naar het kasteel van Hirschstein, nabij Dresden, en later naar het Oostenrijkse Strobl overgebracht. Daar worden
ze op 7 mei 1945 door Amerikaanse troepen bevrijd. Kort nadien wil een
Belgische delegatie onder leiding van premier Van Acker en de regent, prins
Karel, Leopold mee naar Brussel krijgen. Maar de koning beantwoordt de
voorwaarden die de regering stelt met een aantal tegeneisen, zodat de delegatie zonder de koning naar België terugkeert. Van Acker moet in het parlement tekst en uitleg geven over de houding van Leopold. De koningskwestie
verdeelt de politieke partijen en de publieke opinie, zodat Leopold vooral-
nog niet naar België kan terugkeren. Hij vestigt zich met zijn familie in de
villa *Le Reposoir* in het Zwitsers Prégny vlakbij Genève.

Tijdens de ballingschap van de koninklijke familie die duurt tot 1950, kan
kroonprins Boudewijn, tegen de traditie in, zich uiteraard niet inschrijven
in de Koninklijke Militaire School. Hij volgt eerst enkele maanden lessen aan
de privéschool *Collège du Rosey* te Rolle en nadien wordt hij als externe leerling ingeschreven aan de internationale school in Genève waar hij ook lessen volgt aan het college Jean Calvin. De vrij ongestructureerde en erg on-
volkomen kennis die hij zo opdoet, wordt aangevuld met privélessen internationaal en grondwettelijk recht, economie, scheikunde en fysica. Geschiedenis wordt toevertrouwd aan Jacques Pirenne die ondertussen privésecretaris
van Leopold was geworden. In zijn vrije tijd maakt de kroonprins lange wandelingen en hij ontwikkelt een muzikale voorkeur voor Haydn en Bach. In
1948 maakt hij zijn eerste buitenlandse studiereis. Met zijn ouders bezoekt
hij Cuba en reist daarna door naar de Verenigde Staten.

Op 12 maart 1950 spreekt 57% van de Belgische bevolking zich in een volksraadpleging uit voor de terugkeer van Leopold. Vermits de koning dat resul-
taat in hoofdzaak te danken heeft aan de 73% ja-stemmen in Vlaanderen en

de meerderheid van de Franstaligen tegen hem hebben gestemd, adviseert premier Eyskens de koning troonsafstand te doen ten voordele van Boude-wijn. Leopold slaat die raad van Eyskens in de wind en keert op 22 juli 1950, na zes jaar afwezigheid, naar België terug. Hij wordt vergezeld door Boude-wijn en Albert; de rest van het gezin arriveert enkele dagen later. Franstalig België wijst Leopold af met grote betogingen en stakingen. In Grâce-Berleur vallen vier doden. De regering dringt opnieuw bij de koning aan om troons-afstand te doen. In de "nacht van Laken" van 31 juli op 1 augustus 1950 stemt Leopold in met de machtsoverdracht ten voordele van Boudewijn. Die legt op 11 augustus totaal onvoorbereid en tegen wil en dank de eed af als konink-lijke prins – Boudewijn is pas twintig en dus nog niet meerderjarig – en zal een jaar later de eed afleggen als koning.

Albert II

Zolang zijn broer koning Boudewijn niet getrouwd is en als diens huwelijk kinderloos blijft, is Albert kroonprins. De jeugdjaren van Albert verlopen na-genoeg parallel met die van Boudewijn. Beiden groeien op in dezelfde omge-ving en maken samen de gevangenschap in Duitsland en Oostenrijk en na-dien de vrijwillige ballingschap in Zwitserland mee. Hun wegen lopen uit elkaar als Boudewijn in 1950 de eed aflegt als koninklijke prins.

Eens terug in België, maakt Albert als middelmatige leerling zijn huma-niorastudies af. Op uitdrukkelijk verzoek van Leopold krijgt hij vanaf okto-ber 1952 een opleiding bij de zeemacht. In mei 1953 is hij aspirant bij het smal-deel mijnenvegers en vier jaar later luitenant-ter-zee. In 1976 zal hij bevor-derd worden tot divisie-admiraal.

In de loop van de jaren vijftig neemt prins Albert een aantal publieke func-ties op zich. In 1954 wordt hij voorzitter van de algemene raad van de Alge-mene Spaar- en Lijfrentekas. Twee jaar later aanvaardt hij het voorzitterschap van het erecomité voor de wereldtentoonstelling. Op 11 maart 1958 legt hij de eed af als senator van rechtswege. Bij die gelegenheid pleit hij voor de uit-bouw van de haven van Zeebrugge en de ontsluiting van de Gentse haven. In datzelfde jaar wordt hij voorzitter van het Belgische Rode Kruis en ere-voorzitter van het Belgisch Olympisch Interfederaal Comité.

Begin november 1958, tijdens de feestelijkheden naar aanleiding van de wijding van paus Johannes XXIII, ontmoet Albert de drie jaar jongere donna Paola Ruffo di Calabria. De prins is op slag verliefd op de beeldschone dochter van wijlen prins Fulco Ruffo di Calabria en van donna Luisa Gazelli di Rossana. De jongste van hun zeven kinderen is opgegroeid in Rome waar ze een graag geziene gaste is in de dansgelegenheden van de Romeinse jetset. De verloving wordt op 12 april 1959 bekend gemaakt, maar er ontstaat beroering over de vraag waar het huwelijk zal plaatsvinden. De gewezen koning Leopold III heeft zijn troonsafstand niet verwerkt en blijft de confrontatie met de politiek zoeken. Zonder de regering vooraf te raadplegen, laat hij weten dat paus Johannes XXIII het kerkelijk en het burgerlijk huwelijk van Albert en Paola zal voltrekken. Hij negeert daarbij zonder meer de inspraak die de regering grondwettelijk heeft bij het huwelijk van een kroonprins. Kardinaal Van Roey gooit olie op het vuur door in een herderlijke brief de wettigheid te onderstrepen van een in Vaticaanstad gesloten huwelijk. De controverse neemt zulke proporties aan dat de paus het uiteindelijk verkieslijker acht dat het huwelijk in Brussel plaatsvindt. Dat gebeurt op 2 juli 1959. In de grote Empirezaal van het koninklijk paleis te Brussel voltrekt de Brusselse burgemeester Lucien Cooremans het burgerlijk huwelijk. Kardinaal Van Roey zegent in de Sint-Goedelekathedraal het kerkelijk huwelijk in. Het hele gebeuren wordt rechtstreeks door de nog jonge Belgische televisie uitgezonden.

Het jonge paar vestigt zich in het kasteel Belvédère, in het park van Laken, vlakbij het koninklijk paleis. In 1960 wordt prins Filip geboren. Vermits de negenentwintigjarige Boudewijn op dat ogenblik nog niet getrouwd is, wordt met die geboorte de troonopvolging op termijn verzekerd. Albert en Paola krijgen nog twee kinderen: Astrid in 1962 en Laurent in 1963. Van in de tweede helft van de jaren zestig maakt het huwelijk van Albert en Paola een zware crisis door. Beiden gaan grotendeels hun eigen weg. Uit de relatie van Albert met barones Sybille de Selys Longchamps wordt in 1968 in het grootste geheim Delphine geboren die de familienaam Boël van de echtgenoot van haar moeder zal dragen. Het komt uiteindelijk niet tot een scheiding tussen Albert en Paola, maar veel heeft het niet gescheeld.

In 1962 wordt Albert, op verzoek van Boudewijn, aangesteld tot erevoorzitter van de Belgische Dienst voor Buitenlandse Handel. Eenendertig jaar

lang reist de prins aan het hoofd van een honderdtal handelsmissies en vergezelt de minister van Buitenlandse Handel en een aantal bedrijfsleiders de
wereld rond. De prins vervult daarbij niet alleen zijn representatieve verplichtingen; hij is zowel bij de briefing voor de deelnemers aan een bepaalde missie aanwezig als bij ultieme onderhandelingen over concrete projecten. Albert leert niet alleen het bedrijfsleven van binnenuit kennen, hij leert ook
door zijn vaak ongedwongen contacten met de Vlaamse bedrijfsleiders vlot
Nederlands spreken.

Tussen koning Boudewijn en zijn jongere broer heeft steeds een hechte
band bestaan, ook tijdens de huwelijksperikelen van Albert en Paola. Tijdens
de laatste jaren van zijn leven – vanaf 1990 heeft Boudewijn met zware gezondheidsproblemen af te rekenen – wijdt hij de troonopvolger steeds meer
in de aangelegenheden in waarmee een vorst geconfronteerd wordt. Ook als
Boudewijn zich zeer uitdrukkelijk bekommert om de vorming van zijn neef
prins Filip, is het voor hem evident dat zijn broer Albert de aangewezen troonopvolger is. Als Boudewijn op 31 juli 1993 plots overlijdt, legt zijn jongere
broer tien dagen later als Albert II de eed af en wordt de zesde koning der
Belgen.

Nabeschouwing

Opvallend is hoe ongestructureerd de vorming van de eerste vijf kroonprinsen verloopt. Regulier onderwijs samen met andere kinderen is er nagenoeg
niet bij. Gouverneurs, gouvernantes en huisleraren bekommeren zich om de
opvoeding van de toekomstige vorsten en schermen ze ook vaak van de werkelijkheid af. Op Boudewijn na, krijgen alle kroonprinsen een militaire opleiding, maar ook die kan de vergelijking met de normale opleiding van officieren niet doorstaan. De kroonprinsen groeien op in een Franstalige familie
die vooral contact heeft met adellijke kringen en de hogere bourgeoisie waar
nauwelijks Nederlands wordt gesproken. De koninklijke familie komt veel
te laat tot het besef dat tweetaligheid in een land als België noodzakelijk is.
Dat dit echt wel mogelijk is, bewijst Albert II.

Paola, Albert en prins Filip, 1962

HOOFDSTUK 2

Filips van België

Op 15 april 1960 stuurt de hofmaarschalk groot nieuws de wereld in: *Hare Koninklijke Hoogheid prinses Paola heeft om 9u40 in het kasteel van Belvédère op gelukkige wijze het leven geschonken aan een prins.* De officiële mededeling vermeldt ook dat de prinses van Luik en haar zoon "welvarend" zijn. Daarmee wordt kennelijk niet de financiële situatie van moeder en zoon bedoeld, maar wel hun lichamelijke gezondheid.

De nieuwe prins weegt 3,4 kg en is 52 cm groot. Hij heeft blauwe ogen en blond haar. De bevalling vond plaats in een speciaal daarvoor ingerichte kamer van het kasteel. De mededeling van de hofmaarschalk bevat de namen van het medisch team: de bekende gynaecoloog dr. Straetmans, bijgestaan door dr. Martens en de vroedvrouw mej. Roulive. Dokters en vroedvrouwen kregen toen geen voornaam in officiële mededelingen. De jonge prins krijgt er des te meer: Filips Leopold Lodewijk Maria.

Prins Filips wordt met de nodige plechtstatigheid verwelkomd, want hij is na zijn vader tweede in lijn voor de troonopvolging. Het is op dat moment ook niet duidelijk wat koning Boudewijn van plan is. Boudewijn is nog vrijgezel. De geruchten dat hij in een klooster zou treden, klinken luider dan de gissingen over eventuele trouwplannen. In werkelijkheid zijn achter de schermen net de onderhandelingen begonnen tussen de koning en de Ierse zuster Veronica O'Brien. Deze vertegenwoordigster van het Marialegioen vindt enkele weken later de geschikte bruid voor de koning. Maar die informatie is nog niet bekend in politieke en mediakringen op het moment dat prins Filips geboren wordt.

Omdat de nieuwe prins een rechtstreekse troonopvolger is, worden 101 kanonschoten afgevuurd in het Warandepark, tegenover het koninklijk paleis. *De Standaard* rapporteert dat het park nog geen twee minuten later volstroomt met mensen: "Ze trachtten dichter en dichter te komen, waardoor de gewapende soldaten in actie moesten komen om hen op afstand te houden." De krant beschrijft taferelen die veeleer doen denken aan de gekte na een gewonnen voetbalwedstrijd: "Rond het park was er een uitbundig concert van toeterende auto's, die niet meer door het volk raakten. De ministeries en omliggende kantoren liepen leeg. Vooral in de Koningsstraat was het één en al wapperende vaandels."

In tegenstelling tot de drukte in het centrum van Brussel, is het de eerste uren vrij stil op het kasteel van Belvédère. In 1960 is er van een prinselijke mediagekte nog geen sprake. Amper twee fotografen vatten post aan de omheining van het kasteel Belvédère. Zij proberen een glimp op te vangen van leden van de koninklijke familie die de baby een bezoek brengen. Maar dat is ijdele hoop. De familieleden zijn al direct na de geboorte langsgekomen en zijn intussen weer vertrokken.

Gestaag groeit het aantal kijklustigen. De landsbond van de Belgische brood- en banketbakkers komt een groot paasei afgeven. De Gentse Floraliën sturen orchideeën. Filmbeelden van Belgavox tonen hoe de jonge ouders een reusachtige ooievaar krijgen. Op Belvédère worden tientallen telegrammen afgeleverd, waaronder een spoedbericht van paus Johannes XXIII die zijn zegen laat overbrengen. Eerste minister Gaston Eyskens verkondigt niet zonder enig pathos via de radio: "Ter gelegenheid van de blijde geboorte van de jonge prins sluit de regering zich met vreugde aan bij de warme en geestdriftige gelukwensen die door gans de bevolking op deze dag gericht zijn aan de koninklijke familie en meer in het bijzonder tot de prins en de prinses van Luik."

De premier, die nochtans bekend staat als een deftige heer van stand, is kennelijk ook opgetogen over de charme van de jonge moeder: "Wij zijn Zijne Koninklijke Hoogheid prins Albert zeer dankbaar omdat hij ons uit het zonnige Italië de lieftallige prinses Paola heeft gebracht, die alle harten heeft veroverd."

De Brusselse burgemeester Lucien Cooremans doet niet onder voor de eerste minister. Hij laat affiches uithangen met een jubelende en patriottische tekst: "De Brusselse bevolking zal met vreugde de gelukkige gebeurtenis begroeten die de voortzetting verzekert van het vorstenhuis dat sinds meer dan een eeuw de lotsbestemming van het vaderland leidt en met zoveel wijsheid waakt over zijn bloei en grootheid."

Genoemd naar Filips, de graaf van Vlaanderen

Ingewijden vertellen dat Paola haar zoon het liefst Louis wil noemen, naar haar moeder Luisa. Maar ex-koningin Elisabeth, de weduwe van Albert I, vindt Philippe geschikter. Het wordt dus Philippe en daar hoort meteen een Nederlandstalige versie bij: Filips. Volgens een communiqué van het Hof krijgt het prinsje de naam Philippe/Filips. Die voornaam ligt in de lijn van de traditie van het Belgisch vorstenhuis.

De 19de-eeuwse prins Filips, die ook de titel graaf van Vlaanderen droeg, kreeg in 1862 de kroon van Griekenland aangeboden. Hij bedankte voor de eer. Vier jaar later weigerde hij ook de kroon van Roemenië. De huidige koning Albert II heeft altijd een zwak gehad voor zijn eigenwijze overgrootvader Filips.

De huidige prins Filips heet intussen Filip, zonder eindletter 's'. Na een jarenlang aanslepende discussie is de 's' weggevallen omdat de naam te veel herinneringen aan de Spaanse vorst Filips II zou oproepen. Om de verwarring compleet te maken: sinds 1920 heten de leden van het Belgisch koningshuis niet meer "van Saksen-Coburg-Gotha" maar "van België". Het is koning Albert I, die de titel "hertog van Saksen" niet meer wil dragen na de Eerste Wereldoorlog omdat hij niet wil dat zijn naam herinnert aan de wandaden van de Duitse troepen. Bijgevolg heet de prins in Vlaanderen "Filip van België" en in de Franstalige en Duitstalige landsgedeelten respectievelijk "Philippe de Belgique" en "Philipp von Belgien". Tijdens zijn studies in de VS krijgt hij er nog een vierde naam bij: "Philip of Belgium". Naargelang van de plaats waar hij zich bevindt, veranderen zijn voornaam en naam. Het constant zoeken naar een taalevenwicht zorgt voor ongemakkelijke situaties en verwarring.

Koning Boudewijn loste dat handig op door alleen de beginletter B van zijn naam duidelijk te schrijven en de rest af te werken in onleesbaar doktersgeschrift, zodat het niet duidelijk was in welke taal hij had ondertekend.

Bij zijn geboorte in 1960 krijgt prins Filip ook nog de voornamen Leopold, Lodewijk en Maria. De namen Leopold en Lodewijk verwijzen naar zijn grootouders die peter en meter zijn, ex-koning Leopold III en prinses Luisa Ruffo di Calabria. De naam Marie/Maria is een constante in de voornamen van Belgische prinsen en prinsessen.

Het begin van een prinsenleven

Daags na zijn geboorte wordt de prins op Belvédère voorlopig gedoopt door de deken van Laken. Een maand later, op dinsdag 17 mei 1960, wordt hij officieel gedoopt in de kerk van Sint-Jacob-op-Coudenberg. Op de toenmalige filmbeelden is te zien hoe zijn kindermeisje Adrienne Cardijn behoedzaam haar beschermeling naar het altaar draagt. Prins Filip krijgt inderdaad meteen na zijn geboorte een voltijds kindermeisje toegewezen. Adrienne Cardijn slaapt naar aloude gewoonte in dezelfde kamer als de kleine prins, zodat ze kan reageren op elk schreeuwtje of geluidje. Maar het kindermeisje staat er niet alleen voor. Ze getuigt over de belangstelling van de ouders: "Prinses Paola was een mama die van 's morgens tot 's avonds voor haar baby zorgde. Als ze niet thuis was, telefoneerde ze voortdurend om te vragen hoe het met hem ging. Zowel zij als prins Albert gaven hun baby vaak de zuigfles."

Op zijn eerste verjaardag krijgt het prinsje zijn eerste camera- en fotoshoot voor de pers in de tuin van het kasteel van Belvédère. Samen met zijn ouders poseert hij in een roze kruippakje, witte sokken en witte schoenen. Nog niet gehinderd door de ijzeren greep van het protocol, trotseert de prinselijke peuter ongedwongen de perslui. Hij speelt rustig voort met zijn muziektol.

De belangstelling is groot want het is lang geleden dat er nog eens een kleine Belgische prins in Laken rondliep. De kinderen van prinses Lilian werden door veel koningsfans nooit als volwaardige prinsen en prinsessen beschouwd. Koning Boudewijn en koningin Fabiola zijn op dat moment vier maanden getrouwd en hopen dat hun kinderwens snel in vervulling zal gaan.

De kleine Filip maakt kennis met de andere familieleden, zoals zijn over-

Paola, Albert en de eenjarige Filip met vakantie aan zee

grootmoeder koningin Elisabeth. Haar excentrieke verschijning boezemt de peuter angst in. Hij heeft vooral schrik van de papegaai die vaak op haar schouder zit en af en toe schreeuwt. Met oom Boudewijn heeft hij wel al snel een warm en liefdevol contact. De koning is dol op zijn neefje en gaat vaak naast hem op de grond zitten om met de autootjes te spelen. Bernadette De Bruyn, het tweede kindermeisje van Filip, vertelt hoe koning Boudewijn soms bij een bezoek aan het kasteel van Ciergnon spelletjes speelde met de kleine Filip. "Toen we bij de lift kwamen, opende de koning de deur voor ons. Wij gingen met de lift naar boven en hij met de trap. Hij haastte zich om als eerste boven te zijn en weer snel de deur te kunnen openen om kiekeboe te spelen."

Met een voltijdse nanny aan zijn zijde, wordt de jonge Filip al van bij het begin op zijn wenken bediend. Dat maakt hem wat koppig en verwend. Het gesloten hofleven heeft nog andere nadelen. Zo komt het jongetje bijzonder weinig in contact met leeftijdsgenootjes. Soms komen weliswaar vrienden van zijn ouders met hun kinderen op bezoek, maar Filip leeft vrij geïsoleerd. Op 5 juni 1962 krijgt hij er een zusje bij: Astrid. Ze wordt door de kleine Filip met-een herdoopt in "Titi". Op 19 oktober 1963 wordt zijn broer Laurent geboren.

Terwijl de twee kleintjes thuis worden opgevangen, gaat Filip naar de kleuterklas in het Institut de la Vierge Fidèle in Schaarbeek, waar later ook Mathilde school loopt.

Naar een gewone school

Filip is zes jaar oud en moet naar de basisschool. Ook hier zorgt het taal-evenwicht al meteen voor een probleem. Twee maanden voor de start van het nieuwe schooljaar bloklettert De Standaard: "Prins Filips gaat naar een een-talige Franse school!" In het artikel staat te lezen dat prinses Paola haar zoon heeft ingeschreven om vanaf 1 september het eerste leerjaar te volgen in het Institut Saint-Stanislas in Etterbeek. De Standaard geeft verontwaardigd com-mentaar: "Saint-Stanislas is een eentalig Frans bisschoppelijk college, bekend om zijn echt Brusselse bourgeoisgeest. Er bestaat dus niet het minste gevaar dat de jonge prins, die eenmaal kroonprins van België kan worden, door enig contact met de Nederlandse taal zou worden besmet."

Enkele dagen later ontkent Belga het bericht. Het persagentschap heeft uit goede bron vernomen dat de inschrijving van de prins in welke onder-wijsinstelling ook voorbarig is.

Uiteindelijk trekt Philippe de Belgique op 1 september 1966 naar het Franstalig jezuïetencollege Saint-Michel in Brussel. Dat is een elitaire school die eerder al de prinsen van Arenberg en van De Mérode vormde, plus enkele Oostenrijkse hertogen. Filip is de eerste prins die naar een gewone lagere school wordt gestuurd en geen privé-onderwijs krijgt. Zijn vader zegt daar-over in een documentaire van de RTBF (toen RTB): "Ik wil absoluut dat mijn zoon een normale opvoeding krijgt. Mijn vrouw en ik hebben besloten hem vanaf zijn eerste jaar naar een gewone school te sturen. Zo ontmoet hij anderen en leert hij dat hij moet vechten in het leven. Je kunt je niet voorstellen hoe moeilijk het is als je, zoals ik, pas op latere leeftijd in contact komt met anderen."

In dezelfde documentaire geeft prins Filip zijn eerste televisie-interview. Daarin beschrijft de prins de beroepsactiviteiten van zijn vader: "Wel, hij leest kranten, hij gaat op reis. Hij zegt de mensen goedendag en praat met hen. Hij heeft veel te doen."

Einde van een sprookjeshuwelijk

De RTBF-documentaire *Le métier d'un Prince* wordt in 1966 gemaakt om een einde te maken aan de geruchten over huwelijksproblemen bij de prinsen van Luik. In de documentaire figureren Albert en Paola als een hecht paar met een gelukkig gezin. Maar in werkelijkheid zit er wel degelijk al enkele jaren een haar in de boter.

Het huwelijk is nochtans niet begonnen als een *mariage de raison*. De Belgische prins en de bloedmooie Italiaanse donna waren zonder twijfel smoorverliefd op elkaar. Paola was blij dat ze naar België kon komen om een nieuw leven te beginnen. Ook de titel "prinses van België" was haar niet ongenegen. Paola was dan wel adellijk geboren, in Italië was ze weinig gewend. Ze woonde met haar moeder in een grote villa, maar die was bijzonder sober ingericht. Bij haar aankomst in België was ook het kasteel van Belvédère een ongezellig gebouw, maar hier kreeg ze de middelen om het in te richten tot een gezellige woning.

Maar Paola krijgt in België snel last van heimwee. De situatie wordt nog erger als anderhalf jaar later koningin Fabiola haar intrede maakt aan het Belgische Hof. Fabiola is een dominante persoonlijkheid en maakt meteen duidelijk dat zij voortaan de lakens zal uitdelen. Fabiola duldt geen concurrentie, niet van haar schoonmoeder Lilian en evenmin van haar schoonzus Paola.

De hechte broers Boudewijn en Albert zitten tussen twee vuren. Zoals in zoveel families drijft dit een wig tussen Albert en Paola. Vanaf 1966 woont het koppel niet meer samen, maar op aparte etages van het kasteel Belvédère. Albert en Paola vermijden elkaars gezelschap en als ze elkaar al tegenkomen, dan maken ze vaak ruzie. De prinses gaat ook vrijwel nooit mee op economische missie. Heel uitzonderlijk wordt op Paola een beroep gedaan "als haar présence en glamour voor een meerwaarde kan zorgen," getuigt Marc Servotte, die de prins begeleidt op zijn handelsreizen.

Albert wordt in 1966 op slag verliefd op de 25-jarige Sybille de Selys Longchamps. Hij heeft de dochter van de Belgische ambassadeur in Athene toevallig leren kennen als hij zijn jacht komt terughalen. Tussen de prins en de mooie en intelligente barones bloeit er snel een heimelijke passionele liefde. Het is het begin van een innige relatie die bijna achttien jaar zal duren. Het gevolg is bekend: in 1968 wordt hun liefdeskind Delphine geboren. Sybille is op dat moment nog getrouwd met een goede vriend van Albert, de topindustrieel Jacques Boël. Uit loyaliteit met de prins maakt Boël er geen punt van dat Delphine zijn familienaam draagt.

Het echtpaar Boël scheidt pas na de geboorte van Delphine. In mondaine kringen wordt al snel geroddeld over de biologische afkomst van Delphine. Ook Paola krijgt het verhaal te horen en dat is niet bevorderlijk voor de relatie tussen beide echtelieden. Voor de buitenwereld blijft de natuurlijke Belgische prinses jarenlang verborgen. Langzaamaan wordt het een publiek geheim, maar de media maken het verhaal niet bekend. Wat de Belgen in 1970 wel te zien krijgen, is de foto van een kort gerokte prinses Paola op het strand van Sardinië, arm in arm met Albert de Mun, een freelance journalist die ook graaf zou zijn. "Misschien is hij haar zesde of zevende minnaar, wie zal het zeggen?" beweert een vertrouweling. Dezelfde bron ontkent wel de geruchten dat niet Albert maar de Italiaanse zakenman Aldo Vastapane de vader van Laurent zou zijn. Paola heeft Vastapane inderdaad gekend, maar pas veel later.

Eenzame prinsenkinderen

Iedereen die het gezin kent, kan er niet naast kijken: Filip, Astrid en Laurent groeien op zonder ouders. Jarenlang zetten Albert en Paola zich nauwelijks in voor de opvoeding van hun kinderen. Ze houden ongetwijfeld veel van hen. Dat blijkt uit talrijke getuigenissen. Maar door hun persoonlijke problemen geven ze hun onvoldoende aandacht. Het gezin eet niet meer samen en dat is voor de kinderen verwarrend. De ouders helpen niet bij hun huiswerk en kijken weinig naar hen om. De kinderen vertoeven bijna altijd in het gezelschap van gouvernantes en personeel. Op zich is dat niet ongewoon. In adellijke kringen is het bon ton om de kinderen toe te vertrouwen aan een gouvernante. Maar in dit geval krijgen Filip, zijn zusje en zijn broer hun ouders steeds minder te zien. Ook in het weekend is het paar altijd weg. Albert en Paola zijn hét *celebrity*koppel en dus graag geziene gasten op feestjes en recepties. Ze reizen ook vaak voor langere periodes naar het buitenland. Maar vrij snel na de geboorte van prins Laurent gaan de prins en prinses elk hun eigen weg. Met alle gevolgen voor hun kinderen. Ze moeten wekenlang opgevangen worden door "pleeggezinnen", soms apart, soms samen. Ze verhuizen vaak van de ene familie naar de andere. Filip gaat geregeld logeren bij de professionele entourage van zijn vader: de familie van Alberts kabinetschef Michel Didisheim in Elsene en het hoofd van het Huis van Prins Albert, generaal Gilbert Thibaut de Maisières in Woluwe. Filip is nooit alleen. Meestal gaat er een nanny mee. Zijn ouders ziet hij soms weken niet. Filip krijgt in de basisschool ook een mentor toegewezen, de eerste in een lange rij. De oudere mijnheer Pierson is altijd zeer discreet geweest over zijn rol.

Pierson is de vader van een bevriende klasgenoot van Filip en fungeert als een begeleider op het college. Hij helpt Filip met zijn huiswerk en vangt hem vaak op. Filip voelt zich snel thuis bij de familie. Het huis in de Emile Vanderveldestraat in Sint-Lambrechts-Woluwe is lange tijd de enige plaats waar Filip zich goed voelt.

Hij logeert ook geregeld in het gezin van graaf de Broqueville, vrienden van Albert en Paola. Daar heeft hij een goed contact met hun zoon Philippe, een leeftijdgenoot. Hoewel ze de situatie beter dan wie ook kent, verdedigt Tessa de Broqueville in een interview met *Le Vif* vurig de ouders van Filip: "De media hebben er geen idee van welke warmte er heerst bij de prinsen van Luik. Bij elke verjaardag worden er kinderfeestjes georganiseerd, ze spelen spelletjes, ze maken wandelingen, in de winter maken ze sneeuwmannen, ze gaan op wintersportvakantie, avond na avond zitten ze samen als gezin rond het haardvuur. Prins Albert en prinses Paola hebben heel veel genegenheid voor hun kinderen. Ze willen zoals alle andere ouders zijn en proberen hun kinderen een zo normaal mogelijke jeugd te geven."

Veel andere getuigen schetsen een minder rooskleurig beeld. Onder hen

Paola met haar drie kinderen aan het spelen: Laurent, Astrid en Filip

Rudy Bogaerts, de gewezen privéleraar van prins Laurent. Bogaerts heeft weet van minstens drie kerstavonden waarop de kinderen thuis alleen zijn. De laatste bediende die op Belvédère aanwezig is, neemt ze dan mee naar huis.

Hoewel diverse families hard hun best doen om de kinderen warm op te vangen, zijn de vele logeerpartijen niet bevorderlijk voor hun karaktervorming. Ze reageren er verschillend op. Filip keert zich meer en meer in zichzelf. Astrid wordt treurig en onzeker. Laurent rebelleert. "Als men Filip, Astrid en Laurent nu op de korrel neemt, moet men beseffen dat ze getraumatiseerd zijn omdat ze geen ouders hadden," zegt een intieme vriend van het koppel. Koning Boudewijn is uiteraard op de hoogte van de huwelijksproblemen. Maar een echtscheiding van Albert en Paola is voor de diepgelovige vorst onbespreekbaar. Bovendien wordt Boudewijn in die tijd met het drama geconfronteerd dat hij en Fabiola geen kinderen zullen krijgen. Daardoor zal zijn broer Albert de eerste in lijn blijven voor de troonopvolging. In die tijd is het in vorstelijke kringen ondenkbaar dat een gescheiden prins koning zou worden. Door een echtscheiding zou Albert aan de troon moeten verzaken, maar er is geen reservekoning beschikbaar. Albert en Paola moeten dus willens nillens samen blijven. In die tijd wordt echtscheiding nochtans meer en meer maatschappelijk aanvaard. Maar dat geldt niet voor een prinsenpaar.

Een VIP in de klas

De prinsenkinderen groeien vanzelfsprekend niet op in een gewoon gezin en ook op school krijgen ze geen normale behandeling. Oom Boudewijn dringt er voortdurend op aan om ze wel als gewone kinderen te benaderen, maar dat gebeurt niet. Filip en Laurent worden niet gestraft als ze kattenkwaad uithalen. En of ze flink hun best doen of niet, goede punten krijgen ze toch. Filip werkt een stuk harder dan zijn broer, maar heeft moeite om de stof bij te benen. De koning krijgt ook vaak betere schoolresultaten van zijn neefjes te zien dan ze in werkelijkheid zijn. Over Astrids studieprestaties is weinig bekend, die werden toen niet zo belangrijk geacht omdat zij als meisje nooit aanspraak kon maken op de troon.

Het hoeft geen betoog dat de koninklijke aanpak van de prinsen jaloezie opwekt op school. Filip gedraagt zich nochtans niet ijdel en vindt het zelf niet leuk dat hij elke dag door een chauffeur gebracht en afgehaald wordt. Zijn medeleerlingen noemen hem "Philippe". Zijn leraars spreken hem aan met zijn familienaam: "Belgique". Ook als het niet ironisch bedoeld is, klinkt het wel zo. Filip krijgt veel bijlessen, maar hij blijft achteraan bengelen. Volgens een intimus zijn Filips slechte schoolresultaten het rechtstreekse gevolg van zijn ouderloze jeugd: "Het karakter van Filip is traag en introvert. De huwelijksproblemen van Albert en Paola verlamden hem compleet." Toch noemt zijn leraar Nederlands Daniël Nijs hem een heel gewoon kind, geen uitblinker maar ook geen mislukkeling.

Scoutsavonturen in eigen tuin

Als de prins zeven is, lanceert koningin Fabiola het idee om een scoutsgroep voor prins Filip op te richten. Dat is destijds ook gebeurd voor de prinsen Boudewijn en Albert, en die hebben daar goede herinneringen aan. Men wil van de gelegenheid gebruik maken om de prins op een ongedwongen manier in contact te brengen met de Nederlandse taal. Naar een gewone scoutsgroep gaan buiten het paleis, dat is wel nog een brug te ver. Daarom wordt op Belvédère speciaal voor Filip een "interfederale" welpenhorde opgericht. Voor de leiding wordt een beroep gedaan op het Vlaams Verbond van Katholieke Scouts (VVKS) en de Federatie voor Open Scouting (FOS). De groep wordt geleid door Robert Steel, leraar Nederlands en sinds jaren Akela bij de VVKS, samen met twee assistenten, Eberhard Coussement en Hubert De Groot. Vooraf worden de leiders samen met de toenmalige Verbondscommissaris Jean-Luc Dehaene op het kasteel van Belvédère ontvangen om de organisatie van de groep te bespreken. Er worden ook een aalmoezenier en een lekenconsulent aangesteld. De welpenhorde heeft doelbewust een pluralistisch karakter. Albert en Paola willen geen elitegroep voor hun zoon. Uit de twaalf bestaande Brusselse scoutsgroepen worden vierentwintig Brusselse jongetjes uit alle rangen en standen gerekruteerd. Het enige selectiecriterium is dat de kinderen keurig Nederlands moeten spreken.

In oktober 1967 gaat de groep van start. Gedurende vier jaar komen ze bijna elke zaterdagmiddag samen in een dienstgebouw van Belvédère, dat als vergaderlokaal is ingericht. Het is opmerkelijk hoe *De Standaard* in 1969

Moeder en zoon

lyrisch en kritiekloos bericht over de scouting van (toen nog) prins Philippe. "Het welpenlokaal ziet er een beetje rommelig uit, zoals ieder ander welpenlokaal. Op de muren zijn er fresco's getekend van Mowgli met de panter, en opschriften die nog niet helemaal klaargekomen zijn."

Buiten is er een enorm speelveld met bossen en weiden. Voor de jonge welpen die uit gewone scoutsgroepen komen, zijn deze luxueuze omstandigheden een onvergetelijke ervaring. Een van de toenmalige jonge welpen, Werner Van Rossen, herinnert zich hoe ze om vier uur 's middags naar binnen werden geroepen om fruitsap te drinken en boterhammen te eten. Lekkernijen die worden opgediend door lakeien in livrei!

Geregeld komen Albert en Paola apart langs om hun zoon aan te moedigen. Ook prinses Astrid, die zich op zaterdagmiddag vaak verveelt, speelt met de welpen. Filip doet hard zijn best om er bij te horen. Maar bij spelletjes blinkt hij uit in onhandigheid. Ook zijn beperkte kennis van het Nederlands is in het begin een barrière. Het prinsje vindt het wel heerlijk om tussen de andere kinderen gewone dingen te doen. Zo gaat de scoutsgroep op uitstap met de tram, iets wat hij nog nooit heeft gedaan. Filip is zeer nieuwsgierig en staat dan ook de hele tijd naast de conducteur om te zien hoe hij rijdt. Er worden tochten georganiseerd naar de Heizel, het Zoniënwoud, de Zoo van Antwerpen, de Kalmthoutse heide... Tijdens deze uitstappen gaan er meestal lijfwachten mee, maar die gedragen zich onopvallend, zodat de kinderen niets merken. Omdat Filip in de Nederlandstalige groep een kind tussen de andere kinderen is, valt hij niet op. Maar één keer wordt de prins tijdens een uitstap naar Sint-Genesius-Rode door een verhitte Franstalige uitgescholden voor *sale Flamand!*

's Zomers gaan de welpen op kamp. Ze slapen op veldbedden in de garage van het kasteel van Fenffe, dat later als buitenverblijf voor de prinsen van Luik zal worden ingericht. Het domein van Fenffe ligt op een boogscheut van het koninklijk domein van Ciergnon. Voor de prins is het dus geen onbekend terrein. De welpenleiders benadrukken dat Filip dezelfde karweien moest opknappen als de andere jongens. "Iedere morgen vouwde hij zijn dekens op en daarna hielp hij bij het aardappelschillen." Als er op kamp een diarreeplaag opduikt, treft ook de prins dit ongemak, met alle onprotocollaire gevolgen van dien.

Op de ouderdag komen ook de prinsen van Luik op bezoek. Zij nemen deel aan alle ouderactiviteiten. Enkele weken later nodigen Albert en Paola de andere ouders uit om bij hen op Belvédère naar de kampdia's te komen kijken. "Ik heb als kind ook in de bossen van Ciergnon gekampeerd," vertelt Albert. "Maar *ik* was alleen met mijn broer en steeds omringd door hofdignitarissen en rijkswachters. Wij werden opgevoed alsof we alleen op de wereld waren en hadden geen eigen ervaring."

Tot ontgoocheling van de leiding wordt de welpenhorde na vier jaar opgedoekt. Filip wordt dus geen jongverkenner en krijgt geen totem. Officieel omdat de prins naar de middelbare school moet en geen tijd meer zou hebben voor scoutisme. In scoutskringen denkt men dat het Hof gezwicht is voor de druk uit Franstalige hoek, waar men met enige bezorgdheid naar de uitgesproken Vlaamse activiteiten op Belvédère keek.

De verdwenen peter

Zoals elk twaalfjarig katholiek kind, doet ook prins Filip zijn plechtige communie. Hij krijgt het heilig vormsel toegediend door de pauselijke nuntius, monseigneur Cardinale, in de kapel van het Sint-Michielscollege. Samen met Filip doet die dag ook een van de zonen van de Zaïrese president Mobutu zijn plechtige communie. Filips peter, de gewezen koning Leopold III, is er niet bij aanwezig. De familierelaties zijn na het huwelijk van koning Boudewijn met Fabiola flink vertroebeld. De persoonlijke vetes, de pijnlijke troonsafstand van Leopold en de verhuizing van Leopold en Lilian uit het kasteel van Laken naar het kasteel van Argenteuil zorgen voor een vertrouwensbreuk tussen vader en zoon. Ook het peterschap van Leopold wordt zonder meer geschrapt. Omdat Boudewijn vanaf dat moment wordt beschouwd als de nieuwe pater familias duldt hij niet dat ook zijn broer en zijn familie nog contact hebben met de bewoners van Argenteuil.

Er zijn gelukkig ook voordelen aan het prinsenleven. Zo gaan de prinsen vaak zwemmen in het overdekte zwembad aan de serres van het kasteel van Laken. Wel moet de ordonnansofficier vooraf even bellen met Laken om te horen of het past. Koningin Fabiola zwemt liever niet in aanwezigheid van haar neven en nichtje. Als de koningin niet thuis is, zijn ze echter welkom. Ook als ze willen spelen in de gigantische tuinen van het kasteel van Laken moet er eerst even gecheckt worden. Hoewel er plaats genoeg is om met fietsen te crossen, komt het in oktober 1971 tot een botsing – letterlijk dan – tussen de broers Filip en Laurent. De klap is zo hevig dat ze voor verzorging naar het Brugmann Ziekenhuis moeten. Filip heeft een gebroken bovenkaak, Laurent heeft een gebroken vinger.

Filip leert algauw zijn voorkeursbehandeling appreciëren. Hij krijgt, op zijn tiende, het voorrecht om de astronauten van Apollo XII te ontmoeten na hun terugkeer op aarde. De Amerikaanse ruimtevaarder Walter Shirra komt op Belvédère dineren en vertelt Filip persoonlijk over zijn ervaringen op de maan.

Op zijn dertiende legt de prins een van zijn eerste officiële bezoeken af, samen met zijn oom koning Boudewijn van wie hij geen duimbreed wijkt. In het legermuseum bekijken ze samen een grote tentoonstelling ter ere van koning Albert I. Filip is gekleed in een grijs kostuum met een blauwe das, beduidend formeler dan de jongerenmode van dat moment. Zijn speciale status geeft hem ook een voorsprong op zijn leeftijdgenoten. Als hij veertien is, mag Filip koning Boudewijn vergezellen bij een bezoek aan de boorplatformen van Ekofisk in de Noorse wateren. Op zijn zestiende reist hij naar de vs. De prins bezoekt New York en trekt naar de nationale parken, de Grand Canyon en Yellowstone.

Nederlandse lessen

Na de lagere school vangt prins Filip de klassieke humaniora aan in het Collège Saint-Michel. De prins volgt er de gebruikelijke lessen Nederlands. Maar die verlopen moeizaam en ook het Hof ziet in dat een Belgische prins de tweede landstaal perfect moet kennen. In de zomervakantie van 1968 was prinses Paola al met haar kinderen naar het Nederlandse Vught gegaan om in het talenpracticum Regina Coelis een cursus Nederlands te volgen. Enkele jaren later volgt de prins een veertiendaagse zomercursus Nederlands in een college in Dendermonde. Maar dat blijkt voor de almaar strijdvaardiger flaminganten niet voldoende. Jaak Vandemeulebroucke, toen voorzitter van de Vereniging voor Vlaamse Leerkrachten, richt een open brief aan prins Albert. De latere vu-mandataris roept Albert op om zijn kinderen naar een school te sturen waar de taal van de meerderheid van de Belgen wordt gesproken: het Nederlands. Vandemeulebroucke trekt alle Vlaamse registers open: "Wat zouden wij als leerkrachten aan onze kinderen moeten vertellen wanneer een onder hen de vraag stelt waarom de kinderen van de Belgische koninklijke familie zich gedistantieerd gedragen tegenover hun Vlaamse leeftijdgenoten, waarover in vroegere tijden door een Belgische monseigneur gezegd werd dat er in België twee volkeren zijn, het ene om te heersen, het andere om te dienen." Daarmee alludeert Vandemeulebroucke op een voor Vlaanderen beledigende uitspraak van kardinaal Mercier.

Koning Boudewijn vraagt in 1974 raad aan onder meer de toenmalige minister van Onderwijs Herman De Croo. Die adviseert het Hof de Benedictijnenschool van Zevenkerken, in Loppem bij Brugge. Door het hoge inschrijvingsgeld heeft de school een sterk elitair karakter. Veel kinderen van aristocraten en rijke burgers lopen er school. In de volksmond is Zevenkerken vooral een school die ook minder begaafde kinderen van welgestelde ouders door het middelbaar onderwijs loodst. Maar de West-Vlaamse internaatsschool levert ook briljante studenten af die later topfuncties bekleden. De Croo gaat enkele keren naar Belvédère om Albert en Paola te overtuigen. Veel inspraak krijgen Filip en Laurent niet. Na overleg met Boudewijn, worden ze in 1975 ingeschreven in de school. Filip begint in het vierde jaar van de humaniora, Laurent in het zesde leerjaar. Voor het begin van het schooljaar krijgen ze nog een spoedcursus Nederlands. Een toekomstige klasgenoot van Filip komt een maand naar Belvédère om de prinsen een Nederlands taalbad te geven. Begin september worden de jongens door drie wagens met pak en zak naar het internaat in Loppem gebracht. De leraar Grieks-Latijn, pater Christian Papeians de Morckhoven, wordt de vaste begeleider en mentor van prins Filip.

Omdat hij terechtkomt in een hechte klasgroep die al vier jaar samen is, voelt Filip zich het eerste jaar uitgesloten. Hij kent de taal niet en is geregeld het voorwerp van spot. Ook het internaatsleven valt hem zwaar. "Daardoor raakte hij nog meer in zichzelf gekeerd," getuigt Michel Didisheim, de toenmalige kabinetschef van de prins van Luik. Filip doet alles wat hij kan om in de groep aanvaard te worden.

Het is ook een hele aanpassing om ineens alle lessen in het Nederlands te moeten volgen. Hij krijgt intensief bijlessen en tegen de kerstvakantie vlot het al wat beter.

Bij Laurent lukt het totaal niet. Hij weigert zich aan te passen. Filip en Laurent hebben totaal verschillende persoonlijkheden. Filip is er ook niet over te spreken dat zijn jongere broer Laurent met hem meegekomen is. "Wat moet die hier weer?" laat hij zich meermaals ontvallen. Ook de paters hebben weinig vat op de rebelse benjamin. Na amper vier maanden zet Laurent de abdijschool al op stelten door 's nachts met de fiets weg te vluchten. Rijkswachters vinden de 12-jarige prins al liftend bij een wegwijzer naar Brussel. In tegenstelling tot Laurent, toont Filip zich in de klas een volgzame jongen. Vooral de literaire vakken boeien hem, de wetenschappelijke vakken gaan hem minder af. Hij sport ook graag, maar dan vooral individuele sporten zoals hardlopen en zwemmen. Groepssporten liggen hem minder, hoewel hij zijn best doet om met de anderen mee te voetballen.

De paters voelen dat Filip lijdt onder de huwelijkscrisis van zijn ouders. Hij gedraagt zich als een timide jongen die getormenteerd en onder zware druk door het leven gaat. Zijn vader krijgt hij tijdens zijn schooljaren nauwelijks te zien. Zijn moeder komt wel geregeld naar schoolfeesten en andere ouderactiviteiten, maar de communicatie tussen haar en haar zoons verloopt niet altijd even vlekkeloos. Koning Boudewijn laat zich in Loppem nooit zien, maar het is bekend dat hij de vorderingen van zijn neef op de voet volgt. Het is dan al duidelijk dat prins Filip ooit zijn oom zal opvolgen, al wordt daar nooit over gesproken. Zijn gewezen klasgenoten, Bernard Indekeu en Christophe Jeurissen, getuigen over de grote bewondering van Filip voor koning Boudewijn. Hij praat veel over zijn oom, zonder hem ooit met zijn naam of titel te noemen.

Toevallige ontmoeting bij de tandarts

Naast de adoratie van Filip voor zijn oom, getuigen de paters van Zevenkerken ook over de begeestering van Filip voor zijn grootvader, Leopold III. Na de zomervakantie van 1977 komt Filip dolenthousiast vertellen over zijn eerste gesprek met zijn grootvader. De prins heeft zijn opa voor het eerst bewust ontmoet en is in de wolken. De toevallige ontmoeting is in feite geregeld door Boudewijn die voelt dat zijn vader wellicht niet meer zo lang te leven heeft. De koning probeert de familierelaties eind jaren '70 weer wat te verbeteren.

Boudewijn wil per se dat zijn neven Filip en Laurent – Astrid komt er niet aan te pas – hun grootvader ontmoeten. Hij stelt daarvoor een ingewikkeld scenario op. Filip en Laurent worden naar een tandarts gebracht aan het Leopoldpark in Brussel. Terwijl ze in de wachtkamer zitten, komt hun grootvader "toevallig" uit de tandartspraktijk. Boudewijn heeft een ontmoeting van een kwartier gepland. Maar na tien minuten begint prinses Lilian al ongeduldig in de wachtende auto te claxonneren.

In die periode gaan ook Boudewijn en Albert enkele keren op bezoek bij hun vader in het kasteel van Argenteuil. Maar na de jarenlange breuk verloopt het contact telkens bijzonder stroef, aldus Albert aan een naaste medewerker. "We zaten daar in een zetel en we keken naar de televisie. Na een half uur zei hij dat hij moe was. Tegen Boudewijn herhaalde hij voortdurend:

'Je laat je doen door de socialisten! Je doet niets tegen de ontmanteling van het land!'" Leopold beklaagt zich over wat er in België gebeurt en vindt dat Boudewijn te zwak handelt. De langverwachte bezoeken aan Leopold zijn voor beide broers telkens een teleurstelling.

Incognito op reis

Gaandeweg voelt Filip zich beter in de abdijschool van Zevenkerken. Ook zijn klasgenoten vergeten langzaam wie hij is. Filip vindt het zalig dat hij in Loppem zo weinig lijfwachten om zich heen krijgt. De plaatselijke rijkswacht patrouilleert elke morgen wel voor de school, maar blijft voor de rest discreet op de achtergrond. In die tijd zijn er in binnen- en buitenland enkele spectaculaire ontvoeringen. Toch beslist Gilbert Thibaut de Maisières, die aan het hoofd staat van het Huis van Prins Albert, dat Filip incognito met de retoricaklas mee naar Griekenland mag. Hij krijgt een vals paspoort en reist onder een schuilnaam. Filip geniet van zijn uitstap. Enkel een jong stel herkent hem, maar de leraars ontkennen meteen. In een hotel in Rhodos vergeet de prins zijn paspoort. Gelukkig heeft hij nog zijn eigen identiteitskaart. Aan de pascontrole op de Griekse luchthaven wordt er even moeilijk gedaan. "Wie is dat: de Belgique?" vragen de douaniers. Maar omdat er paters meereizen, wordt het gezelschap niet als verdacht beschouwd en mag Filip de douane passeren.

Hoewel Filip hard studeert, blijft het voor hem moeilijk om het niveau van de klas bij te benen. Volgens zijn klasgenoten valt dat nooit op omdat Zevenkerken, in tegenstelling tot andere scholen, niet de gewoonte heeft om veel ruchtbaarheid te geven aan de schoolresultaten van de leerlingen. Er moet ook zelden een leerling zittenblijven. Maar het toenmalige maturiteitsexamen is een openbaar examen en dus moet ook Filip die test doorstaan. Boudewijn vreest dat het nieuws over een slecht examen zou kunnen uitlekken. Daarom vraagt de koning aan zijn vertrouweling Michel Didisheim om Filip te helpen bij de voorbereiding van zijn maturiteitsexamen. "In plaats van een proef hebben we samen een essay voorbereid over ontwikkelingssamenwerking in Afrika," getuigt Didisheim. Filip stelt het essay voor aan een jury en haalt genoeg punten om zijn diploma te behalen. Bij het afscheidsfeest van de humaniora, in juni 1978, zijn prins Albert en prinses Paola wel present. Het is voor de paters duidelijk dat het koppel weer *on speaking terms* is.

De prins heeft intussen de smaak van het incognito reizen te pakken. Tijdens de zomervakantie trekt hij met zijn vriend prins Lamoral de Ligne zonder begeleiding naar Brazilië. Na zijn humaniora spreekt de prins ook vrij behoorlijk Nederlands. Dat is niet zonder moeite gegaan, maar Filip is later blij met de beproeving die hij in Loppem heeft doorstaan. Dat zegt hij aan Herman De Croo die op het idee kwam de prins naar Zevenkerken te sturen: "U heeft mij toen wel doen zweten, maar ik ben blij dat ik het gedaan heb." Filip heeft een speciale band met de school in Zevenkerken behouden. Elk jaar rond Kerstmis, woont Filip een reünie bij met zijn toenmalige klasgenoten. Ook voor zijn verlovingsfeest in 1999 zijn ze allemaal uitgenodigd.

Verliefd op een burgermeisje

Tijdens de middelbare schooltijd van Filip duiken, zoals bij elke adolescent, de eerste verliefdheden op. Filip leert op de abdijschool Barbara Maselis kennen, de dochter van een veevoederfabrikant uit Roeselare. Het is liefde op het eerste gezicht. Barbara is bijna twee jaar jonger dan Filip maar zij is duidelijk een stuk rijper en wereldser. "Een intelligent en spits meisje dat perfect bij Filip paste," zeggen de mensen die haar kennen. Ze spreekt drie, vier talen en is niet snel geïntimideerd. Bovendien is Barbara met haar lange blonde haren een bijzonder stijlvolle verschijning. De romance bloeit pas echt open als Filip de abdijschool al verlaten heeft. Drie jaar lang hebben ze een innige romance. De band tussen beiden is zeer sterk. Filip gaat vaak op bezoek bij haar ouders in Roeselare of komt haar in Leuven ophalen om uit te gaan. Tijdens haar studies deelt ze met haar zus een appartement op de vierde verdieping in het Binnenhof aan de Justus Lipsiuslaan in Leuven. Barbara bezoekt enkele keren het kasteel van Belvédère, maar ze wordt er niet met open armen ontvangen. De tijd is nog niet rijp voor een burgermeisje aan het Hof. Barbara werd met haar Scandinavische looks meteen als te volks beschouwd. Althans daar vreest men voor. De enige ervaring die men aan het Belgische Hof had met een burgervrouw, prinses Lilian, was bovendien niet echt een succes te noemen.

Filip en Barbara houden vast aan hun relatie maar de druk van de koninklijke familie wordt te groot. Uitgerekend Albert dwingt Filip om met Barbara te breken. Albert maakt zijn zoon duidelijk dat Barbara's afkomst een probleem is. "Je bent een prins van België en je hebt in ons land een officiële toekomst. Ik zie dat Barbara belangrijk voor je is, maar je moet proberen daar een einde aan te maken. Van een huwelijk kan geen sprake zijn."

Met veel spijt in het hart moet Filip de relatie beëindigen. Barbara helpt hem daarbij. Zij beseft dat hun relatie geen toekomst heeft, als Filip niet gesteund wordt door zijn familie. Tijdens een jachtpartij verliest Filip zijn vriendin voorgoed aan een van zijn beste vrienden, Daniël De Belder uit Essen bij Kalmthout. Daniël is de zoon van de bloemenkunstenares Jelena De Belder, een goede vriendin van koningin Paola. Barbara en Daniël trouwen enkele jaren later. Ze krijgen drie kinderen.

Filip komt zijn eerste liefdesverdriet heel moeilijk te boven. Hij blijft Barbara bijna twintig jaar lang trouw. Later heeft hij nog avonturen, maar die gaan nooit meer zo diep. Volgens ingewijden is Barbara naast Mathilde de belangrijkste vrouw in zijn leven geweest. "Het is een wonder dat die relatie zo lang verborgen is gebleven. Barbara is een zeer discrete vrouw. Ze zou minstens een even goede prinses geworden zijn als Mathilde," zeggen diverse intieme vrienden. Om een reactie gevraagd, ontkent Barbara Maselis vandaag niet dat ze een relatie met de prins heeft gehad. Maar ze wenst er verder niet over te spreken: "Ik heb niet de gewoonte om te praten over vroegere relaties." Naar eigen zeggen doet ze dit ook uit respect voor het huidige huwelijk van de prins.

HOOFDSTUK 3

De dynastieke zoon van Boudewijn

Als in de jaren zeventig duidelijk wordt dat Boudewijn en Fabiola geen kinderen zullen krijgen, trekken ze de opleiding van Filip meer naar zich toe. Met prins Laurent doen ze dat niet, hoewel hij dan nog derde in lijn voor de troonopvolging is. De jongste zoon van Albert en Paola heeft duidelijk een ander temperament dan zijn oudere broer en zus, en is niet zo volgzaam. Filip is opgetogen met die aandacht van zijn oom en tante, want veel familiewarmte heeft hij tot dan niet gekend. Toch mag aan de band tussen Boudewijn en de kinderen niet overdreven veel belang worden gehecht, meent een vertrouweling. Boudewijn kan de kinderen van zijn broer niet te veel aanhalen, want dat zou te pijnlijk zijn tegenover Fabiola die geen kinderen kan krijgen. De koning hoedt er zich voor om de kinderen al te expliciet te adopteren. Tegenover zijn hofmaarschalk Herman Liebaers herhaalt koning Boudewijn telkens dezelfde zin over Filip: "Ik mag toch niet vergeten dat hij mijn zoon niet is."

In Belvédère houden Albert en Paola voor de buitenwereld de schijn op, al is het stilaan een publiek geheim dat ze niet meer samenleven. Voor de achttiende verjaardag van Filip wordt een persmoment gehouden op het domein van Fenffe, het buitenverblijf vlakbij het kasteel van Ciergnon. De Belgen krijgen beelden te zien van een rokende prins Albert, een nog altijd mooie prinses Paola en hun drie opgroeiende kinderen. Er worden huiselijke taferelen getoond in de keuken en de woonkamer. Prins Filip brengt in de tuin zijn eerste *statement* op televisie. Hij kijkt recht in de cameralens, wat zelfs naar de toenmalige televisienormen vreemd overkomt. Hij ziet er jonger uit dan achttien en heeft sporen van jeugdacne. Filip heeft een mooie boodschap voor kijkend België: "Men zegt dat het leven begint op 18 jaar. Die leeftijd heb ik nu bereikt. Ik bedank iedereen die mij daarvoor heeft gefeliciteerd. Ik wens iedereen evenveel geluk toe."

Een opleiding op maat

Intussen wordt achter de schermen overlegd over de verdere opleiding van prins Filip. Omdat koning Boudewijn zelf zo geleden heeft onder zijn gebrekkige vorming wil hij zijn toekomstige opvolger beter voorbereiden. Maar hij ziet ook de beperkingen van Filip. Zijn neef was zelfs in de beschermde omgeving van de abdijschool geen hoogvlieger. Boudewijn brengt daarom in januari 1978 een groep van vier vertrouwelingen samen: Michel Didisheim, kabinetschef van prins Albert, Gilbert Thibaut de Maisières, hoofd van het Huis van prins Albert, generaal Blondiaux, hoofd van het Militair Huis van de Koning en zijn kabinetschef André Molitor. Zij bespreken samen de mogelijkheden en de beperkingen van de prinselijke opleiding.

Het eerste wat de vier wijzen doen is contact opnemen met de abt van de abdijschool in Loppem, pater Paul Standaert. De abt is het best geplaatst om de grenzen en de ambitie van de prins in te schatten. Hij meent dat het goed zou zijn om voor gelijk welke universitaire studie een voorbereidingsjaar te volgen in een "gedisciplineerde" instelling. Met andere woorden: de Koninklijke Militaire School. Pater Standaert vindt het ook wenselijk dat Filip er tussen de andere studenten logeert, opdat hij wat sociaal vaardiger zou worden. Hij moet ook leren om teksten op te stellen. Standaert acht de prins in staat een dergelijke opleiding te volgen, mits een goede begeleiding.

Naar Brits voorbeeld

De vier adviseurs steken ook hun licht op in het buitenland. Hoe hebben andere monarchieën hun kroonprinsen opgeleid? Via de ambassade in Groot-Brittannië wordt contact opgenomen met Buckingham Palace. De Britse kroonprins Charles is op dat moment bijna dertig en heeft zijn opleiding af-gerond. Charles heeft het nooit onder stoelen of banken gestoken hoezeer hij heeft geleden onder de bijzonder harde opleiding die zijn vader voor hem uit-gestippeld had. Hij was op zijn dertiende naar een Spartaanse kostschool ge-stuurd waar koude douches en ochtendlijke spurtjes tot het dagelijks ritueel behoorden. Wedijver was een van de belangrijkste deugden. In een brief aan Laken bevestigt prins Charles' secretaris Checketts dat karaktervorming voorop stond in de opleiding. Zo wilde het de hertog van Edinburgh, de vader van Charles. De hertog vond dat een kroonprins zijn academische graden zelf moest verdienen.

Een vooropgezette studieplanning was er voor prins Charles niet. Na zijn middelbare studies studeerde Charles een jaar in Australië en een jaar in Cam-bridge. Daarna liep hij stage bij verscheidene ministeries en kreeg hij een complete vorming bij het leger. Hij doorliep de luchtmacht, de landmacht en de zeemacht. Hij werd piloot, valschermspringer en bevelhebber van een schip. Tijdens zijn maandenlange afwezigheid op zee verspeelde hij zo Camil-la, de vrouw van zijn leven. Maar daar wordt uiteraard geen gewag van ge-maakt. Charles heeft bij geen enkele stap van zijn opleiding enige inspraak gekregen.

Filip is hetzelfde lot beschoren. Op basis van de ervaring van kroonprins Charles stelt het comité van wijzen een studietraject op. Ze komen tot een intensief programma van vijf jaar, met onder meer een militaire opleiding en academische vorming. Ook voor de Belgische prins staat karaktervorming centraal, naast het winnen aan zelfvertrouwen, een voorbereiding op officiële functies, het verwerven van academische bagage en kennis van de verschil-lende delen van België. Er ligt ook grote nadruk op de kennis van het Neder-lands.

Het traject begint met een tweejarige opleiding aan de Koninklijke Mili-taire School. De prins zal een normaal regime volgen maar vrijgesteld wor-den van enkele cursussen zoals logica, elektriciteit, statistiek en wiskunde. Dat laatste is opmerkelijk omdat wiskunde een van de pijlers is van de officiers-opleiding. Maar Filip heeft na zijn Latijn-Griekse humaniora geen goede basis voor een doorgedreven wiskundestudie en dus wordt hij daarvan vrijgesteld.

Op 10 maart 1978 worden de grote lijnen van dit programma voorgesteld aan koning Boudewijn, die bijna alles goedkeurt. Pas een week later krijgt prins Albert de nota te zien. Prins Filip wordt niet geraadpleegd bij het op-stellen van zijn studieprogramma. "Ik weet zelfs niet of hij wist dat wij daar-mee bezig waren," vertelt een van de adviseurs.

Toch bizar dat Filip in het ongewisse wordt gelaten over zijn eigen toe-komst. Naar zijn wensen en verzuchtingen wordt niet eens gepolst, laat staan dat er rekening mee gehouden wordt. Ook de invloed van de ouders op de carrière van hun eigen zoon is miniem. Hun belangstelling ervoor en hun toewijding blijven zeer beperkt. Koning Boudewijn heeft een beslissend oor-deel in alles wat over Filip wordt beslist.

Na overleg met de top van het Belgisch leger en met het kabinet van mi-nister van Landsverdediging Paul Vanden Boeynants, wordt samen met ko-ning Boudewijn de militaire opleiding van de prins in detail uitgewerkt. De drie academische jaren die daarna zullen volgen, worden nog vaag gelaten.

Militaire vorming

Na de zomer 1978 trekt prins Filip naar de Koninklijke Militaire School. Hij maakt er deel uit van de 118de promotie Alle Wapens. Deze opleiding leidt tot een diploma van licentiaat in de sociale wetenschappen. Voor de kroon-prins is een aangepast programma voorzien van drieënhalf in plaats van de gebruikelijke vierenhalf jaar. Hij wordt dus van een jaar vrijgesteld. Het ni-veau aan de Koninklijke Militaire School ligt hoog en de nadruk ligt op we-tenschappelijke vakken. De meeste studenten hebben een wiskundige huma-nioraopleiding achter de rug, en geen Latijn-Griekse zoals Filip.

Omdat de prins geen officierscarrière ambieert, wordt hij vrijgesteld van het zware toelatingsprogramma en mag hij meteen naar het tweede jaar. Dit is alweer een toegeving waar andere studenten geen recht op hebben. Maar zijn achterstand is uiteraard enorm. Hij krijgt hulp van een jonge officier en van enkele jaargenoten. Deze privileges zorgen voor enige wrevel bij zijn medestudenten. Bovendien krijgen ze een hele lijst regels over hoe ze met hun koninklijke studiegenoot moeten omgaan.

Filip van zijn kant doet andermaal zijn best om erbij te horen. Maar hij is niet bijzonder geïnteresseerd in de materie. Volgens een toenmalige klas-

Prins Filip krijgt in de Koninklijke Militaire School
een voor hem speciaal aangepast leerprogramma

genoot leek de prins veeleer op een vrije student. "Nu eens was hij er wel en dan weer niet. En als hij er was, nam hij nauwelijks notities of hij viel in slaap."

In sportieve prestaties blinkt hij wel uit. Hij zwemt behoorlijk, rent goed en schept duidelijk plezier in allerlei krachtsporten die courant zijn bij het leger. "Het was indrukwekkend om hem in zijn zwembroek te zien staan," zegt een toenmalige klasgenoot. "Hij was één en al spierbundel."

Volgens zijn klasgenoten wordt hij niet echt gepest, veeleer geplaagd. Zo schrijven ze op hun kamerdeuren een keer "Luc van Leuven" of "Jan van Mechelen", waarmee ze de spot drijven met de naam "Filip van België". Op een nacht gooien ze een oefengranaat onder Filips bed. Hij is woest. Maar volgens zijn studiegenoten zijn dat grapjes onder militairen, die aangeven dat je erbij hoort.

Het stoort de klasgenoten wel dat de prins geen examens met de anderen aflegt. Volgens de leraars worden de examens privé afgenomen. Maar zijn medestudenten geloven dat niet. Want zijn examenuitslagen hangen ook niet ad valvas uit zoals voor de anderen. Volgens een van zijn docenten, professor Luc De Vos, krijgt Filip zijn cijfers onder enveloppe overhandigd. "Voor mijn vak geschiedenis was dat aanvaardbaar. Hij kreeg trouwens de cijfers die hij verdiende, en geen getrukeerde cijfers."

Koning Boudewijn wil op de hoogte worden gehouden van de vorderingen van zijn neef. Hij volgt zijn resultaten nog meer van dichtbij dan toen Filip aan de abdijschool in Zevenkerken studeerde. Daarom worden enkele officieren aangesteld die op de Koninklijke Militaire School fungeren als oren en ogen voor de vorst. Generaal Blondiaux, het hoofd van het Militair Huis van de Koning, houdt regelmatig gesprekken met de commandant van de militaire school, met de studiedirectie en met de voornaamste professoren.

Rudy Bogaerts is ervan overtuigd dat de koning niet de ware toedracht onder ogen krijgt. Hij beweert dat de jaren op de militaire school voor de prins een echte hel zijn. "Filip slaat een figuur omdat hij het niveau van zijn medestudenten niet kan halen. Maar niemand met een diploma van Latijn-Grieks kan volgen in een hogeschool waar alleen wiskunde telt," aldus Bogaerts.

De plichtsbewuste Filip wil het nochtans per se goed doen, zeker ten opzichte van koning Boudewijn. Hoe ouder hij wordt, hoe meer hij zich aan zijn oom spiegelt. Volgens zijn professoren vraagt hij zich telkens af of hij ooit het niveau van Boudewijn zal bereiken. "Dat was een zware last voor hem. Daarom was hij altijd zo gemotiveerd en wilde hij altijd meer doen."

Gedetailleerde studieplanning

In februari 1981 gaan de raadgevers opnieuw rond de tafel zitten om het verdere verloop van prins Filips studie te plannen. Er is intussen nog een adviseur bijgekomen: vleugeladjudant Guy Mertens. De entourage van de koning is het erover eens dat Guy Mertens de juiste persoon is om de prins te begeleiden. Mertens is op dat moment een ambitieuze raadgever. De feiten bewijzen later dat de inschatting juist is: Guy Mertens wordt jarenlang een inspirerende *compagnon de route* voor de prins, en maakt carrière tot en met de rang van generaal.

De aanstelling is voor Mertens zelf een complete verrassing. Als hij bij koning Boudewijn wordt ontboden, verwacht hij een baan in de entourage van de vorst. Maar tot zijn eigen verbazing stelt de koning Mertens voor om persoonlijk begeleider van Filip te worden. Filip is dan 21 en heeft dringend nood aan een steun en toeverlaat. Als Mertens Filip voor het eerst ontmoet, is de prins zeer wantrouwig. Filip vraagt zelfs of een adviseur echt wel nodig is. Mertens weet dat hij het vertrouwen van de prins zal moeten winnen want Filip verdenkt hem ervan een pion te zijn van zijn vader, en in mindere mate ook van zijn oom. Om het ijs te doen breken wil Boudewijn dat ze samen een reis maken. Omdat Filip dol is op het leger suggereert Guy Mertens een trip naar de Belgische troepen in Duitsland. Filip reageert enthousiast. Samen met zijn kersverse adviseur reist hij enkele weken incognito door Duitsland. Ondanks het leeftijdsverschil – Mertens is tien jaar ouder – begint het te klikken tussen de begeleider en de prins.

De tweede studieronde wordt meer in detail gepland. De adviseurs overlopen alle mogelijkheden en houden zelfs rekening met onverwachte omstandigheden. Zijn opleiding moet Filip volgens de adviseurs in staat stellen om zelfstandig te kunnen leven, zonder privileges. Daarom legt Michel Didisheim er de nadruk op dat de prins moet worden getraind in zelfredzaamheid. Er hoort weliswaar een begeleider in de buurt te zijn, maar de prins moet op eigen benen leren staan. Filip moet zich kunnen ontplooien en in zijn eigen levensonderhoud kunnen voorzien, want een monarchie kan ook vallen. Je weet het maar nooit.

Begin 1981 wordt een plan opgesteld dat ingaat vanaf het eerstvolgende academiejaar.

Fase 1 – oktober 1981 tot juli 1982: opleiding tot piloot.

Fase 2 – september 1982 tot november 1982: pelotonoverste in de landmacht.

Fase 3 – januari 1983 tot december 1984: studies in Groot-Brittannië, de Verenigde Staten en Frankrijk.

Fase 4 – vanaf 1985: individuele lessen van Belgische professoren.

De laatste fase zal in de praktijk een jaar later beginnen, omdat de prins langer dan verwacht in de vs blijft.

Er is ook een plan om Filip enkele maanden cursus te laten volgen aan de fameuze Ecole Nationale de l'Administration in Parijs, waar heel wat grote

Prins Filip tijdens zijn opleiding tot piloot.

Franse politici hebben gestudeerd. Michel Didisheim wil dat de prins een mix van invloeden uit het parlementaire Groot-Brittannië, de federale Verenigde Staten en het jacobijnse Frankrijk ondergaat. Maar dat laatste is er niet van gekomen.

Voor het eerst wordt ook prins Albert nauwer betrokken bij de opleiding van zijn zoon. Vanaf september 1981 tot maart 1982 wordt er geregeld vergaderd op het kasteel van Belvédère. Ook prinses Paola is op die vergaderingen aanwezig. Nu hun relatie weer wat beter is, willen ze meer inspraak in de opleiding van hun zoon. Maar in werkelijkheid houdt Boudewijn de touwtjes in handen. Hij controleert en betaalt de studies van Filip. De inspraak van Albert en Paola blijft dan ook beperkt. Er wordt ook beslist om tussentijdse perscommuniqués te laten verschijnen over de vorderingen van Filips opleiding.

De praktijk

Filip zelf geeft zich na de militaire school nog niet gewonnen en dringt aan op een vliegopleiding. Ondanks de scepsis wordt met die vraag rekening gehouden. "Wij dachten: wij laten hem een beetje meevliegen om hem vliegervaring te geven en we gaan hem niet te veel risico's laten nemen," zegt Guy Mertens. "Maar hij wilde zelf piloot worden en volwaardig zijn 'vleugels' krijgen, zoals dat in de luchtvaart heet."

In dertien maanden tijd wordt de prins ingewijd in alle vliegtechnieken. Zijn instructeur, kolonel Michel Audrit, krijgt de riskante opdracht de kroonprins in een verkorte opleiding tot piloot te vormen. Ze vliegen samen de 300 voorgeschreven uren, vanuit Goetsenhoven bij Tienen met een Marchetti en vanuit Sint-Truiden met een Alpha Jet. "Uiteraard was zijn programma zeer flexibel, maar het eindresultaat was hetzelfde, anders hadden we hem nooit solo laten vliegen," aldus Audrit.

Eén keer komen ze in de problemen als het landingsstel tijdens het remmen op het tarmac een technisch defect krijgt. Het is een kwestie van seconden. Maar de volgende dag stijgt Filip opnieuw op. In juli 1982 speldt zijn oom Boudewijn hem de felbegeerde vleugels van piloot op.

Filip heeft de smaak te pakken en wil nu met een gevechtsvliegtuig leren vliegen. De keuze gaat tussen een F16 en een Mirage. Omdat de F16 dan nog in de kinderschoenen staat, kiest men voor de meer bekende Mirage. Met dat toestel is het iets moeilijker vliegen omdat het deltavleugels heeft, maar de instructeurs willen de prins niet in een situatie brengen die ze zelf nog niet helemaal onder de knie hebben. Filip leert een Mirage V besturen en maakt een solovlucht. "Als hij met een gevechtsvliegtuig de lucht mocht ingaan, dan was dat omdat wij van oordeel waren dat hij het kon," zegt Mertens. De prins is trots op zijn prestaties. Voor het eerst heeft hij zijn wil doorgedrukt, én met succes.

Het tweede deel van zijn militaire opleiding vindt bij de landmacht plaats. Het ligt voor de hand dat een toekomstige koning moet worden ingevoerd in de verschillende machten. Als staatshoofd zal hij ooit de verantwoordelijkheid dragen over de land-, lucht- en zeemacht.

Er is voor de prins ook een opleiding tot paracommando voorzien, zodat hij wat meer gehard wordt. Filip begint met een commando-opleiding in Marche-les-Dames, de plek waar in 1934 zijn overgrootvader Albert I is verongelukt.

Daarna volgt een opleiding bij de para's in Schaffen. Zoals alle para's loopt hij strak in het gareel, kruipt hij door de modder en maakt er een erezaak van uit te blinken in moeilijke opdrachten. "Maar hij klaagde nooit en kon zich makkelijk aanpassen aan het militaire regime en aan de strenge discipline. Hij had daar psychologisch geen problemen mee," getuigt professor Luc De Vos. In december 1982 krijgt hij van de koning zijn A-brevetten van parachutist en commando. Hoewel ingewijden toegeven dat de prins wat werd ontzien uit veiligheidsredenen, doet hij, tegen de oorspronkelijke bedoeling in, verscheidene sprongen vrije val. "Dat is typisch voor hem," getuigt Mertens, "hij wilde altijd een stap verder zetten dan wij voor hem gepland hadden." Zijn paracommando-opleiding wordt afgerond in 1983.

Tussen gewone jongens

Tijdens de opstelling van zijn programma is voorzien dat Filip ook met gewone soldaten in contact zal komen. Op dat moment heeft hij daar weinig zin in, maar volgzaam als hij is, stemt hij toe. Hij leidt gedurende drie maanden een peloton van het 3de bataljon parachutisten in Tielen. Voor het eerst komt hij in contact met de doorsnee-Belg van zijn generatie. De 35 miliciens zijn niet geselecteerd om door de prins bevolen te worden. Er zitten zowel universitairen als analfabeten in zijn peloton. Maar ondanks zijn koudwatervrees wordt deze ervaring een onverwacht succes voor Filip.

"Hij zal wel enkele keren grote ogen getrokken hebben, want het waren geen engeltjes," zegt para-kolonel Roland Reynders. "De helft van die periode heeft zijn peloton buiten geslapen, ook in de sneeuw. Al die tijd was hij bij zijn mannen." Adjudant Pol Ooms was in Tielen de adjunct van pelotonscommandant Filip van België. "Net voor ons peloton op schietkamp naar Elsenborn trok, verstuikte Filip zijn voet. Toch wilde hij meegaan. Hij draaide een plastic zak rond zijn voet en pikkelde de hele week over de schietstanden."

Verscheidene miliciens van toen getuigen dat Filip blijk gaf van goed leiderschap. Al ging hij soms wat te vertrouwelijk om met zijn ondergeschikten, wat in militaire kringen ongewoon is. "Wij vonden hem een toffe gast, niet hautain of zo. We hadden soms de indruk dat hij liever bij ons zat dan in de officiersmess. Wij babbelden over alles, ook over de liefde. Wij hebben veel gelachen en gezwansd."

Lege portemonnee

De militaire opleiding van prins Filip is al bij al een gelukkige periode in zijn leven. Na de eerste moeilijke jaren op de Koninklijke Militaire School, ligt de klemtoon nu vooral op de fysieke training en daarin voelt hij zich meer op zijn gemak. Maar het leger is ook een harde biotoop, zeker voor iemand die al heel zijn leven afgeschermd leeft. Geregeld is hij het mikpunt van spot. Zijn legermakkers maken zich vrolijk over zijn wereldvreemdheid. Ze horen hem nooit een opmerking maken over vrouwen, wat bijna een must is onder miliciens. En wat hen nog het meest opvalt: hij heeft geen enkel benul van geld. Zoals vroeger gebruikelijk was, heeft de prins nooit geld op zak en dat brengt hem vaak in penibele situaties. De anekdotes over zijn lege portemonnee zijn legio.

Zo vergeet hij een keer bloemen te kopen voor de verjaardag van zijn moeder. Een korporaal wordt op pad gestuurd om een mooie ruiker te kopen. Hij

Filip blinkt uit in sportieve prestaties. Hier als paracommando.

legt de bloemen in de koffer van de dienst-Opel. 's Avonds rijdt Filip ermee weg, zonder te vragen wat hij moet betalen. De rekening wordt dan maar bij de onverwachte uitgaven van de eenheid geplaatst.

's Avonds in de kroeg moeten zijn militaire kameraden hem telkens trakteren. Filip moet zelfs geld lenen om zijn chauffeur te bellen na een avondje biljarten. Hij moet te pas en te onpas aan zijn vrienden vragen: "Heb je geen twintig frank voor mij?" Hij kent ook de waarde van geld niet. Zo vindt hij een motor niet duur, maar wel de benzine.

De archaïsche gewoonte om een prins geen geld te geven brengt hem soms in nauwe schoentjes. Nadat de prins de eerste keer solo heeft gevlogen in een Mirage, willen zijn makkers dat hij volgens de militaire traditie een vat bier trakteert. Ze roepen in de kantine: "Het vat, het vat!" Maar twee vaten bier zonder BTW kosten 2000 frank en die heeft Filip niet op zak. Niemand van de hogere militairen kan of wil het hem voorschieten. Dus wordt er naar het paleis gebeld. Na een uur heen en weer telefoneren krijgt Filip de toestemming om zijn makkers te trakteren. Intussen is hij wel de kop van Jut.

Op 21 maart 1983 wordt prins Filip tot kapitein benoemd. Hij heeft dan drie jaar militaire school, een jaar luchtmacht en een paracommando-opleiding achter de rug. Hiermee wordt zijn militaire opleiding als volledig beschouwd. Tijdens de zomermaanden van hetzelfde jaar zet hij zijn opleiding als valschermspringer voort en haalt hij zijn brevet vrije val, officieel "sprongen met bevolen opening" genoemd.

Filip krijgt meer oefenuren dan de anderen. Vrijwel iedereen is het er over eens dat hij wel degelijk kan vliegen. Het curriculum van de prins vermeldt een solobrevet voor de Mirage en een brevet van copiloot voor de F16. Maar volgens sommige bronnen heeft hij ook gevlogen met een Fouga-Magister en enkele burgertoestellen. Ooit vloog hij zelfs met zijn moeder en zuster als passagiers. Hij kent ook alle details van de vliegtuigen die in het Museum van de Luchtvaart staan. Hij bracht er vaak de middaguren door toen hij nog aan de militaire school studeerde.

Scheiding op papier

Nadat ze bijna twee decennia naast elkaar hebben geleefd, is in 1984 de relatie tussen Albert en Paola stilaan verbeterd. En dat mag een wonder heten want de plannen voor een scheiding lagen in 1977 al klaar. In dat jaar is het nog een kwestie van weken voor de scheiding publiek wordt gemaakt. Nadat Boudewijn er zich jarenlang tegen heeft verzet, ziet ook hij in dat een scheiding onafwendbaar is. Albert en Paola zijn zo uit elkaar gegroeid en maken zo vaak ruzie dat het kunstmatig in stand houden van het huwelijk de kinderen meer kwaad dan goed doet.

Boudewijn legt zich bij de situatie neer, maar hij wil het zijn broer en schoonzus niet gemakkelijk maken. Daarom laat hij in de scheidingsakte enkele voorwaarden bepalen. Albert zal zijn dynastieke rechten moeten opgeven. Als hij met Sybille wil trouwen, moet hij naar het buitenland verhuizen. Ook zijn naam en titel staan ter discussie, hij kan niet langer "prins van Luik" blijven. Paola mag wel in België blijven wonen, maar ook zij moet haar titel opgeven.

Jarenlang zoeken advocaten naar een overeenkomst voor de prinsen van Luik. Paola wordt verdedigd door meester Pierre Anciaux. De advocaten De Gavere en Forèze behartigen de belangen van Albert. Er zijn diverse struikelblokken: de respectieve woonplaatsen, het bezoekrecht van de kinderen en de titel die ze na de scheiding mogen dragen. Bovendien moet ook de dotatie verdeeld worden.

Uiteindelijk wordt een contract op papier gezet, maar het wordt nooit ondertekend door de koning of door een van beide echtgenoten. Want plots verandert de situatie.

Sybille redt de monarchie

In die tijd is een scheiding in een koninklijke familie niet vanzelfsprekend, en zeker niet voor een troonopvolger. De Britse prinses Margaret, de zus van de Queen, is in 1978 de eerste die zich laat scheiden van haar man, Lord Snowdon. Albert heeft enorme twijfels. "Het was hartverscheurend voor Albert om te kiezen tussen zijn geliefde en zijn land," zegt een vertrouweling. "Hij vroeg

zich voortdurend af of hij moest scheiden van Paola en trouwen met Sybille."
Albert wordt ook gekweld door wat er dan zal gebeuren met zijn broer, van
wie hij zielsveel houdt. Een scheiding zou voor een enorme breuk zorgen binnen de familie.

Sybille de Selys Longchamps beseft hoe moeilijk de situatie voor Albert is.
De minnares vindt het haar plicht Albert te helpen bij zijn keuze. Ze voelt
hoe verscheurd hij is. Sybille neemt een moedig besluit en meldt Albert: "Ik
verhuis naar Londen. Ik wil een bevestiging dat onze relatie werkelijk de
moeite waard is. Als je echt wil, kan je me volgen. Als het dan ontploft in België, ben ik in het buitenland veilig voor de paparazzi."

Door haar zelf gekozen ballingschap kan ze haar dochter ook een vrijer
leven geven. Delphine mocht in België bijvoorbeeld nooit vriendinnetjes uitnodigen omdat het gevaar te groot was dat prins Albert bij hen thuis zou worden herkend. Het werd almaar moeilijker om de relatie geheim te houden in
ons land. Maar ze vond het ook haar plicht België te verlaten. Albert was de
eerste om koning Boudewijn op te volgen en ze wilde in geen geval een tweede
hertogin van Windsor worden. In 1936 had de Britse koning Edward VIII zijn
troon opgegeven om te trouwen met de gescheiden Wallis Simpson. In tegenstelling tot prinses Lilian, die zichzelf graag met Wallis Simpson vergeleek,
ziet Sybille in haar geen stichtend voorbeeld.

Volgens een ex-hofmedewerker is Sybille een verantwoordelijke en eerlijke
vrouw, in tegenstelling tot wat velen denken. Zij heeft geen ambitie en koestert een heel grote liefde voor Albert. Zij heeft al die jaren in de schaduw geleefd.

Haar vertrek in 1977 geeft Albert de mogelijkheid om over zijn beslissing
na te denken. Hij voelt zich verschrikkelijk slecht in zijn vel. Alleen tijdens
economische missies kan hij de situatie even van zich afzetten. "Wij wisten
niets af van hun huwelijksproblemen," getuigt zijn economisch adviseur
Marc Servotte. "De prins was natuurlijk heel voorzichtig om mensen in vertrouwen te nemen. Maar we merkten wel dat prins Albert voortdurend naar
Londen reisde. Dus iedereen vermoedde wel dat er iets was."

Drie jaar lang trekt de prins om de twee weken naar Londen om zijn tweede gezin op te zoeken. Ze gaan ook samen op reis. Maar de relatie is niet meer
zo innig als voorheen en uiteindelijk dooft de relatie helemaal uit in 1984.

Sybille was in 1982 al een verstandshuwelijk aangegaan met de oudere, steenrijke Britse scheepsmagnaat Anthony Cayzer. Ze is verbitterd, al begrijpt ze waarom Albert uiteindelijk gezwicht is voor de druk. "Hij had een trieste jeugd en was zeer getormenteerd," zegt ze later vergoelijkend over wat ze zelf noemt "de liefde van haar leven". Ze heeft geen spijt van wat er gebeurd is. "Het was een zeer mooie liefde, die zoals dat met liefdes gaat, slecht is afgelopen," aldus Sybille. "Hij was de eerste man aan wie ik echt mijn hart heb verloren. En met het ouder worden, heb ik hem ook leren begrijpen. En als je dat kunt, kun je ook vergeven."

Sybille laat intussen haar memoires noteren door een ghostwriter. Na haar dood en die van Albert zou het boek worden uitgegeven.

Bidden voor een nieuwe kans

De vastberadenheid van Sybille helpt Albert om de knoop door te hakken. Ook het geloof speelt een grote rol bij de verzoening tussen Albert en Paola. Het prinsenpaar stond voorheen bekend als veeleer "lauwe katholieken". Maar ze zijn radeloos en zoeken extra steun. Koning Boudewijn kan hen ervan overtuigen om een soort reinigingscursus te gaan volgen in een cel van de Charismatische Vernieuwingsbeweging. Boudewijn heeft deze stroming in de katholieke kerk leren kennen via zijn vriend, kardinaal Leo-Jozef Suenens. De Belgische kardinaal was door paus Paulus VI op onderzoek naar de VS gestuurd, omdat Rome de populaire beweging aanvankelijk wantrouwde. Maar de kardinaal is meteen gewonnen voor deze enthousiaste manier van geloofsbeleving. De Charismatische Vernieuwing is de voortzetting van een oude traditie binnen de Kerk en behoort tot de conservatieve richting. Maar de sfeer is uitbundiger, Amerikaanser als het ware. Er wordt meer nadruk gelegd op het prijzen van de Heer. Kardinaal Suenens kleurt de beweging wat roomser in en introduceert ze in Europa.

Boudewijn en Fabiola, die de kardinaal dankbaar zijn voor zijn rol in hun kennismaking, gaan meteen mee in zijn enthousiasme. Boudewijn probeert op zijn beurt zijn familieleden erbij te betrekken. Prinses Astrid logeert tijdens haar verblijf in de VS enkele maanden bij een "charismatisch" gezin. Ook zij is in de wolken over wat ze meemaakt. Bij haar terugkeer moedigt zij op haar beurt haar ouders aan om er ook kennis mee te maken. Er is nog een opmerkelijke pleitbezorger van de nieuwe geloofsbelijdenis. In deze periode zien bekenden van de prinsen opvallend vaak de kersverse kabinetschef van de koning, Jacques van Ypersele de Strihou, op het kasteel van Belvédère. Van Ypersele is zelf een overtuigde aanhanger van de beweging en zijn invloed is niet gering.

De prinsen van Luik gaan naar bezinningsdagen in Paray-le-Monial. Dit bedevaartsoord in het zuiden van de Bourgognestreek is een van de hoofdkwartieren van de Vernieuwingsbeweging. Ze zoeken ook het Belgische bedevaartsoord Banneux op. Op het kasteel van Belvédère worden later charismatische bijeenkomsten georganiseerd en op hun beurt gaan de prinsen bij andere mensen thuis bidden.

De belangrijkste adviseurs van de koning en de prinsen zijn op de hoogte van deze activiteiten, ook al is niet iedereen het ermee eens. Enkele vertrouwelingen vinden dat Albert en Paola leden van een "sekte" zijn geworden. Als een hofmedewerker daar met de prins over praat, reageert Albert bitsig. "Dat is mijn probleem, dat is privé."

Nu Albert en Paola elkaar in het geloof gevonden hebben, besluiten ze weer samen te gaan wonen en proberen ze het verleden te vergeten. Ze willen met een schone lei herbeginnen. Dat gebeurt vrij resoluut. Vrienden die weten hoe slecht hun relatie eraan toe was, worden voortaan geweerd. Dat is een van de voorwaarden die ze zichzelf opleggen. Sindsdien heeft niemand uit de vriendenkring van destijds nog contact met Albert en Paola. Toch blijven de toenmalige vrienden altijd heel discreet. "Het koppel heeft veel aan die vrienden te danken," zegt een van hen.

Als het prinsenpaar in 1984 zijn zilveren huwelijksverjaardag viert in het kasteel van graaf d'Ursel in Hex, worden vooral de nieuwe charismatische vrienden uitgenodigd. Het wordt een feest met veel christelijke symboliek en weinig uitbundig vertoon.

Door de verzoening groeien ook de broers Boudewijn en Albert weer dichter naar elkaar. Overigens is er nooit een echte breuk geweest. Koning Boudewijn had, ondanks alles, veel begrip voor Albert. Hij begreep dat Albert het zeer moeilijk had in zijn relatie met Paola. Bovendien hadden Boudewijn en Albert samen een moeilijke jeugd beleefd en dat schept een levenslange innige band.

Ingewijden vertellen dat koning Boudewijn zijn broer als zijn mogelijke opvolger eigenlijk nooit opgegeven heeft. Op het moment dat Albert definitief afscheid van Sybille neemt, is er geen sprake meer van Filip als onmiddellijke troonkandidaat. Nu Sybille weg is en Albert volgens Boudewijn weer het rechte pad bewandelt, ziet de koning geen obstakels meer om zijn broer de troon te gunnen.

Een Angelsaksisch bad

Na zijn strenge militaire vorming wil prins Filip de wijde wereld in. Hij vraagt inspraak in zijn opleiding en wil meteen naar de vs om er te studeren aan een Amerikaanse universiteit. Maar de groep van wijzen heeft eerst een tussenstap gepland in het Verenigd Koninkrijk, dat dichterbij is. "De moeder van de Verenigde Staten is Groot-Brittannië" wordt hem gezegd. "U moet eerst Engels leren en de werking van het parlement in Groot-Brittannië bestuderen."

De prins gehoorzaamt andermaal en gaat rond Kerstmis 1982 met Michel Didisheim naar Oxford om er de professoren en de deken van het Trinity College te ontmoeten. Na een interview wordt hij "uitgenodigd" om enkele cursussen te volgen. Deze uitnodiging betekent dat er voor de Belgische prins geen inschrijvingsgeld moet betaald worden.

De Britse koningin Elizabeth wordt op de hoogte gebracht via de secretaris van koning Boudewijn. Ook prins Albert schrijft een briefje aan "Chère Lillibeth" om haar te melden dat zijn zoon enkele maanden in haar land zal verblijven.

Drie dagen na zijn 23ste verjaardag komt Filip in Groot-Brittannië aan voor zijn kennismaking van twee maanden. Hij logeert in de Belgische ambassade in Londen en heeft voor het eerst van zijn leven geld op zak. De prinsparacommando weigert extra veiligheidsagenten en dat wordt hem toegestaan. Zijn adviseur Mertens komt hem wel verscheidene keren opzoeken.

Over deze periode van zijn opleiding is de officiële biografie van de prins vaag. Dat komt omdat hij in Oxford geen reguliere lessen volgt, maar ingeschreven is als vrije student. Hij volgt er enkele colleges moderne geschiedenis en politieke wetenschappen, zonder ooit examen over af te leggen.

Tussendoor wordt Filip door de Britse koningin uitgenodigd voor een weekend op Windsor Castle. Hij woont er samen met de koninklijke familie een stijfdeftig *black tie dinner* bij. Voorts is hij te gast op de jaarlijkse ceremonie *Trooping the Colour*, ter ere van de officiële verjaardag van de regerende monarch van het Verenigd Koninkrijk. Hij gaat ook dineren bij de hoogbejaarde koningin-moeder. Later schrijft Filip aan de Queen een dankbrief voor haar gastvrijheid.

Guy Mertens en Filip gaan ook samen naar de Royal Navy in Portsmouth. De admiraal heeft alle officieren uitgenodigd voor een formeel diner met Filip als eregast. Maar in vergelijking met prins Charles, maakt Filip daar geen verpletterende indruk. "Hij is inhoudelijk wel sterk," zegt Michel Didisheim, "maar de vorm is er niet altijd naar." Het is overigens een emotioneel moeilijke periode voor de jonge prins. Hij worstelt in die periode met zijn liefdesverdriet na de breuk met Barbara Maselis.

Leopold III (1901-1983)

Op 25 september 1983 overlijdt koning Leopold III in het Brusselse Sint-Lucasziekenhuis. Zijn zonen Boudewijn en Albert uit zijn eerste huwelijk krijgen niet meer de kans om de familieruzie bij te leggen en afscheid te nemen. De afgetreden koning komt, na een beroerte, niet meer bij bewustzijn. Officieel hebben Leopold III en Boudewijn elkaar sinds 1960 slechts twee keer ontmoet: op de doopplechtigheid van prinses Astrid in 1962 en tijdens de begrafenis van koningin Elisabeth in 1965. In werkelijkheid hebben ze elkaar, volgens verscheidene ingewijden, nog wel gezien op het kasteel van Argenteuil, telkens in het diepste geheim. Maar het verleden blijft onuitgesproken.

Voor Boudewijn is het verlies van zijn vader een trauma. Ook prins Filip, die vanaf begin jaren '80 een zeer hechte band met koning Boudewijn had, maakt het intense verdriet van zijn oom van nabij mee. In de week voor de begrafenis spreekt Filip met zijn oom over de grootvader die hij nooit heeft gekend. Het verlies van Leopold maakt de band tussen Filip en Boudewijn nog intenser.

Stanford University

Door de plotse dood van zijn grootvader mist Filip een week van het pas gestarte collegejaar aan de universiteit, getuigt generaal Guy Mertens, die de prins ook van nabij volgde tijdens zijn universitaire studies. Prins Filip was net begonnen aan de Graduate School van Stanford in de Verenigde Staten. De universiteit is gevestigd in Palo Alto bij San Francisco. In het zonnige Californië dus, maar daar heeft Filip geen interesse voor. Hij zit boordevol ambitie om te studeren.

De keuze voor een Amerikaanse universiteit omzeilt een mogelijk probleem in eigen land. Het was al langer duidelijk dat een Belgische universiteit niet wenselijk was voor de prins. Ten eerste zouden zijn studieresultaten in ons land te snel bekend raken. Maar ook de keuze van een Belgische universiteit zou in ons land voor controverse zorgen. Filip zegt daar zelf over aan het agentschap Belga bij zijn afstuderen in 1985: "In België had ik moeten kiezen voor een universiteit in een van de drie regio's. Welke? In welke taal had ik dan moeten studeren? De keuze, hoe eerlijk ook, zou steeds ongelukkig zijn geweest. Minstens een gemeenschap zou aan mijn keuze aanstoot hebben genomen."

De keuze voor Stanford heeft Filip te danken aan zijn vader. Oorspronkelijk denkt de groep van wijzen aan de universiteit van Harvard, Princeton of Yale. Maar prins Albert dringt erop aan dat Filip aan de universiteit van Stanford zou studeren. De moderne aanpak vindt hij er beter dan aan de oude universiteiten. Bovendien opent deze universiteit door haar ligging meer deuren naar het oosten.

Stanford is een van de meest prestigieuze universiteiten van de VS. De instelling telt talloze beroemde alumni, van de legendarische golfer Tiger Woods tot de latere Amerikaanse minister van Buitenlandse Zaken Condoleeza Rice. Ze doceert er trouwens tijdens de studieperiode van de prins.

Er geldt een bijzonder zwaar ingangsexamen. Stanford wil een divers publiek van hoogintelligente studenten met verschillende achtergronden aantrekken. Normaal moet een kandidaat-student adelbrieven kunnen voorleggen van andere onderwijsinrichtingen. Het militair brevet van paracommando en gevechtspiloot dat Filip op zak heeft, is onvoldoende.

Dat hij zich mag inschrijven dankt Filip vooral aan de tussenkomst van Raoul Schoumaker, de toenmalige Belgische ambassadeur in de Verenigde Staten. Die kan samen met Michel Didisheim de staf van de universiteit overtuigen. Doorslaande argumenten zijn het feit dat België een goede bondgenoot is van de NAVO en dat Filip een toekomstig staatshoofd is. Bovendien wijzen Didisheim en Schoumaker de rector erop dat de inschrijving van Filip goed is voor de banden tussen de VS en België. Michel Boudart, professor chemical engineering aan Stanford, steunt de voorspraak. De onderhandelingen verlopen echter stroef. Didisheim en Schoumaker ontmoeten samen 27 mensen, van de veiligheid tot de kotmadammen en de rector - telkens met een lunch - om te horen of ze bereid zijn de Belgische prins te ontvangen.

Intussen is er een extern probleem: de ambitie van de jonge prins. "Het was de bedoeling om hem een jaar les te laten volgen als een soort van kennismaking met de Amerikaanse cultuur en de Angelsaksische wereld. Maar hij wilde zelf gaan voor een volwaardig masterdiploma," zegt zijn raadgever Mertens.

Een Amerikaanse universiteit omvat twee afdelingen: een undergraduate, dat is een bacheloropleiding van vier jaar, en een graduate die leidt tot een master degree en eventueel een doctoraat (Phd).

Stanford geeft alleen een graduate opleiding, zodat kandidaat-studenten elders een undergraduate moeten behaald hebben. De universiteit wil Filip in eerste instantie niet aanvaarden als undergraduate. Hij heeft niet de vereiste diploma's en ook zijn militaire opleiding volstaat niet. De prins heeft vier jaar militaire vorming genoten, waarvan drie jaar op universitair niveau aan de Koninklijke Militaire School. Deze studietijd wordt in Stanford aanvaard als drie van de vier jaren undergraduate. Filip moet dus een extra aantal units halen voor zijn master degree, 72 eenheden in plaats van de gebruikelijke 40. Tot ieders verbazing neemt Filip met Coburgse koppigheid de uitdaging aan.

Filip sluit zich meteen op in zijn kamertje om te studeren. De Belgische kolonie in San Francisco probeert hem in te palmen, maar dat lukt niet. Filip wil geen studietijd opofferen aan feestjes of andere *social events*. Hij wil ook liever één zijn met de Amerikaanse studenten.

Professor Michel Boudart wordt de persoonlijke mentor van de prins aan

Filip in zijn studentenkamer in Amerika

de universiteit en heeft veel invloed op hem. Boudart en zijn vrouw Marina ontvangen de prins geregeld bij hen thuis. Er zijn ook twee Nederlandstalige studenten die hem goed bijstaan. Een van die studenten wordt aangesteld als zijn persoonlijke coach, hij leert Filip hoe je grote pakken leerstof onder de knie krijgt.

De eerste maanden zijn bijzonder hard voor de jonge prins, die voor het eerst op eigen benen staat. Hij leert met geld omgaan en cheques uitschrijven. Koken, wassen en plassen in de wasserette van de campus, het is allemaal nieuw voor hem. Zelfs studeren heeft hij nog nooit grondig gedaan. De prins geeft later zelf toe dat hij veel last had om zich in het Engels uit te drukken, laat staan om er op een academische manier mee om te gaan.

In het begin studeert hij geschiedenis van de politieke instellingen en van het Ottomaanse Rijk. Die onderwerpen kunnen hem maar matig boeien. In Stanford wordt niet ex cathedra lesgegeven maar vooral op basis van zelfstudie. Filip komt terecht in een regime waarin hij twee tot drie papers per week moet schrijven. Het wordt werken in een hels tempo, maar voor het eerst in

Student in Stanford, een van de beste universiteiten van de wereld

zijn leven voelt hij zich echt gelukkig en zijn er geen spanningen. "Ik werd gedragen door een groepsgeest, met die vrienden," zegt hij daarover later zelf. "We hadden heel veel werk en we moesten snel heel wat boeken lezen. Het was veel te veel, we moesten synthetiseren. Ik vond dat fantastisch."

Net als de anderen huurt de prins een bescheiden kamer in een groot studentenhuis. Aan de muur van zijn kamer hangt een poster van zijn grootvader Leopold III, uitgescheurd uit een weekblad. Hij verblijft er nagenoeg incognito. Als hij op een dag iets te snel rondtoert met zijn autootje, wordt hij tegengehouden door de plaatselijke politie. Hij moet zijn papieren tonen. "I'm a prince, Philip of Belgium," probeert hij. Waarop de Californische agent lachend zou geantwoord hebben: "Als u een prins bent, ben ik Napoleon."

Zijn directe omgeving is natuurlijk wel op de hoogte van zijn koninklijke komaf. Hij wordt "Prince" genoemd, naar de popzanger die op dat moment furore maakt. En dat vindt Filip nog leuk ook, zelfs als ze hem in het café toeroepen: *Hey Prince, buy me a beer!* Voor de rest leidt hij een vrij gewoon studentenleven. Greg Davidson, een van zijn studiemakkers, vertelt: "Ik wist al

eerder dat hij een prins was, maar dat was omdat iemand anders het mij verteld had. Hij stelde zich niet op die manier voor. Ik denk wel dat hij hard
gewerkt heeft, dat moet je hier wel doen. Hij deed niet anders dan de anderen, en hij maakte ook plezier met de anderen. Uitgaan, koffie drinken, klet-
sen, in de zon liggen, zoals iedereen."

Een keer wordt hij verrast als *Story*-reporter Willy De Groot ineens voor
de deur staat. Om van hem af te zijn laat Filip zich gewillig fotograferen met
een *Story* in de hand. Aan het prikbord in het studentenhuis ziet De Groot
enkele briefjes hangen van vrouwelijke studiegenoten die hengelen naar een
afspraakje met "Prince". Het valt de reporter wel op dat er tussen de duizenden fietsen maar één auto staat: die van Filip.

Guy Mertens reist om de drie maanden naar Californië om de situatie op
te volgen. Na elk bezoek brengt hij rechtstreeks verslag uit aan koning Boudewijn. Albert en Paola reizen drie keer naar de vs. Een eerste keer vóór de
komst van Filip om er te praten met de staf, een tweede keer om hem op te
zoeken, en een laatste keer bij de proclamatie op 16 juni 1985. Prins Filip behaalt het diploma van Master of Arts, richting Politieke Wetenschappen. De
diploma-uitreiking is een typisch Angelsaksische *cap and gown*-ceremonie.
Prins Albert neemt foto's als herinnering voor later.

Filip doet in totaal drie jaar over zijn studies in Stanford in plaats van de
gebruikelijke twee jaar. "Maar hij heeft dan wel zijn master degree gehaald,"
zeggen getuigen unaniem. Professor Robert Senelle: "Dat hij zonder toela-
tingsexamen aanvaard is op Stanford, vind ik niet zo speciaal voor iemand van
zijn stand. Wat ik wel belangrijk vind, is dat hij op het einde van zijn studies
dat diploma heeft behaald."

Een groot deel van de quoteringen in Stanford gebeurt op basis van papers en researchprojecten. In de meeste vakken moeten de studenten die ook
mondeling verdedigen tijdens de wekelijkse seminars. Deze verdediging is
een factor in de eindbeoordeling, maar is niet doorslaggevend.

Professoren van de Stanford University beweren dat je moeilijk een MA
(Master of Arts) kan behalen door anderen het werk voor je te laten doen. Wat
prins Filip betreft, blijven er echter hardnekkige geruchten in die zin de ronde
doen. Er wordt gesuggereerd dat de prins vanuit Brussel werd bijgestaan door
de kabinetschef van de koning, Jacques van Ypersele, of door Alberts kabinets-

chef Michel Didisheim, die Filip eerder had geholpen voor zijn maturiteits-proef in Loppem. Michel Didisheim is formeel dat Filip op eigen kracht zijn masterdiploma heeft behaald: "De prins heeft toen examens afgelegd, en mét succes. Daar heeft hij geleerd hoe je een essay moet schrijven. En daar is ook zijn voorliefde voor filosofie ontstaan."

Pierre Chevalier is enkele jaren later in de universiteit van Stanford om er een lezing te geven. Hij praat er met enkele academici en stelt vast dat de prins er toch niet zo'n verpletterende indruk heeft nagelaten.

De prins zelf is en blijft trots op zijn diploma. In 2003 bezoekt hij Stanford en verklaart er: "Wat ik hier gekregen heb, is werkelijk het begin geweest van mijn leven. Ik heb mezelf hier geopend voor de wereld, dat is een feit. Het was een enorme verrijking."

Na zijn opleiding maakt prins Filip met Guy Mertens een reis van een zes-tal weken in de States. Zijn studietijd was oorspronkelijk bedoeld om de Ame-rikaanse cultuur te leren kennen, maar daar is niet veel van in huis gekomen. Als ijverige student is Filip zelden buiten de campus geweest. Eén keer is hij met vrienden gaan skiën aan Lake Tahoe.

Mertens en de prins bezoeken Silicon Valley, Colorado Springs, de Air Force Base in Californië, Houston in Texas... Ze verblijven een week in New York en een week in Washington. In Louisiana maken ze een volksfeest mee. Mer-tens: "Ze wisten wie we waren, als we ergens arriveerden, maar we werden meestal ontvangen met niet te veel protocol. Het was een aangename en heel leerrijke reis." Tijdens de weekends maken de prins en zijn mentor met een huurauto toeristische uitstappen naar onder meer natuurparken.

Prins Filip geniet met volle teugen van deze laatste weken in de Verenigde Staten. Hij kan met opgeheven hoofd terugkeren naar België. De adviseurs van zijn oom en zijn vader hadden een *light* studietraject voor hem uitgestip-peld. Op eigen initiatief heeft hij diverse keren zijn ambities en grenzen ver-legd. Zo is hij gevechtspiloot geworden en heeft hij een academisch diploma behaald.

Het moment is aangebroken dat de prins het weidse Amerika weer moet inruilen voor het kleine België. Hij heeft even van de vrijheid mogen proe-ven maar er wacht hem opnieuw het beklemmende bestaan van een Belgische prins. Nu zijn opleiding zo goed als afgerond is, zullen zijn woorden en daden meer dan ooit met een vergrootglas worden bekeken. In het vaderland krijgt hij opnieuw af te rekenen met het strikte hofprotocol, weinig of geen bewegingsvrijheid, constante media-aandacht en communautaire koorddan- serij. "Prince" wordt weer prins. Een echte prins mag nu eenmaal zijn eigen weg niet volgen.

HOOFDSTUK 4

Terug naar België

De stempel van Boudewijn, en onrechtstreeks ook van Fabiola, op de jonge Filip is onuitwisbaar. Tegen een vertrouweling zegt de koning dat Filip niet "onvoorbereid aan zijn taak mag beginnen". Boudewijn houdt zelf slechte herinneringen over aan zijn eerste jaren als jonge vorst. De nasleep van de Tweede Wereldoorlog blijft de koninklijke familie lang achtervolgen. Ook de verstikkende invloed van Leopold III en van diens vrouw prinses Lilian op Boudewijn is voor de koning een les. De moeilijke beginjaren - met politici die in het beleid van Boudewijn de hand van Leopold zien - zijn voor Boudewijn een nachtmerrie geweest. Ondanks de afwezigheid van zijn vader op de publieke tribune en de ogenschijnlijke afstand tussen zoon en vader, koesterde Boudewijn een diepe bewondering voor Leopold. Boudewijn trekt lessen uit het verleden: hij heeft zelf een zeer onvolledige schoolse vorming gekregen en wil dat de toekomstige kroonprins besparen. Als Filip uit de Verenigde Staten terugkeert, is Boudewijn een vorst die zowel in binnen- als buitenland wordt gerespecteerd. Hij voelt aan dat het zijn opdracht is om zijn opvolger te behoeden voor dezelfde negatieve ervaringen die hij als jonge vorst ervoer. De koning laat op zijn beurt niet na om het leven van Filip te sturen én te controleren. Alleen is Filip op dat moment nog geen kroonprins en is de invloed die Boudewijn op zijn neef uitoefent voorlopig alleen in een privécontext te situeren. De prins bevestigt, vele jaren na de dood van Boudewijn, dat hij met zijn oom lange gesprekken had over zijn imago. "Met mijn oom had ik het er ook vaak over hoe we een goed imago van ons land kunnen uitdragen." Zowel vrienden als critici zijn het erover eens dat Filip een enorm plichtsbesef heeft en zich, van bij het begin, met volle overgave aan zijn taak wijdt. Maar het is Boudewijn die de jonge Filip kneedt tot een kopie van zichzelf.

Filip keert na twee vrije jaren terug naar alles wat hem vertrouwd is: zijn oom en tante en de entourage op het paleis in Laken. Als Filip in augustus '85 in Zaventem landt, is hij vol verwachting. Zijn studieperiode in Stanford heeft hem deugd gedaan. Hij wil zijn kennis en kunde graag etaleren maar belandt, volgens een intimus, "als vanzelf opnieuw in het keurslijf van het paleis". De relatie met zijn oom sterkt hem in de overtuiging dat hij van betekenis kan zijn voor België. Toch leven er bij hem twijfels over zijn toekomst. De regels aan het Hof zijn strikt en ook de band met zijn ouders is niet hartelijk. De verzoening op Belvédère is nog te broos om hem opnieuw zijn intrek te laten nemen in zijn oude kamer en dus gaat hij tijdelijk logeren op het kasteel van Laken, bij het kinderloze echtpaar Boudewijn en Fabiola. De terugkeer van Filip naar België is de start van een eenzame periode waarbij de dagelijkse agenda van de prins bepaald wordt door "wat de koning nodig acht". Herman Liebaers, grootmaarschalk aan het Hof onder koning Boudewijn, stelt dat de koning overtuigd is van de kwaliteiten van Filip omdat hij zo "plichtsgetrouw, ernstig en toegewijd is. Dat waren zijn eigen kwaliteiten die hij in Filip terugvond. Maar hij zag niet welke de zwakheden waren van Filip en ik heb het nooit aan de koning kunnen zeggen. Hij was ervan overtuigd dat hij het goed zou doen." Filip verhuist eind '85 naar een appartement in het paleis van Brussel. De prins neemt dan weliswaar zijn intrek in een groot paleis, toch is het er allesbehalve gezellig of luxueus. Zijn flat is sober ingericht. Er hangt een kruisbeeld en een icoon aan de muur. Er staat een Mariabeeld en de meubels en aankleding zijn niet om vrolijk van te worden. Bij de inrichting van het appartement in Brussel houdt Boudewijn de vinger stevig op de knip. Filip krijgt wat oude meubels uit het paleis. De muren worden opnieuw geschilderd. Er wordt een keukentje en een badkamer geïnstalleerd. De prins mag zelf weinig beslissen. Alleen zijn gordijnen en wat persoonlijke spullen kiest hij zelf uit, net als een videorecorder en een TV. De jonge prins eet vaak samen met zijn oom en tante. De twintiger is zijn vrijheid kwijt. Een vertrouweling van Boudewijn vertelt dat Filip "zijn draai niet vond". De prins vertelt ook tegen iedereen die het horen wil dat hij zijn makkers in het leger mist. "Filip vond zijn toevlucht in het leger. Hij voelde zich beschermd in dat milieu. Thuis was er geen structuur en geen gezelschap."

"Pas de luxe ostentatoire"

Filip is, na zijn studieperiode in de VS, ook op zoek naar bevestiging van zijn status. Een job met een juiste taakomschrijving heeft hij niet en ook Boudewijn aarzelt om zijn neef al te nadrukkelijk het veld in te sturen. Filip vergezelt zijn oom en tante in het weekend geregeld naar hun buitenverblijf in Ciergnon. Maar hij heeft weinig contact met leeftijdgenoten. Alleen zijn neven en nichten uit Luxemburg ziet hij vaak op het kasteel van Laken. Een nauwe medewerker van Boudewijn spreekt overigens tegen dat het leven in Laken somber en triest was. Volgens hem was er altijd "leven in de brouwerij". De kinderen van groothertogin Joséphine-Charlotte blijven soms lange periodes logeren. "Iedereen denkt dat de sfeer er zwaarmoedig was maar dat klopt niet. Er was veel warmte." De prins gaat bijna dagelijks joggen en stort zich met veel overgave op allerhande sporten: onder meer roeien, tennissen en biljarten. Maar vooral hardlopen geeft hem zuurstof. Met zijn oom deelt hij dezelfde passie voor het biljart. Ze spelen uren na elkaar en praten intussen over de dagelijkse beslommeringen. Filip koestert die stille momenten met zijn oom. Filip geeft later toe dat hij pas na zijn studiejaren in de Verenigde Staten Boudewijn beter heeft leren begrijpen. De diepreligieuze koning benadert zijn functie vanuit een christelijke overtuiging. België redden van de ondergang is de missie van het staatshoofd. De vorst doordrenkt Filip van zijn unitaire visie op 's lands bestuur. Tegelijk doorprikt Boudewijn ook het aura dat rond het koningschap hangt. Voor de koning is staatshoofd zijn veeleer een last. Je put er weinig plezier uit. Boudewijn houdt niet van uitbundige plechtigheden en is niet tuk op de status die gepaard gaat met zijn titel. Overdadige banketten en grootse feesten probeert de koning te mijden. Alleen als het echt moet, geeft de koning present. Op het kasteel in Laken staat volkse kost op het menu en vóór het slapengaan doet Boudewijn vaak zelf de lichten uit. De vorst is zuinig, geeft weinig geld uit en koestert geen geldverslindende passies. Boudewijn en epicurisme staan, volgens diverse bronnen, haaks op elkaar. De vorst geniet van het familieleven, leest veel en heeft een zeer rustige natuur. Voor Filip is Boudewijn een voorbeeld. Qua karakter kunnen oom en neef het zeer goed met mekaar vinden. Ze delen zelfs dezelfde koppigheid. Ook het geloof blijkt een sterk bindmiddel te zijn. Filip gaat, met zijn oom en tante, trouw naar de mis in de kapel op het domein van Ciergnon of Laken.

Boudewijn is medio jaren '80 een koning die zijn populariteit niet echt uitspeelt. Het Hof heeft nog geen benul van *spinning* en houdt de koning onbereikbaar voor zijn landgenoten. Getrouw aan het beeld van het ancien régime moet een koning respect en gezag afdwingen. Boudewijn, altijd bezorgd om het imago van de Belgische monarchie, zorgt ervoor dat het beeld van zijn koningschap onberispelijk maar vrij afstandelijk blijft. Het is pas later in zijn carrière dat hij dichter bij het volk gaat staan. Beïnvloed door hofmaarschalk Gerard Jacques en kabinetschef Jacques van Ypersele, wordt het morele gezag van Boudewijn meer gecultiveerd. De koning gaat de Brusselse vuilnisdiensten bezoeken, steunt de armenbeweging Poverello en neemt het op voor de Filippijnse prostituees van Payoke in Antwerpen. Boudewijn toont zich nederig en menselijk. Voor hem is het koningschap een werk als een ander. Het is voor iedereen duidelijk dat Filip zijn oom bewondert. Boudewijn is voor Filip in alles een toetssteen en een leidraad. Als de jonge prins door schoolkinderen over zijn ambitie ondervraagd wordt, debiteert hij zelfs het ingestudeerde devies van Boudewijn: "Ik doe het voor België, voor het land." Filip is een loyale leerling en stelt de leiding van zijn oom zelden of nooit in vraag. Maar de bezieling lijkt gekopieerd van Boudewijn.

Op officiële plechtigheden duikt Filip al eens op naast zijn oom. En de prins wordt door Boudewijn ook aangemoedigd om België te ontdekken. Vaak doet hij dat in zijn eentje met een onopvallende auto die hij op het paleis leent. Maar ook die eenzame uitjes verlopen enigszins gecontroleerd. Filip heeft ook nu weer geen duit op zak en dus moet hij bij zijn oom of bij de intendant van de civiele lijst telkens om wat zakgeld bedelen. Voor elke duizend frank die Filip vraagt, moet hij het doel en het nut van zijn uitgave melden. Een naaste medewerker van Boudewijn noemt dat ronduit "vernederend voor een man van zijn leeftijd. Hij mocht vooral geen rijkeluismanieren krijgen. Filip zat altijd krap bij kas. Van uitgaan en dure cocktails was er geen sprake." Ook voor vervoer moet hij telkens toestemming vragen aan een medewerker van het Hof. De prins trekt er graag op uit maar moet telkens een goede reden verzinnen om een auto te mogen gebruiken. Een uitstapje met vrienden is meestal geen afdoende reden. De zuinigheid van Boudewijn gaat soms heel ver. De leuze van de koning is volgens diverse intimi "pas de luxe ostentatoire". Zijn familie moest een normaal leven leiden. De prins schikt zich naar de wensen en de levensstijl van zijn oom. Boudewijn is dan wel niet echt ascetisch maar volgens ingewijden "werd elke frank zeven keer omgedraaid voor hij werd uitgegeven". Zelfs de recepties op het paleis mogen vooral niet te duur ogen. Een oud-rechterhand van de koning vertelt dat het "in die tijd een publiek geheim was dat er in Laken slecht gegeten werd". Op officiële plechtigheden dragen de lakeien de dienbladen met droge kaasbrokjes rond tot er om gelachen wordt. Onder ambassadeurs en bij diplomaten in het buitenland wordt er smalend gedaan over de krenterigheid van Boudewijn. De koning is zich daar niet van bewust en reageert verwonderd als de grootmaarschalk van het Hof een allusie durft te maken op de schrale ontvangst op het paleis. Pas veel later, in het begin van de jaren '90, laat Boudewijn zich ompraten. Bij officiële gelegenheden wordt voortaan een traiteur ingehuurd. De legendarische zuinigheid van Boudewijn treft ook Filip. Hij moet zich geen illusies maken. Ook al is hij een prins, kapsones worden niet getolereerd. Een intimus van Boudewijn benadrukt dat Filip "geen *jeunesse dorée* heeft gehad".

De prins-stagiair

De *formation civile* die Filip wacht, wordt al in 1984, een jaar voor zijn terugkeer uit de Verenigde Staten, discreet voorbereid door Michel Didisheim, in nauw overleg met de koning. Filip weet zelf niet wat zijn toekomstplannen zijn maar het uiterst gedetailleerde ontwerp van zijn burgerlijke voorbereiding wordt precies omschreven in een confidentieel rapport. Zoals wel vaker gebeurt, krijgt de prins ook nu geen inspraak in zijn eigen tijdsbesteding. Het is Boudewijn die beslist welke taken Filip op zich zal moeten nemen. De prins heeft langer aan de universiteit van Stanford gestudeerd dan verwacht. En zijn

Met Albert en Boudewijn

oom wil hem aanvankelijk, na zijn studies in de VS, eerst voor enkele maanden naar een prestigieuze hogeschool in Parijs sturen. Maar politiek ligt dat moeilijk. Een korte studie in het Frans moet onvermijdelijk gevolgd worden door een even lange opleiding in het Nederlands. En dus wordt het plan om Filip naar Frankrijk te sturen afgeblazen. Filip is al enkele jaren niet meer in België geweest en Boudewijn wil hem uiteindelijk ook liever hier houden. De vorst wil niet te lang talmen met de "introductie" van Filip in eigen land. De prins moet meer onder de mensen komen. Want zijn eerste solo-optredens waren geen onverdeeld succes. Een jaar eerder, in augustus 1984, heeft Filip voor het eerst zijn vader vervangen tijdens een militaire plechtigheid op de Grote Markt van Brussel en die eerste officiële verplichting heeft geen verpletterende indruk nagelaten.

Naast levenswijsheid en taalonderricht moet Filip vooral de Belgische instellingen, de regio's en de politieke wereld onder de knie krijgen. Bovendien moet zijn intrede in de senaat voorbereid worden. Boudewijn wil dat zijn neef een goed figuur slaat en bereidt eind 1984 een deel van de prinselijke vorming voor. Niet onbelangrijk, Filip moet van de koning ook zijn kennis van het Nederlands en Frans bijschaven. Zijn talenkennis is onvoldoende. Het programma van Filip legt in eerste instantie vooral de nadruk op de kennismaking met de gemeenten aan beide kanten van de taalgrens. Het plan voorziet een periode van exact zeven weken om Filip naar vijf gemeenten te sturen (twee in Vlaanderen, twee in Wallonië, één in Brussel; waarvan drie plattelandsgemeenten en twee steden). Filip leert de burgemeesters kennen, volgt een vergadering van de gemeenteraad en bezoekt ook het plaatselijke OCMW. Nadien zijn gedurende twee weken de provincies (één in Vlaanderen, één in Wallonië) aan de beurt, gevolgd door de federale instellingen. Dat het plan zeer gedetailleerd is, blijkt ook uit de "tijd" die wordt gereserveerd voor een kennismaking met de koninklijke functie. In het curriculum, dat Michel Didisheim en koning Boudewijn opstellen, worden ook enkele formele gesprekken voorzien met het staatshoofd en diens kabinetschef André Molitor.

Dat Filip de politieke wereld niet kent, ziet Boudewijn als een grote handicap. De koning wil dat zijn neef de hervorming van het federale België leert kennen zoals hij het ziet. Hij maakt een lijst op van politici die de prins moet spreken. Onder hen bevinden zich Gaston Eyskens, Philippe Moureaux, Jean Gol, Guy Spitaels, Karel Van Miert, Herman De Croo, Willy Claes, Marc Eyskens en François-Xavier de Donnéa. Boudewijn kiest de gesprekspartners zorgvuldig uit en zorgt ervoor dat er een duidelijk evenwicht is tussen de partijen en de taalgemeenschappen. "Staatsgevaarlijke" politici, zoals de Vlaams-nationalistische Hugo Schiltz, horen er niet bij. Het totale programma dat Filip voorgeschoteld krijgt, zal ongeveer twee jaar in beslag nemen. Na afloop moet de prins België als zijn broekzak kennen en hoopt het Hof dat de bevolking Filip makkelijker zal aanvaarden. Het curriculum oogt zwaar en af en toe oninteressant. Filip is een jongeman die vooral gepassioneerd is door sport en snelle motoren. Zijn studiejaren in de Verenigde Staten hebben hem van een andere wereld laten proeven. Maar de periode na zijn terugkeer belooft niet altijd even boeiend te worden.

Filip volgt gedwee het strikte programma, dat gaandeweg nog wordt uitgebreid. Zijn inspraak beperkt zich tot zijn sociale rol. De prins vraagt zijn oom namelijk uitdrukkelijk om een "taak te mogen vervullen voor de gemeenschap". Als hij als vrijwilliger aan de slag gaat, zal hem dat sympathieker maken voor de buitenwereld. Bovendien wil Filip zich ook echt nuttig maken. De duffe ontmoetingen met politici en de rondleidingen in allerhande instellingen en bedrijven zijn allesbehalve avontuurlijk.

Boudewijn apprecieert de belangstelling van zijn neef voor de wereld van de NGO's en stelt voor om Filip naar de armen in Afrika, Zuid-Azië en Latijns-Amerika te sturen. De ascese waarvoor Boudewijn kiest, lijkt dus ook Filip enigszins aan te trekken. De beelden van uitgehongerde kinderen die hij op TV ziet, grijpen hem aan. Het Hof neemt discreet contact op met enkele NGO's die vooral in Afrika de ergste nood proberen te lenigen. De coördinator van een Belgische NGO stelt Filip voor om naar Afrika te reizen om een stage te volgen in Ethiopië. De prins stemt onmiddellijk in met het plan. Na een briefing op het paleis, krijgt de prins het fiat van zijn oom. Filip gaat incognito werken in een vluchtelingenkamp, waar hij omringd wordt door schrijnende misère.

Er zijn geen speciale voorzieningen getroffen voor het prinselijke bezoek. En Filip vraagt, volgens een medewerker, ook uitdrukkelijk géén voorkeursbehandeling. Vreemd genoeg wordt de pers niet op de hoogte gebracht van

Filips aanwezigheid. De prins verblijft enkele weken in het vluchtelingen-kamp en slaapt daar in dezelfde tenten als alle andere hulpverleners. Hij helpt er bij de voedselbedeling en steekt een handje toe in de medische tent. Zijn ervaring bij het leger komt goed van pas want Filip wordt algauw niet meer beschouwd als een bezoeker maar als een echte hulpverlener. Een hofdigni-taris getuigt over de "enorme impact die die ervaring op de prins heeft ge-had. Bij zijn terugkeer was hij een andere mens".

De prins kan zich niet meteen nuttig maken in eigen land maar voelt zich elders wel geapprecieerd. Samen met zijn rechterhand Guy Mertens reist Filip in november 1985 ook met een C130 vol hulpgoederen naar de ramp in Armero, Colombia. Armero is getroffen door een modderstroom, die het le-ven kost aan meer dan 24.000 mensen. "We waren echt getroffen door wat we daar te zien kregen, overal lagen nog lijken op straat." Filip neemt zich voor om minstens een keer per jaar op missie te gaan naar het buitenland om er als hulpverlener te werken. Maar dat voornemen verwatert na een tijdje. Filip keert nog wel terug naar Afrika maar blijft er niet meer zo lang, zodat hij nau-welijks door de pers wordt opgemerkt.

In de jaren '90 neemt de prins de draad van zijn ontwikkelingswerk weer op in de sloppenwijken van Latijns-Amerika. Maar die bezoeken gebeuren niet langer incognito. De pers krijgt een uitnodiging en Filip staat zelfs inter-views toe. Zo trekt hij met staatssecretaris voor Ontwikkelingssamenwerking Reginald Moreels naar Bolivia. Ook als Filip in 1986 de Rode Duivels in Mexico bezoekt, trekt hij naar de armere wijken van Mexicostad. Maar de prins ge-niet vooral mee van de hype rond de Belgische voetbalploeg. België schopt het tot de vierde plaats in het wereldkampioenschap. Filip en Guy Mertens sla-pen in hetzelfde hotel als de Belgische ploeg en krijgen de kans om de spe-lers van nabij te leren kennen. Vooral de ontmoeting met Jean-Marie Pfaff maakt diepe indruk op Filip. De prins spreekt de gevierde doelman terwijl hij op de massagetafel ligt. Pfaff brengt de prins wat in verlegenheid als hij tegen Filip uitroept dat ze "allebei vedetten zijn, maar elk in ons domein!"

Gesprekken met de kardinaal

Ondanks de vertrouwensband met zijn rechterhand Guy Mertens en de steun van Boudewijn, is Filip vaak op zichzelf aangewezen. De prins hoedt er zich voor om mensen in zijn omgeving in vertrouwen te nemen over zijn twijfels en verwachtingen. Een van de figuren met wie hij in die periode wél toenadering zoekt, is kardinaal Godfried Danneels. De kardinaal is dan al zes jaar aartsbisschop van Mechelen-Brussel en Boudewijn heeft een diepe bewondering voor de energieke en bescheiden geestelijke. Danneels toont zich resoluut anders aan de koninklijke familie dan zijn voorgangers. De aartsbisschop wordt door de koning geregeld om raad in ethische kwesties gevraagd maar dringt zijn overtuiging niet op. Ook internationaal is de naam en faam van Danneels toegenomen na zijn bemiddeling tijdens de buitengewone Synode in 1980. Koning Boudewijn raadt zijn neef aan om met Danneels te gaan praten over zijn zielenroerselen. Prins Filip doet dat, zonder dat de pers of de politieke wereld er lucht van krijgen. De twintiger rijdt met zijn eigen auto naar Mechelen en maakt met de kardinaal lange wandelingen in de tuin van het bisschoppelijk paleis of gaat bij hem dineren. Er wordt gepraat over Filips toekomst maar vooral ook over zijn jeugd en de vele "verplichtingen die zijn lot met zich meebrengen". De diepchristelijke overtuiging van Filip beperkt hem ook in zijn bewegingsvrijheid. Filip houdt vast aan zijn strakke principes en aan zijn katholiek geloof. De kardinaal probeert hem aan te moedigen om ook van het leven te genieten en het geloof niet louter als een dogma te benaderen.

De prins is 25 maar zijn leven wordt gestuurd. Volgens Guy Mertens "verliest Filip zijn vrijheid". De prins kan niet meer gaan en staan waar hij wil en zijn programma wordt samengesteld door het kabinet van zijn oom en in mindere mate door dat van zijn vader, prins Albert. In België geniet de prins nog niet de status die zijn oom en vader te beurt vallen maar toch wordt hij uit veiligheidsoverwegingen constant begeleid door een rijkswachter. Geleidelijk aan worden de regels van het protocol ook voor hem strikter. Na de periode in de Verenigde Staten - volgens Filip de gelukkigste jaren in zijn jonge leven - heeft de prins het moeilijk om in België te aarden. Veel vrienden heeft hij niet. Een echte job kan hij niet uitoefenen. Het is opnieuw Boudewijn die

de opleiding van Filip nieuw leven inblaast. Er wordt een lesprogramma opgesteld om Filip de constitutionele, economische en sociale aspecten van ons
land te leren kennen. Boudewijn wil dat zijn neef privéles krijgt van vooraanstaande professoren om beter inzicht te krijgen in de ingewikkelde structuur
van ons land. Michel Didisheim, die zich in het verleden ook al heeft inge-
spannen voor Filip, stelt een nieuw curriculum voor de prins op. Er wordt
vooral veel tijd gereserveerd voor de grondwet en de staatsstructuur van België.

Het land worstelt op dat moment meer dan ooit met de federalisering. De
plichtsbewuste professor Robert Senelle wordt aangezocht om aan de prins
les te geven. Hij doceert twee jaar lang grondwettelijk recht aan Filip. De
schuchtere prins krijgt ook van andere professoren gastcolleges over de islam
en internationaal recht. Die cursussen worden niet in een of andere universiteit gedoceerd maar op het paleis in Brussel. Zijn isolement in het gigantische complex is compleet. Toch voegt Filip zich naar de wensen van zijn oom.
Professor Senelle brengt rechtstreeks verslag uit aan koning Boudewijn die
hem geregeld interpelleert over de vorderingen van zijn neef. Senelle herinnert zich zijn eerste lessen nog goed: "Ik ben mijn cursus begonnen met een
uiteenzetting over de constitutionele rechten en plichten van de vorst. Ik
legde hem uit wat de vorst in een land als België doet en wat men van hem
verwacht." Volgens Senelle en andere professoren is Filip zeer leergierig en
stelt hij behoorlijk veel vragen. Boudewijn zorgt ervoor dat de lessen van zijn
neef zo'n breed mogelijk palet hebben. Hij wordt ingewijd in economie, literatuur en wijsbegeerte. Senelle praat met hem ook over de valkuilen en ge-
varen van het koningschap. Filip maakt op zijn professoren een zeer wereld-
vreemde indruk. Hij zit opgesloten in Laken en is volgens een bron bijzonder
nieuwsgierig naar wat er "buiten de paleismuren gebeurt".

Boudewijn wil dat zijn dauphin met kennis van zaken aan zijn taak begint, maar de lessen maken van hem een eenzame student. Voormalig grootmaarschalk aan het Hof, Herman Liebaers, verklaart dat hij in die periode
"meermaals benaderd werd door dignitarissen uit Filips omgeving, zelfs door
ministers. Zij hamerden telkens weer op zijn onhandige schuchterheid, zijn
moeilijke omgang met de mensen, in één woord – en het komt niet van mij
– zijn onmondigheid. Maar dat verontrustte mij niet omdat ik wist dat de
Saksen-Coburgs altijd al laatbloeiers geweest waren."

De troonopvolger en de perceptie

Boudewijn is ervan overtuigd dat hij zijn neef "de wereld moet laten doorgronden om hem zelf vorm te kunnen geven". De koning koestert grote verwachtingen en is ervan overtuigd dat Filip een geschikte troonopvolger zal zijn. Boudewijn en Filip praten urenlang over de rol van de monarchie, het geloof en ook over de huwelijksproblemen van Albert en Paola. Filip blijft een zekere afstand behouden tot zijn ouders. Maar de band tussen oom en neef wordt steeds sterker. Boudewijn stuurt Filip er daarom ook steeds vaker op uit. Hij laat hem officiële taken vervullen zonder dat een ander lid van de koninklijke familie aanwezig is. Op die manier gaat alle aandacht naar Filip en groeit bij de publieke opinie steeds meer de indruk dat hij de enige troonopvolger is.

Zijn openbaar leven begint. Hij reikt prijzen uit, bezoekt het Hof van Cassatie of het justitiepaleis in Brussel. En telkens is het persagentschap Belga op voorhand op de hoogte van het bezoek. Hij volgt Boudewijn tijdens bezoeken in binnen- en buitenland. Filip geniet mee van de populariteit van Boudewijn.

Hij loopt tussendoor ook stage bij enkele belangrijke instellingen, zoals het Internationaal Monetair Fonds, de Nationale Bank of een ambassade in het buitenland. Eind '98 gaat de prins langs bij de Vlaamse, Duitse, Brussels Hoofdstedelijke en Waalse raad. Een intimus ergert zich mateloos aan de opgeklopte retoriek die rond die zogenaamde "stages" hangt. In werkelijkheid gaat het om klassieke rondleidingen waarbij de prins braaf doet wat hem opgedragen wordt. Het Hof wil aan de opleiding van Filip een bepaald soort degelijkheid geven die bij veel diplomaten en politici vragen oproept. Hoe dan ook, Boudewijn bepaalt en regisseert alle bezoeken, waarbij niets aan het toeval wordt overgelaten. Zelfs de vragen die Filip mag stellen, worden op voorhand afgesproken. De zeldzame keren dat er van de prins een speech wordt verwacht, wordt de tekst onder het wakend oog van de kabinetschef van de koning geschreven. De prins mag vooral geen fouten maken en dat zorgt ervoor dat de vele bezoeken in een weinig ontspannen sfeer verlopen. Filip is op zijn hoede en volgt gedwee de strakke regie. Daardoor heeft de buitenwereld de indruk dat de kroonprins een marionet is van zijn oom.

Boudewijn kiest er desondanks voor om Filip steeds nadrukkelijker naar voren te schuiven. In tegenstelling tot wat de buitenwereld denkt, stelt Boudewijn Filip nooit expliciet als zijn opvolger voor. Niet tijdens een toespraak maar ook niet tegenover politici of medewerkers van zijn eigen kabinet. Met eerste minister Wilfried Martens spreekt hij nooit voluit over de opvolging. Wel vraagt hij Martens om Filip te begeleiden. Maar het woord "troonopvolger" komt niet over de lippen van de koning. Het thema van de opvolging blijft binnenskamers en de koning hoedt er zich voor om het onderwerp in het openbaar te bespreken. Op geen enkel moment verwijst de koning rechtstreeks naar Filip als de troonpretendent.

Volgens Michel Didisheim is dat logisch aangezien koning Boudewijn zijn broer "nooit heeft opgegeven". Een vertrouweling merkt op dat Filip naar het tweede plan verhuist van zodra Sybille de Selys Longchamps uit het leven van Albert verdwijnt. Tegen het huwelijk van prinses Astrid in september 1984 zijn de plooien tussen Paola en Albert min of meer glad gestreken. Vanaf dan is er geen twijfel meer mogelijk: Filip is niet de kroonprins. Dat strookt ook met de wetten van de erfelijke monarchie: de opvolger van de kinderloze Boudewijn is prins Albert en niet prins Filip. Volgens de grondwet kan een erfopvolger niet worden genegeerd zonder dat die daadwerkelijk afstand doet van de troon. Albert overweegt dat ook op geen enkel moment, maar hij beseft wel dat zijn zoon door de publieke opinie als erfgenaam van Boudewijn wordt beschouwd.

Ondanks zijn opleiding door Boudewijn en het feit dat Filip steeds explicieter naar voren wordt geschoven als toekomstige koning, laat Albert er zelf tegenover zijn broer geen twijfel over bestaan: hij is de eerste kandidaat voor de troon, niet zijn zoon. Volgens een vriend van Albert zijn er eind jaren '80 op het kasteel in Laken een paar vertrouwelijke gesprekken tussen koning Boudewijn, zijn broer Albert en prins Filip. Op die ontmoetingen worden de puntjes op de i gezet: Boudewijn blijft koning zolang zijn gezondheid het toelaat. Albert staat klaar om in te springen als de omstandigheden het vereisen. En Filip moet wachten tot het zijn beurt is. Filip laat zijn ongeduld blijken en vindt het oneerlijk dat hij zomaar buitenspel gezet wordt. Maar zijn vader eist zijn plaats op. Albert zegt volgens een ingewijde tijdens die gesprekken een paar keer *"j'existe encore"*, waarmee Albert duidelijk te kennen

geeft dat zijn rol nog niet is uitgespeeld. Ook Herman Liebaers vertelt dat er
in die periode strikte afspraken gemaakt zijn tussen de koning en prins Albert
over de mogelijke troonopvolging. Mocht koning Boudewijn nog lang leven,
zou hij prins Albert vragen afstand te doen van zijn rechten ten voordele van
zijn zoon, prins Filip. Maar als koning Boudewijn vroeger zou overlijden, dan
moet de grondwet geëerbiedigd worden.

Toch beseft Boudewijn dat de situatie in de wachtkamer frustrerend is
voor Filip. Daarom wijdt hij zich, zoveel als hij kan, aan de opleiding van zijn
neef. Filip weet dat hij zich geen illusies moet maken om zijn oom meteen
op te volgen. Boudewijn vertelt Filip vaak over zijn eigen "verschrikkelijke
ervaring" als beginnend staatshoofd en verzekert zijn dauphin ervan dat een
goede voorbereiding op de troon de beste slaagkansen biedt. Een intimus van
Boudewijn erkent dat de vorst de koers voor Filip uit plichtsbewustzijn
uitzet. Filip heeft weinig contact met zijn ouders en kan die steun best gebruiken. De koning licht de prins in over alle praktische elementen van zijn
taak. Hoe praat je met een ambassadeur? Wat kan je een politicus toever-
trouwen?

Geruchten over een verloving

Het reilen en zeilen van Filip wordt niet meteen opgepikt door de Belgische
pers. De prins zorgt zelf voor weinig deining en leidt een vrij teruggetrok-
ken bestaan. Filip volgt braaf het traject dat voor hem uitgestippeld is. Hij
bezoekt de instellingen die zijn oom uitkiest en gaat in zijn vrije tijd joggen
in het Terkamerenbos of in het park van Laken. Hij leest veel en spendeert
veel tijd met zijn oom. Terwijl de kroonprinsen in het buitenland constant
in de boulevardpers opduiken, lijkt Filip steeds meer een kopie te worden van
Boudewijn. Prins Filip is geen playboy. Hij lust geen alcohol, rookt niet en
wordt niet gefotografeerd in trendy nachtclubs van Brussel. Toch ziet de
societypers hem wel steeds vaker opduiken in het gezelschap van adellijke
jonkvrouwen. In realiteit komt het nooit verder dan een paar goede vriend-
schappen. Bij elke foto voorspellen de *matchmakers* een nakende verloving
maar Filip is er altijd snel bij om dat te ontkennen. Begin juli 1985 vergezelt
prins Filip zijn oom Boudewijn op een staatsbezoek naar Japan. De koning

Met Cristina van Spanje: een van de vele genoemde huwelijkskandidates

wil zijn neef vanaf nu ook meenemen wanneer hij buitenlandse staatshoofden bezoekt.

Voor de royaltywatchers ligt de markt open: nu Filip zijn diploma heeft, wordt het tijd dat hij een bruid zoekt. De kroonprins is een gegeerd vrijgezel aan wie de meest onmogelijke liefdes worden toegeschreven. Het lijstje is zo lang dat Filip bijna het imago van een rokkenjager krijgt. Op de lijst van huwelijkskandidates prijken de meeste prestigieuze namen uit de internationale adel, zoals de Spaanse prinses Elena en haar zus Cristina. Ook Sophia von Hohenzollern-Sigmaringen en aartshertogin Constanza van Oostenrijk, een nicht van schoonbroer Lorenz, passeren de revue. In 1985 wordt Filip nog gelinkt aan de Italiaanse markiezin Infiammata de Frescobaldi en aan de Spaanse Adriana Torres de Silva, hertogin van Miranda. In Italië verschijnen berichten van een nakende verloving van de Belgische kroonprins met Infiammata, die uit een van de oudste adellijke families stamt. De societypers smult van alweer een mogelijke Italo-Belgische bruiloft en ziet in Infiammata de nieuwe Paola. De flamboyante markiezin lijkt haar naam niet gestolen te hebben en verschijnt kortgerokt op de voorpagina als *"la prossima regina dei Belgi"*. Maar haar vader, de Toscaanse markies Frescobaldi, spreekt de geruchten tegen. Hij noemt de verloving "een fantasie van de sensatiepers". Toch blijven de roddelbladen erbij dat "Infiammata Nederlands aan het leren is" en binnenkort naar België verhuist. In werkelijkheid komt er niets van. Filip en Infiammata kennen elkaar via gemeenschappelijke vrienden van zijn moeder. Filip is enkele keren te gast op de familieboerderij in Toscane maar dat leidt niet tot een relatie met de knappe markiezin. Wat in Italië kan, doen de Spaanse bladen beter. Zij gaan op zoek naar foto's van Filip en zijn Spaanse liefde Adriana Torres de Silva. De romance met de negentienjarige Sevilliaanse dochter van markiezin Fernanda de Casa Ulloa wordt overal breed uitgesmeerd. Volgens de krant *Semana* heeft koningin Fabiola Filip aan Adriana voorgesteld. Het gerucht circuleert dat de prins, net zoals zijn oom Boudewijn, voor een Spaanse bruid zal kiezen. Als het weekblad *Hola* foto's publiceert van een dansende prins met Adriana Torres de Silva, is het hek van de dam. Het Hof geeft normaal nooit commentaar op geruchten. Ook nu niet. Maar via het persbureau Belga laat de woordvoerder van het paleis toch discreet weten dat de berichten niet kloppen. De pers heeft het alweer bij het verkeerde eind, al geeft een vriend van Filip toe dat de relatie met Adriana zeer hecht is. Ook voor het Hof is de adellijke Adriana een tijdlang de topfavoriete maar ondanks de goedkeuring van het koningspaar springt de relatie af.

Aan huwelijkskandidates alleszins geen gebrek. Later duiken nog Alexia van Griekenland, de dochter van ex-koning Constantijn, op en ook Anna-Plater-Syberg wordt al de volgende koningin der Belgen genoemd. In de Poolse dame van een oud adellijk geslacht ziet het Franse societyblad *Point de Vue* de perfecte partner van de kroonprins. Er verschijnen foto's van het stel en het Hof bevestigt zelfs dat Anna een vriendin van Filip is. Albert en Paola nodigen de gravin uit op hun jacht Alpa dat aangemeerd ligt in het Zuid-Franse Antibes. Volgens *Point de Vue* is Anna de gedroomde verloofde voor prins Filip. Haar adellijke titel is een troef, op haar verleden is niets aan te merken en bovendien noemen vrienden haar "vlot en sympathiek". *Point de Vue* schrijft ietwat profetisch dat Anna "door haar levenslust en speelsheid de prins zou kunnen helpen zijn verlegenheid te overwinnen, die soms een barrière vormt tussen hem en zijn medeburgers". De geknipte Anna blijkt het overigens zeer goed te kunnen vinden met Paola, die alle potentiële huwelijkskandidates zeer kritisch in de weegschaal legt. Toch blijkt de liefde van relatief korte duur. Filip maakt een einde aan de relatie en Anna-Plater Syberg treedt in het klooster. De gravin kan de breuk niet verteren en stapt uit het publieke leven. Filip heeft ook dichter bij huis korte relaties die voor ophef zorgen. Stéphanie de Lalaing, de dochter van graaf Joss uit Zandbergen, wordt geregeld gespot met Filip. Ze maken samen lange wandelingen in de Ardennen. Ook de blonde Stéphanie wordt uitgenodigd in het buitenverblijf van Albert en Paola. Maar zelf ontkent ze haar romance. Ze geeft alleen toe dat ze goed bevriend is met Filip. Als de relatie niets blijkt te worden, fluistert de societypers dat het Hof Stéphanie niet wilde aanvaarden omdat ze een Vlaams meisje is. Filip leest volgens Guy Mertens aandachtig alle verhalen die over hem de ronde doen. Volgens een vriend knipt de prins zelf artikels uit en houdt ze bij in een map. "Ik kan alleen maar zeggen dat de prins een gezonde jonge man was," zegt Guy Mertens. "Op een dag stonden er in een populair weekblad een hele rij foto's van meisjes die ooit aan de prins waren gekoppeld. Hij moest er eens hard om lachen."

Op het paleis wordt op de talrijke verlovingen sportief gereageerd. Maar soms zorgen die meisjes, die net iets te gretig prinses willen worden, ook voor flink wat ergernis. Zo is er het verhaal van Sigrid Van Erps, een selfmade journaliste uit Waterloo die zich tegen de prins aanschurkt op een economische missie naar Turkije. Zij laat zelf aan de pers weten dat Filip dolverliefd op haar is. Filip schrikt zich een hoedje. Hij laat weten dat de zogenaamde romance met "die Sigrid" grotesk is. Maar de overambitieuze Van Erps geeft niet op. Zelfverzekerd laat ze zich voortdurend aan de zijde van haar droomprins fotograferen. De blondine duikt telkens toevallig in beeld als Filip verschijnt. Ze wijkt geen centimeter van zijn zijde en gaat zelfs zover om Filip tijdens een toespraak in de rede te vallen. De prins reageert geërgerd en zorgt ervoor dat ze niet meer in zijn buurt kan komen. De entourage van de prins maakt haar duidelijk dat haar aanwezigheid niet langer gewenst is en Sigrid Van Erps druipt af.

De vermeende romance met Ellen Leburton, een arts uit Eindhoven, is zo mogelijk nog gekker. Volgens geruchten is de dokter de nieuwe grote vlam van de prins. Maar wanneer de dermatologe wordt opgebeld noemt ze de geruchten "lariekoek, ik ken die man enkel van TV". Ellen en Filip zouden ontmaskerd zijn op het tennistornooi van Roland Garros in Parijs maar Ellen Leburton ontkent dat. Ook Filip reageert verrast.

Ondanks de vele vrouwen aan wie hij gekoppeld wordt, voelt Filip zich zeer eenzaam. Als hij in augustus '86 op studiereis naar China gaat, is er niemand die hem vergezelt. Op een adviseur na is Filip alleen. En dat eist zijn tol. Nochtans heeft de Chinese regering kosten noch moeite gespaard om het bezoek zo boeiend mogelijk te maken. Filip moet er, zoals het protocol dat wil, eerste minister Zhao Ziyang en minister van Buitenlandse Zaken Wu Xueqian ontmoeten. De reis duurt drie weken. Filip bezoekt het zomerpaleis in Peking, reist door naar het feërieke Guilin en krijgt een privérondleiding langs de krijgers van Xi'an. Toch is de prins na drie weken blij opnieuw thuis te zijn.

Filip volgt tussendoor nog stages bij de Verenigde Naties en de Europese Gemeenschap. Het gaat telkens om een beknopte initiatie; de rondleiding die hij krijgt is veeleer oppervlakkig. In die periode maakt de prins ook zijn echte entree in het openbare leven. Hij bezoekt alle Belgische provincies, ontmoet er de gouverneurs en de belangrijkste burgemeesters, en komt voor het eerst in contact met vertegenwoordigers van werkgevers- en werknemersorganisaties.

Pater Damiaan

In 1989 treedt Filip voor het eerst op als plaatsvervanger van zijn oom tijdens een reis naar Hawaï. Hij reist naar de andere kant van de wereld voor de herdenking van de honderdste verjaardag van het overlijden van pater Damiaan. Het wordt geen plezierreisje. Eerst moet de prins in Washington een vergadering bijwonen van het Interim Committee en van het Development Committee van het Internationaal Muntfonds. Van de prins wordt verwacht dat hij aandachtig luistert maar de bezoeken zijn saai en ongeïnspireerd. Filip kan nauwelijks wachten om naar Hawaï door te reizen. De Belgische ambassadeur heeft het bezoek tot in de puntjes voorbereid en Filip wordt in Washington voorlopig nog door de pers met rust gelaten.

Maar dat verandert in Molokai waar Filip neerstrijkt om pater Damiaan te eren. De eerste speech die Filip geeft in de Sint-Philomenakerk te Kalawao is geen onverdeeld succes. De prins weet dat de pers hem in het oog houdt en hij wil per se een goede beurt maken. Dat zorgt voor zenuwen die ook zichtbaar hun sporen nalaten. De prins haspelt zijn toespraak af zonder veel bezieling. Zijn opleiding onder de vleugels van Boudewijn heeft van Filip een introverte en onzekere jongeman gemaakt, vinden waarnemers.

In het kielzog van de prins reizen enkele tv-ploegen mee en die eisen van de prins exclusieve beelden op het strand van Molokai. Bij elke wens van de media blijkt hoezeer het doen en laten van Filip wordt gestuurd en gecontroleerd. Want elke keer wordt eerst overlegd met het thuisfront. Filip protesteert niet als hij meerdere keren blootvoets over het strand moet lopen, ook al heeft hij er een hekel aan om zo in de kijker te staan. Het contact met de pers verloopt veeleer stroef. Filip kan zich moeilijk een houding geven terwijl hij gevolgd wordt door camera's en fotografen. Een paar keer vraagt Filip aan de cameramensen om hem even met rust te laten. Maar zijn wensen worden niet echt ingewilligd. De TV-zenders hebben in deze reis geïnvesteerd en willen waar voor hun geld.

Het bezoek aan Hawaï wordt uitgebreid becommentarieerd in de vaderlandse pers. De toon is opvallend mild. Ondanks de weinig indrukwekkende prestatie van de prins, zwijgen de meegereisde journalisten over zijn houterigheid. Kritiek op het koningshuis is in die periode *not done*, ook niet in de Vlaamse pers. Maar de geruchtenmolen draait op volle toeren. In de Wetstraat wordt smalend gedaan over de beperkte intellectuele capaciteiten van de prins. Filip leidt geen eigen leven maar loopt achter zijn oom en tante aan. Het kinderloze echtpaar heeft van de stille Filip een karikatuur gemaakt. In politieke middens krijgt Filip al gauw de bijnaam "de prins zonder eigenschappen". Terwijl de Nederlandse kroonprins Willem-Alexander met zijn zeilteam deelneemt aan de Olympische Spelen en prins Charles door de huwelijksperikelen met zijn vrouw Diana een menselijker gezicht krijgt, lijkt Filip enkel rust te vinden bij Boudewijn en Fabiola.

Waarnemers zijn het erover eens dat ook de monarchie mee moet evolueren en dat België een jonge dynamische kroonprins nodig heeft die het land een moderne uitstraling geeft. Filip heeft dus een imagoprobleem. Maar aan het Hof blijft men geloven dat de "wilde verhalen" vanzelf wel een stille dood zullen sterven. Begin jaren '90 circuleren ook volop grapjes over de seksuele geaardheid van de timide Filip. Allerhande insiders menen te weten dat Filip homoseksueel is maar daar niet voor durft uit te komen. Nochtans wordt Filip in de boulevardpers tegelijk ook gelinkt aan diverse vriendinnetjes. Het Hof en de koning krijgen lucht van de geruchten over Filips vermeende homo-seksualititeit, maar beslissen niet in te grijpen. Het onderwerp is aan het Hof taboe en een taboe doorbreken kan niet. De weinige intieme vrienden van Filip spreken hem aan over de roddels die over hem de ronde doen. De verha-len komen ook Paul Buysse ter ore die niet begrijpt hoe ze een eigen leven zijn gaan leiden. "Homoseksueel? Hij heeft diverse vriendinnen gehad. Er wa-ren tientallen ouders van nobele families die hun dochters in de armen van Filip probeerden te duwen."

60/40

Tijdens de festiviteiten voor de 60ste verjaardag van koning Boudewijn krijgt Filip een glansrol toebedeeld. De *60/40 Feesten,* ter gelegenheid van de 60ste verjaardag van Boudewijn en de viering van zijn 40 jaar koningschap, beves-tigen de populariteit van Boudewijn. Maar Filip kan zich niet ontspannen. Ondanks enkele lessen mediatraining, die hij dan al op het paleis heeft ge-kregen, reageert hij gespannen als hij een camera ziet. De koningsfans op de Heizel zien een stuurse kroonprins die gedwee doet wat van hem verwacht wordt. De feestelijkheden starten op 7 september 1990 – de verjaardag van ko-ning Boudewijn – en duren tot de nationale feestdag op 21 juli 1991. Het wordt een groot volksfeest waar bijna 200.000 personen aan deelnemen. Bou-dewijn zorgt ervoor dat Filip overal aan zijn zijde opduikt waardoor de Bel-gen nog eens de indruk krijgen dat Filip de enige troonopvolger is. Maar de prins heeft moeite met zoveel aandacht. Filip voelt zich niet op zijn gemak in die mensenzee, getuigt ook Steve Stevaert. De jonge gedeputeerde voor de provincie Limburg is mee verantwoordelijk voor de vieringen en ontmoet Fi-lip voor het eerst samen met zijn oom in de Grenslandhallen. "Filip had een chique kostuum en een klein swatchhorloge aan. Er waren toen ook veel joe-lende meisjes. En ik zei hem: 'Monseigneur, u bent hier populairder dan Koen

Wauters.' Maar hij wist zich duidelijk geen houding over die opmerking te geven."

Voor Boudewijn zijn de vele feestmaanden een fysieke beproeving. Het programma is voor de koning te zwaar. Hij heeft op dat moment al hartproblemen. "Tijdens de *60/40 Feesten* heeft Boudewijn enkele keren zware ademhalingsstoornissen gehad. De koning is toen een keer flauwgevallen. We hebben hem in een achterkamertje bij zijn positieven laten komen en niemand heeft er iets van gemerkt." Boudewijn beseft dat hij het wat kalmer aan moet doen. Daardoor moet Filip een paar keer alleen de honneurs waarnemen. Maar de koning geeft niet op en staat erop dat hij zelf aanwezig is op de meeste festiviteiten. Filip is er elke keer bij. Maar de populariteit van Boudewijn straalt niet af op zijn neef. Filip loopt wat verloren achter het koningspaar, terwijl zijn oom en tante worden toegejuicht. Het is volgens een vertroeweling van Albert geen toeval dat Filip na de Koningsfeesten minder vaak op bezoek gaat samen met de koning. "Boudewijn zag zelf in dat het geen nut had om Filip overal mee naartoe te nemen. Ik herinner me dat Filip bij een officieel bezoek aan de stad Luik uit een tweede auto stapte en zelfs niet tot aan de koning geraakte. Er was applaus voor Boudewijn maar niet voor Filip. Dat was soms pijnlijk." De koning neemt het "mannenkoor" over die gemiste kansen in vertrouwen. "Het mannenkoor", in realiteit de kabinetschef van de koning, het hoofd van het Militair Huis en de grootmaarschalk aan het Hof, bespreekt de strategie van Boudewijn in verband met de constante aanwezigheid van zijn neef aan zijn zijde. Het drietal begrijpt dat de koning Filip bij de bevolking wil introduceren maar noemt dat tegelijk "ook een beetje onnatuurlijk. Iedereen werd gewaar dat dat geen goede formule was."

De minikoningskwestie

De opleiding van Filip tot kroonprins gaat verder dan velen durven vermoeden. Want Boudewijn neemt zijn neef ook in vertrouwen over staatskwesties. Als de koning een onderhoud heeft met een minister, geeft hij zijn neef 's avonds vaak een korte briefing van het gesprek. De prins krijgt inzicht in de politieke machtsverhoudingen in het land maar de koning wil Filip vooral bewust maken van het broze evenwicht tussen het staatshoofd en zijn verko-

zen ministers. Ook in tijden van crisis mag Filip van op de eerste rij het toneel gadeslaan. Zo krijgt hij de twijfels van zijn oom te horen over de legalisering van abortus. De crisis wordt voor Filip een niet mis te verstane les voor
de toekomst.

De minikoningskwestie rond de legalisering van abortus, komt er op een
moment dat het moreel gezag van Boudewijn bijna onaantastbaar is. Met zijn
politieke ervaring straalt de koning een natuurlijke autoriteit uit, ook al is
zijn feitelijke macht veeleer klein. Filip is door zijn leraars en Boudewijn in-
geprent dat de macht van de Belgische monarch sinds het ontstaan van België, aanzienlijk verminderd is. De tijd van Leopold I, die nog heerste als een
verlichte despoot, is voorgoed voorbij. Boudewijn heeft ook geleerd uit de
crisis tussen Leopold III en zijn regering. De rel over de abortuswet staat echter haaks op die lessen uit het verleden. Eind maart 1990 weigert Boudewijn
resoluut zijn handtekening te zetten onder een wet die abortus in bepaalde
gevallen legaliseert.

Boudewijn neemt eerst "het mannenkoor" in vertrouwen over zijn beslissing om de abortuswet niet te ondertekenen. De koning geeft zijn kabinetschef duidelijk te kennen dat hij de wet niet kan goedkeuren omdat dat hem
in gewetensnood brengt. Na lange gesprekken met zijn vrouw, en met kardinaal Godfried Danneels, beslist de koning zijn voornemen door te zetten.
Op het paleis zien ze niet meteen een uitweg voor het probleem. De kabinetschef van de koning, Jacques van Ypersele de Strihou, heeft een voorstel tot
grondwetswijziging gemaakt om tot een Scandinavisch model van de monarchie te komen. De koning krijgt in dat geval alleen nog een protocollaire rol
toebedeeld. Maar premier Martens ketst dat idee resoluut af. Hij verklaart tegenover de koning dat zoiets onmogelijk is. Sleutelen aan de monarchie zou
weleens het eind van de Saksen-Coburgs kunnen betekenen. "Want dan open
je een constitutionele crisis zonder voorgaande. Dit kon alleen worden opge-
lost als iedereen zweeg." De eerste minister staat voor een voldongen feit: hij
krijgt van de koning een brief met de weigering tot ondertekening van de
abortuswet maar hij moet zelf een uitweg vinden. Aan het Hof heerst paniek.
Wilfried Martens vindt pas dagen nadien een constitutionele oplossing voor
het probleem: hij verklaart krachtens artikel 82 van de grondwet de koning
tijdelijk in de onmogelijkheid om te regeren. Normaal gezien is die clausule

enkel voorzien bij zware ziekte of zwakzinnigheid, maar nu komt het artikel handig van pas. De juridische spitsvondigheid ontlokt bij politici over de taalgrens heen veel wrevel. Maar Martens blijft erbij dat zijn zet een meesterstuk is, ook al brengt de crisis het onkreukbare imago van de koning zware schade toe.

De constitutionele crisis is dan wel bedwongen, de relaties tussen vorst en politiek zijn erdoor bekoeld. De koning heeft de regering in een lastig parket gebracht. De publieke opinie is bovendien verdeeld over de weigering van de koning. Na de abortuskwestie weet de directe omgeving van Boudewijn niet wat ze moet verwachten. Toeval wil dat Boudewijn, de dag na zijn tijdelijk aftreden, een bezoek moet afleggen aan de Floraliën in Gent. De activiteit staat al maanden in de agenda van de koning. Maar Boudewijn is bang voor de reacties van het publiek. Filip ziet voor het eerst dat zijn oom kwetsbaar is. Een vriend van Filip getuigt over de "indruk die die crisis op hem heeft gemaakt". Tegen alle verwachtingen in blijkt de "liefde" van de bevolking voor Boudewijn groter dan het Hof voor mogelijk houdt. "Toen hij in Gent aankwam kreeg hij een staande ovatie. Dat was voor de koning een enorme opsteker. Ook enkele dagen nadien, toen Boudewijn naar Cockerill Sambre in Seraing ging, applaudisseerden de toegestroomde arbeiders massaal. Dat heeft hem toen enorm aangegrepen. Het gaf hem het gevoel dat hij toch gerespecteerd werd."

Een nieuw huis voor Filip

Als de Vlaming Gerard Jacques grootmaarschalk aan het Hof wordt, zorgt Boudewijn ervoor dat het leven van Filip in een andere richting wordt gestuurd. Wanneer de koning zijn nieuwe grootmaarschalk inviteert op een inauguratielunch, is vreemd genoeg ook Filip uitgenodigd. Jacques stelt zich daar vragen bij, zeker nadat Boudewijn hem uitdrukkelijk aanspoort om ook met Filip een gesprek aan te knopen. Gerard Jacques wordt de dag na de bewuste lunch door de koning ondervraagd over de indruk die de prins op hem heeft gemaakt. De koning heeft duidelijk een plan in zijn achterhoofd: hij wil dat Gerard Jacques Filip helpt om op eigen benen te kunnen staan. Jacques zegt onomwonden: "Sire, ik heb de indruk dat hij hier een beetje verloren loopt." De observatie is raak en Boudewijn kan ze alleen maar bevestigen.

Gerard Jacques krijgt van de koning wat bedenktijd om Filip bij te sturen. De prins heeft tot het begin van de jaren '90 geen eigen staf. Enkel Guy
Mertens houdt zich bezig met de agenda van de prins. Jacques stelt vast dat
net die manke organisatie voor problemen zorgt. "Filip stond voor een twee-
sprong. Hij wist niet wat te doen." De agenda van Filip is pure improvisatie.
Als Filip een bedrijf wil bezoeken, een academicus of industrieel wil ontmoeten, dan wordt dat niet voorbereid. Daardoor slaat Filip tijdens enkele ontmoetingen ook flink de bal mis. Als de prins de gerespecteerde chemicus Ilya
Prigogine ontmoet, begrijpt Filip niet waarover de geleerde praat. Filip vergeet zelfs dat de Belgische scheikundige de Nobelprijs heeft gewonnen. Ook
in de schaarse contacten met politici blundert Filip al eens. Hij heeft geen
zicht op wie bij welke politieke partij hoort en verwart meer dan eens een
christendemocraat met een socialist. In de Wetstraat doen er algauw allerhande grapjes de ronde over de legendarische missers van Filip. Gerard Jacques
hoort ook dat Filip zelf weinig initiatieven kan nemen, aangezien hij geen
middelen heeft. Een vertrouweling getuigt dat "Filip soms plotseling besliste
dat hij ergens naartoe wilde en dat er voor hem zelfs geen auto beschikbaar
was".

Na een week stapt Gerard Jacques met een voorstel naar de koning. Daar
wordt het idee gelanceerd om een aparte dienst voor de prins op te richten,
zij het onder de vleugels van de koning. Filip heeft op dat moment al een rechterhand, Guy Mertens, die weliswaar niet voltijds voor de prins werkt. Jacques
stelt voor om daar de hulp aan toe te voegen van de adjunct-kabinetschef van
de koning, een diplomatiek adviseur en een economisch attaché. Die staf van
vier mensen moet hem begeleiden en moet vanaf dan maandelijks een programma opstellen met diverse activiteiten. Filip is opgetogen dat hij nu een
eigen "dienst" zal hebben. Minstens even belangrijk is de vraag aan eerste
minister Wilfried Martens om voor Filip een dotatieregeling uit te werken.
Koning Boudewijn wijst erop dat Filip een onkostenvergoeding moet krijgen
als hij "voor het land moet werken". Martens stemt daarmee in. De berekening van de dotatie voor de prins wordt overgelaten aan de intendant van de
civiele lijst. Hij reserveert een miljoen Belgische frank per maand voor alle
personeelskosten en andere verplichtingen. Een oud-hofmedewerker verklapt
dat de dotatie eigenlijk te krap was, zeker gezien de hoge kosten voor het per-

soneel. "Filip moest zien dat hij toekwam. De intendant hield geen rekening met onverwachte uitgaven. Dus is er, na lang aandringen, aan het budget nog 10 percent toegevoegd voor onvoorziene kosten."

"Hij kan het niet..."

Terwijl de ene grootmaarschalk de prins op weg zet om een eigen carrière te beginnen, werpt een andere voorgoed een smet op het blazoen van Filip. Herman Liebaers, die van 1973 tot 1981 grootmaarschalk was, spreekt in 1991 uit wat tot dan in de wandelgangen werd gefluisterd: "Hij kan het niet, hé. Een droevig geval." Die ene zin maakt meer kapot dan alle imagocampagnes die het Hof kan verzinnen.

Tot op vandaag wordt gezocht naar de reden waarom Liebaers destijds zo hard naar Filip heeft uitgehaald. Een voormalige rechterhand van Boudewijn zegt dat de koning een hekel had aan de Bourgondische levensstijl van Liebaers. "Hij dronk veel en het koningspaar vond dat dat niet door de beugel kon. Boudewijn heeft hem dan een andere functie gegeven. Liebaers was in zijn wiek geschoten en bleef rancuneus. Hij hield vooral Fabiola en haar 'Iberisch katholicisme' verantwoordelijk voor zijn verwijdering." Herman Liebaers wordt in 1981 op een zijspoor gezet, terwijl hij net hoopte tot aan zijn pensioen aan het Hof te kunnen blijven. Na een zoveelste incident, met koning alcohol in de hoofdrol, hakt Boudewijn de knoop door. Liebaers wordt verbannen uit Laken.

Tien jaar lang broedt Liebaers op wraak. Zijn *slip of the tongue* tegenover Yves Desmet van de krant *De Morgen*, mist zijn effect niet. Liebaers beseft tijdens het beruchte interview de draagwijdte van zijn uitspraak niet en gaat akkoord met de publicatie. Dat hij Filip zo openlijk schoffeert is opmerkelijk. Hij is de eerste Vlaming die zo'n hoge post aan het Hof in de wacht heeft kunnen slepen en de memoires die Liebaers in 1986 publiceert zijn opvallend mild voor Filip. De ex-hofmaarschalk geeft achteraf toe dat hij het niet zo heeft bedoeld en beschuldigt de krant *De Morgen* van intimidatie. Maar niets kan hem nog redden. Zijn biecht maakt veel kapot. Vanaf dan is Liebaers persona non grata aan het Hof. Nochtans is hij een van de eerste vertrouwelingen van Boudewijn die de koning er op durft te wijzen dat Filip gevangen zit in een gouden kooi. Hij doet de koning zelfs enkele suggesties om Filip van zijn wereldvreemdheid af te helpen. Liebaers zet Filip ook aan om na zijn studies nog een jaar langer in de Verenigde Staten te blijven maar de prins slaat zijn aanbod af.

"Hij kan het niet hé" verbrijzelt in een klap ook alle PR die het Hof zich heeft getroost om Filip voor te stellen als een bekwame opvolger van Boudewijn. Het zinnetje zal de prins blijven achtervolgen. Bij elk incident wordt de mening van Liebaers geciteerd om te bewijzen dat Filip inderdaad niet over de nodige capaciteiten beschikt om koning te worden. Bij elke plechtigheid of bezoek wordt vanaf dan ingezoomd op Filips houterigheid. Het beeld van een prins zonder ruggengraat wordt telkens bevestigd door stuntelige uitspraken bij publieke optredens. Louis De Lentdecker noemt de *slip of the tongue* van Liebaers getuigen van een gebrek aan deontologie. De gezaghebbende journalist toont geen begrip voor de uitspraken van Liebaers maar erkent wel dat de evaluatie "juist is. Maar het is niet zijn taak om dat publiek te maken."

Door de veroordeling van Liebaers verandert voorgoed de toon van de berichtgeving over Filip. Zeker de Vlaamse pers neemt vanaf dan meer afstand van de gebruikelijke positieve toon waarmee over de koninklijke familie werd geschreven. Na de uitspraken van Herman Liebaers durven de media plots tegen het Hof in te gaan. Er zijn geen taboes meer. Liebaers' uitspraak geeft de journalisten een zekere legitimiteit om de intelligentie en competentie van de kroonprins in twijfel te trekken, aangezien een voormalige grootmaarschalk dat zelf openlijk heeft gedaan.

In zowat alle Vlaamse kranten worden uit de woorden van Liebaers uitvoerig geciteerd en becommentarieerd. Ook de Franstalige pers weidt uit over de publieke biecht van Herman Liebaers. *De Morgen* gaat nog een stap verder. In een column stelt de krant vragen bij "een complete black-out rond de man die binnenkort staatshoofd wordt". De krant vraagt het Hof om meer openheid en wil weten hoe het gesteld is met het ideeëngoed van de prins. *De Morgen* stelt zelfs een open gesprek voor met de bevolking. "Alleen zo kunnen een aantal hardnekkige geruchten worden rechtgezet. Bijvoorbeeld dat het gedachtegoed van de prins zo vlak is als de stoep op de Avenue Louise, zodat hij extreem beïnvloedbaar zou zijn door de niet-verkozen en conservatieve nomenclatuur die men op het paleis terugvindt."

De Morgen maakt net als de andere media de vergelijking met buitenlandse kroonprinsen. De Nederlandse Willem-Alexander blijkt populairder te zijn dan Filip. En zelfs de veelgeplaagde prins Charles wordt door de Vlaamse pers sympathieker gevonden. *De Morgen* merkt op dat prins Charles wel duidelijk zijn mening over onderwijs, milieu of architectuur durft te geven en dat dat zijn imago geen onherroepelijke schade heeft toegebracht. De gewaagde uitspraken van Charles geven aan dat de Britse kroonprins wél iets in zijn mars heeft. Op geen enkele manier wordt de profileringsdrang van Charles als bedreigend gezien voor de monarchie. Maar "de wijze waarop de prins (Filip) wordt klaargestoomd is vernederend. Voor de bevolking, maar evengoed voor de prins zelf," aldus *De Morgen*.

Aan het Hof wordt verschrikt gereageerd op de commotie. Boudewijn voelt zich diep gekwetst en spreekt tegen een minister over "verraad". De uitspraak en de naweeën van de affaire-Liebaers doen de twee hoofdrolspelers alleszins geen goed. De ex-grootmaarschalk mag, ondanks zijn herhaald aandringen, in 1993 zelfs het lichaam van koning Boudewijn niet gaan groeten. Ook prins Albert heeft geen oren naar zijn excuses. Toch is de nasleep van het bewuste interview vooral voor Filip bijzonder sneu. Want de prins, die tot dan in de schaduw van zijn oom en vader leefde, wordt vanaf nu door de publieke opinie niet langer ernstig genomen. Het Hof kan de schade niet herstellen, en Filip kruipt door de heisa nog meer in zijn schulp.

De Salische wet

In 1991 laat koning Boudewijn zijn eerste minister plots weten dat hij voorstander is van de afschaffing van de Salische wet. Premier Martens kijkt vreemd op want tot dan was Boudewijn altijd gekant tegen het voorstel om vrouwen gelijke rechten te geven op de troon. De eerste minister heeft het raden naar de koerswijziging van de vorst. Uitleg komt er niet. Martens krijgt alleen de raad om komaf te maken met de discriminatie van vrouwen. België is op dat moment een van de laatste monarchieën in Europa die de Salische wet nog handhaaft. In Nederland en Groot-Brittannië is de wet al veel langer aangepast maar in België houdt Boudewijn tot 1991 vast aan het principe dat de erfopvolging alleen kan overgaan op mannelijke nakomelingen. Waar-

Filip met koning Boudewijn, zijn mentor en oom

om Boudewijn er zo plots een andere mening op nahoudt, blijft een myste-rie. Zelfs Michel Didisheim, die door de koning over de huwelijksperikelen van Albert en Paola werd geconsulteerd, krijgt niet te horen wat de juiste beweegreden is voor de onverwachte bocht. "Koning Boudewijn heeft zeer weinig mensen in vertrouwen genomen over het afschaffen van de Salische wet. Iedereen beweert dat hij dat initiatief genomen heeft om prins Laurent buitenspel te zetten. Dat is zeker niet de enige motivatie. Boudewijn vond vooral dat de tijd rijp was om ook vrouwen op dat vlak gelijke rechten te geven."

Wilfried Martens, op dat moment toch al 12 jaar eerste minister van Bel-gië, bevestigt dat de koning in eerste instantie vierkant gekant was tegen de wijziging van de grondwet. In de Kamer hadden enkele vrouwelijke volks-vertegenwoordigers enkele jaren voordien een voorstel in die zin ingediend. Maar Boudewijn liet Martens op dat moment weten dat hij een aanpassing geen goede zaak vond. Het voorstel kreeg nochtans voldoende steun in de Kamer maar strandde uiteindelijk in de Senaat. In 1991 dringt Boudewijn er vreemd genoeg zelf op aan om het bewuste artikel in de grondwet te wijzigen. De premier kan enkel vermoeden waarom de koning van mening veranderd is. Volgens hem wilde Boudewijn de aanpassing doordrukken omdat noch Filip noch Laurent gehuwd waren. Als Filip iets zou overkomen, dan zou prins Laurent kroonprins worden. Volgens Martens had Boudewijn "veel sympathie voor de opvolging die langs Astrid verliep". De prinses en haar man worden door koning Boudewijn enorm geapprecieerd. Bovendien is het kinderloze echtpaar Boudewijn en Fabiola verzot op Amedeo, de eerste zoon van Astrid. De prinses is, in tegenstelling tot haar broers, in enkele jaren tijd ook steeds populairder geworden. De grondwetsherziening, waardoor Astrid de troon kan bestijgen, zou haar rol als eerste opvolger bevestigen. Maar Martens ontkent dat. "Boudewijn heeft altijd in Filip geloofd. Het was zeker geen motie van wantrouwen aan zijn adres."

De eerste minister heeft voor en na de dood van koning Boudewijn enkele gesprekken met Filip die bepalend zijn voor diens toekomst. Weinig premiers en ministers slagen erin om een echte vriendschapsband met de koning op te bouwen. Vooral de abortuscrisis en de hartproblemen van Wilfried Martens maken de relatie tussen Boudewijn en zijn eerste minister hechter. In die mate zelfs dat de koning de premier opbiecht dat "zijn opvolging hem zorgen baart". Boudewijn vraagt Martens zelfs om zich over zijn neef te ontfermen. De eerste minister moet de prins inlichten over de werking van de staat. Die "les" vindt plaats op het bureau van Martens in de Wetstraat 16. Het is voor Martens duidelijk dat de troonopvolging Boudewijn voortdurend bezig houdt. De koning zegt dan wel van plan te zijn om het land "nog tot op hoge leeftijd te leiden", toch wil hij dat de politiek zich meer ontfermt over zijn dauphin. Martens bevestigt trouwens dat Boudewijn bezwaren of problemen heeft met het feit dat Albert hem eventueel zou opvolgen, "gezien de huwelijksproblemen van Albert en het feit dat hij een buitenechtelijke dochter heeft". De koning vraagt Martens om Filip voor te bereiden op zijn taak. Het verzoek van de koning is uniek. Nooit eerder heeft een Belgische vorst officieel gevraagd om de mogelijke troonopvolger klaar te stomen voor de troon. Net als professor Senelle vertelt de premier aan Filip onder meer hoe het federale België werkt. Voor Filip is de ontmoeting niet zonder betekenis. Het is de bevestiging van zijn wens om ooit zijn oom op te volgen. De prins

put veel energie uit het gesprek met de eerste minister en vindt zijn toenadering tot de politieke wereld zelf zeer belangrijk. Tot de ontmoeting op de
Wetstraat 16 heeft de kroonprins nauwelijks contact met de politieke klasse
gehad. Op zich niet zo vreemd, aangezien de regeringsleider alleen gesprekken voert met het staatshoofd en niet met zijn mogelijke opvolger. Wilfried
Martens erkent dan ook dat het verzoek van de koning veeleer ongebruike-
lijk is.

L'enfant terrible

Op 21 juni 1991 wordt de grondwetswijziging van kracht waardoor de afstam-
melingen van prins Albert in rechte lijn, dus ook de vrouwelijke, troonopvolgers kunnen zijn. Er komt wel een overgangsregeling waardoor koning
Boudewijn (bij zijn overlijden) zal worden opgevolgd door zijn broer Albert
en niet door zijn oudere zus Joséphine-Charlotte. De wet bepaalt ook dat het
huwelijk van Astrid en aartshertog Lorenz geacht wordt de koninklijke toestemming te hebben verkregen. Omdat de prinses bij haar huwelijk geen aanspraak kon maken op de troon, had koning Boudewijn zijn toestemming in
1984 niet expliciet gegeven.

Officieel wordt de wet dus gewijzigd omdat er een brede maatschappelijke consensus over gelijke rechten van de vrouw bestaat. De monarchie wil
niet blijven discrimineren. Maar diverse bronnen beweren dat Boudewijn zo
wil voorkomen dat prins Laurent hem na zijn dood zou opvolgen. Laurent
en Boudewijn hebben een vertroebelde relatie. Zelfs tegenover zijn medewerkers is Boudewijn zeer discreet als het op familierelaties aankomt. De koning
treedt op als een ware pater familias. De toekomst van de kinderen van zijn
broer ligt hem na aan het hart. Maar Laurent heeft het op dat moment al bij
Boudewijn verkorven. De koning staat bekend als een *faux doux*. Als hij zijn
geduld verliest, kan hij ongemeen hard uit de hoek komen. Een ex-medewerker van de koning vertelt dat Boudewijn zich openlijk beklaagt over Laurent
die zich onbeschoft en onredelijk gedraagt. De koning geeft zijn neef een
kamer op het kasteel van Laken, nadat hij door zijn ouders is verbannen uit
het kasteel Belvédère. Boudewijn beschouwt het als zijn plicht om Laurent
onderdak te verschaffen. "De rijkswacht, die postvatte aan Belvédère, heeft

toen zelfs het bevel gekregen om hem niet meer binnen te laten. Laurent is toen gaan aankloppen bij zijn oom in Laken waar hij een kamer gekregen heeft voor zichzelf en admiraal Schlimm. Laurent was 18, maar gedroeg zich als een klein kind."

Het gaat van kwaad naar erger. De jonge prins rebelleert en schoffeert de koning zelfs openlijk tijdens officiële plechtigheden. Boudewijn roept zijn neef meer dan een keer op het matje, maar Laurent wil niet luisteren en dus wordt hij uiteindelijk ook uit het kasteel van Laken gezet. De koning en koningin hebben genoeg van hun opstandige neef. "Hij was onhoffelijk en toonde misprijzen voor anderen. En dat kon Boudewijn niet aanvaarden," zegt een intimus van Albert. Laurent is sindsdien niet langer welkom in Laken. Van de jonge prins wordt alleen verwacht dat hij af en toe aanwezig is op officiële plechtigheden. Toch laat Boudewijn de jongste zoon van zijn broer niet vallen. Hij zorgt ervoor dat de Koninklijke Schenking voor de tegendraadse Laurent een villa bouwt in Tervuren. De koning volgt de bouw van de fermette op de voet en gaat, in alle stilte, zelfs kijken hoe de werken verlopen. Boudewijn wil de band met zijn oncontroleerbare neef niet opblazen maar ziet in hem geen waardige opvolger. Filip staat klaar in geval van nood. Door de nieuwe wet kan Laurent onmogelijk ooit koning worden. Zijn zus Astrid zal hem vanaf nu altijd voor zijn. De reden waarom de Belgische troon in 1991 wordt opengesteld voor vrouwen, is sindsdien voor interpretatie vatbaar. Historici, zoals Jean Stengers, stellen uitdrukkelijk dat Boudewijn Laurent van de erfopvolging wilde uitsluiten. Ook prins Laurent is overtuigd van dat idee. Hij voelt zich verstoten en laat geen kans onbenut om dat rond te bazuinen. Een naaste medewerker van Boudewijn noemt die uitsluiting van Laurent "absurd". Ook voor professor Robert Senelle is het een fabeltje. "Boudewijn wilde alleen de voorbeelden uit het buitenland volgen en vond de tijd rijp voor een aanpassing van de grondwet. Niet meer, niet minder."

Een nieuwe mentor

De grondwetswijziging heeft geen invloed op de positie van Filip. Een jaar eerder beslist de koning zelf, na overleg met Wilfried Martens en zijn kabinetschef, om Filip een ronde van de provincies te laten afleggen. Filip moet het land nog beter leren kennen. Filip moet, volgens de koning, vooral weg van zijn bureau en moet meer contact zoeken met de bevolking. De rondgang langs de provincies moet ook de visibiliteit van Filip wat verhogen. De prins komt slechts sporadisch in de media en heeft een vrij grijs profiel. Wat extra aandacht kan geen kwaad. In juni 1990 begint Filip aan zijn ronde van België. Filip trekt eerst naar Antwerpen waar hij twee dagen verblijft.

Op het programma staan vooral officiële ontmoetingen en colloquia. De tocht langs het stadsbestuur, de bestendige deputatie en de Kamer van Koophandel wordt geen spannende ontdekkingsreis. Alles is tot in de puntjes voorgekauwd. En toch maakt de prins veeleer een onzekere indruk. Hij is overdonderd door alle prominenten aan wie hij wordt voorgesteld. Bij zijn bezoek aan de Kamer van Koophandel ontmoet de prins ook Paul Buysse, die zijn mentor wordt en een grote invloed zal hebben op de verdere carrière van Filip. Gouverneur Andries Kinsbergen stelt de prins voor aan Paul Buysse en ondanks Filips verlegenheid klikt het tussen beiden.

Na de rondgang langs de provincies inviteert Filip de Antwerpse selfmade man op het paleis van Brussel en praten ze over de toekomst van België. De positieve natuur van Buysse werkt aanstekelijk en Filip geniet van de lange discussies die hij met de bedrijfsleider voert. Buysse is geen onvoorwaardelijke fan van de monarchie maar is een overtuigde voorstander van het unitaire België. De succesvolle ondernemer geeft de prins advies en Filip vertrouwt gaandeweg ook steeds meer op zijn oordeel. Het is dan ook niet verwonderlijk dat Buysse jaren later wordt voorgesteld als voorzitter van het Prins Filipfonds. Als stichter-voorzitter van de Antwerpse raad van de Koning Boudewijnstichting wordt hij zelfs beloond met een adellijke titel. Die promotie heeft de baron ongetwijfeld te danken aan zijn goede vriendschap met Albert. Buysse wordt door hem bij diverse crisissen geconsulteerd en speelt later ook vaak de rol van bemiddelaar tussen Filip en zijn vader. Bovendien vinden de media in hem een dankbare verdediger van de prins die niet schuw is om boude verklaringen voor de camera's af te leggen.

Een eigen huis voor de prins

In 1992 krijgt Filip officieel zijn eigen staf, uitgerekend op de 62ste verjaardag van zijn oom Boudewijn. De dienst en de samenstelling van de adviseurs zijn grondig voorbereid door grootmaarschalk Gerard Jacques. De prins wordt vanaf nu officieel omringd door een ploeg militairen, ambtenaren en diplomaten. Zijn Huis wordt gefinancierd met 13 miljoen Belgische frank. De staf van de prins bestaat uit kapitein-commandant Jacques De Kimpe, diplomaat Jan Willems, economisch adviseur Jean-Louis Six en algemeen adviseur fregatkapitein Jacques Rosiers.

Volgens bepaalde media geeft de grotere zelfstandigheid van Filip aan dat zijn oom aan troonsafstand denkt ten voordele van zijn neef. De koning heeft een lang parcours afgelegd en vertrouwt erop dat zijn neef een waardige opvolger zal zijn, aldus een bron in *Le Soir*. Boudewijn is net geopereerd aan het hart en verlangt naar een rustige oude dag. Filip is klaar voor zijn taak. Om de eigen staf van Filip te vieren krijgen de openbare zenders de kans om een documentaire te maken over het openbare leven van de prins.

De openheid naar de media moet het beeld van de stijve en schuchtere prins wat versoepelen. Het voorstel tot de documentaire komt, vreemd genoeg, van het Hof zelf. De prins is 32 en wordt nog niet ernstig genomen. De documentaire schuift Filip nadrukkelijk naar voren als troonopvolger. Leden van de koninklijke familie mogen normaal gezien geen publieke verklaringen afleggen maar ook daar wordt een mouw aan gepast. Bij een aantal gesprekken mag zelfs het geluid worden geregistreerd.

Bij een van die ontmoetingen met scholieren van het Sint-Lodewijkscollege in Brugge, stelt de prins zich spontaan voor als mogelijke troonkandidaat. Op de vraag iets te vertellen over wat het is prins te zijn of koning, antwoordt de prins letterlijk: "Ik ben nog maar een toekomstige koning." Ook de slotbeelden van de prins die samen met koning Boudewijn een wandeling maakt, suggereren dat de opvolging een uitgemaakte zaak is. Filip is de spirituele zoon van Boudewijn, zoveel is zeker.

Ook aan het imago van de prins wordt achter de schermen gesleuteld, hoewel daar nog geen spindoctors aan te pas komen. Jammer, want op 24 maart 1992 slaat Filip een flater. Zijn babbel met astronaut Dirk Frimout vanuit het ruimtestation in het Amerikaanse Houston wordt rechtstreeks uitgezonden in België. De "ontmoeting" in de ruimte is vooraf goed ingestudeerd en Filip wil een goede beurt maken. Maar zijn zenuwen spelen hem opnieuw parten. Dirk Frimout is een lid van de bemanning van het ruimteveer Atlantis. De West-Vlaming is op voorhand nauwelijks gebrieft over het gesprek met de prins. Hij weet alleen dat hij de prins met "monseigneur" moet aanspreken. Voor het oog van tienduizenden Belgen vraagt Filip aan de eerste Belgische astronaut wat hij ziet als hij door het venster kijkt? Als Frimout hem met "monseigneur" aanspreekt, antwoordt Filip verlegen: "Zeg maar Filip, want in de ruimte bestaat geen protocol." De goedbedoelde opmerking wordt uit zijn context gerukt en bevestigt het beeld van de prins als een houten klaas. Zijn klunzig optreden haalt 's anderendaags alle kranten. De media focussen opnieuw op de stugheid en stunteligheid van de prins.

Ruimtevaart is voor Filip nochtans het summum. Hij is een enorme fan van Dirk Frimout en raakt later ook goed bevriend met de sympathieke astronaut Frank De Winne. Prins Filip vraagt het Hof om de ruimtevaarder, na zijn geslaagde ruimtereis, te mogen begroeten in de steppe van Kazachstan. Gekleed in een dikke jas met brede eskimokap, verklaart de kroonprins zijn held net niet de liefde. "Frank, ik zou u een dikke kus moeten geven." En warempel, de ruimtevaarder krijgt van de prins een klapzoen op de wang, waarop De Winne zich verontschuldigt omdat hij nog niet rechtop kan staan na zijn ruimte-avontuur.

HOOFDSTUK 5

De kroonprins die het niet was

De Belgen zien Boudewijn voor het laatst op de nationale feestdag in 1993. Vlak na de feestelijkheden vertrekt de koning op reis naar zijn buitenverblijf in Motril, in Spanje. De prins, die zijn oom en tante vaak vergezelt naar hun vakantiewoning, gaat dit keer niet mee. Filip neemt na de feestelijkheden op 21 juli afscheid van zijn oom en vertrekt nagenoeg meteen op vakantie naar het zuiden. Tien dagen later, op zaterdag 31 juli, belt Jacques van Ypersele de Strihou rond acht uur 's avonds onverwacht naar premier Dehaene met slecht nieuws. Boudewijn heeft een hartstilstand gekregen en wordt gereanimeerd. Vrij snel wordt duidelijk dat er geen hulp meer mogelijk is. Een tiental minuten later vernemen de andere leden van de koninklijke familie dat de koning dood is. Prins Filip begrijpt eerst niet wat er is gebeurd. Hij kan niet geloven dat hij zijn mentor nooit meer zal terugzien. Zijn voorbeeld en houvast. De schrik slaat Filip om het hart. Wat wordt nu van hem verwacht? De prins beslist meteen naar België terug te keren. Intussen wordt over zijn toekomst overlegd door de regering-Dehaene.

In de eerste uren na de dood van zijn oom, heeft Filip geen contact met zijn ouders. Terwijl ook Paola vanuit Italië halsoverkop naar België reist, wacht Filip vruchteloos op een telefoontje van de eerste minister of van de kabinetschef van de koning. De prins is bloednerveus, maar durft zelf het initiatief niet te nemen om de premier te bellen. Intussen is Jean-Luc Dehaene achter de schermen al druk aan het onderhandelen met prins Albert. Tegen middernacht komt Dehaene samen met zijn vicepremiers aan in de Wetstraat 16. Het kernkabinet moet de begrafenis van de overleden vorst voorbereiden en zal, samen met kabinetschef Jacques van Ypersele, ook overleggen over de troonopvolging. Uit de officiële archieven blijkt namelijk dat in de aankondiging van de eerste minister ook de naam van de nieuwe koning moet worden vermeld. Tijdens het nachtelijke beraad is de opvolging niet meteen aan de orde. De organisatie van de staatsbegrafenis heeft voorrang. Als de naam van Filip uiteindelijk toch valt, blijkt de gedoodverfde kroonprins geen vanzelfsprekende keuze. Vooral Jean-Luc Dehaene en Louis Tobback laten zich ontvallen dat ze Filip niet als koning zien zitten. De prins kan pas de troon bestijgen als zijn vader afstand doet van zijn rechten en bovendien twijfelt men aan de capaciteiten van Filip.

Het kernkabinet van de regering Dehaene heeft Albert in alle stilte voor het koningschap gereserveerd. Volgens Willy Claes was er, ondanks de publieke perceptie, op de crisisvergadering in de Wetstraat 16 "al zeer snel een consensus dat het best prins Albert zou zijn die Boudewijn zou opvolgen. Of om het beleefd uit te drukken: men vond dat de vader beter opgeleid was voor de taak." Ook Jean-Luc Dehaene bevestigt dat de piste Filip meteen werd verlaten. "Al aan de telefoon had ik duidelijk de indruk dat Albert wist dat hij die stap moest zetten. En uit contact met de andere leden van de koninklijke familie in Motril, bleek vlug een consensus. Fabiola zei uitdrukkelijk: 'Zo zou koning Boudewijn het gewild hebben.'"

Als Wilfried Martens de dag na het overlijden in Nairobi opgebeld wordt door een journalist, vernoemt hij spontaan Filip als de opvolger van Boudewijn. De voormalige eerste minister is ervan overtuigd dat de prins zal geroepen worden "omdat Boudewijn dat zo zou gewild hebben". Martens leeft, net als de rest van de Belgen, in de overtuiging dat Albert geen aanspraak zal maken op de troon en de zware verantwoordelijkheid zal doorschuiven naar zijn zoon. Maar het draait anders uit.

Op zondagochtend deelt de eerste minister de voorkeur van het kernkabinet mee aan de voltallige ministerraad. Meteen daarna vliegt Dehaene, samen met minister van justitie Melchior Wathelet en Jacques van Ypersele naar Granada, van waar het drietal naar Motril doorreist. Ook Albert is intussen vanuit Frankrijk naar het buitenverblijf van zijn broer gereisd. Na de weduwe te hebben gecondoleerd en het lichaam van de overleden vorst te hebben begroet, vraagt Dehaene of Albert de taak van Boudewijn op zich zal nemen. Albert aanvaardt, na de goedkeuring van koningin Fabiola en na een kort overleg met zijn vrouw. Dehaene verzoekt de nieuwe koning, voor zijn terugkeer naar België, ook om Filip officieel op de hoogte te brengen van de troonopvolging. Maar dat gebeurt, volgens een intieme vriend van Filip, niet. De nieuwe koning heeft nauwelijks bedenktijd gekregen. Zijn eigen zoon zit intussen thuis gespannen te wachten op nieuws. Filip vermoedt intussen al dat hij niet zal geroepen worden, aangezien hij Dehaene niet hoort. Net als alle andere Belgen krijgt de prins pas nadien formeel te horen dat niet hij... maar Albert koning wordt. Wilfried Martens heeft zich vergist. En Filip is teleurgesteld. Ondanks alles had hij toch gehoopt dat zijn vader de kelk aan zich zou laten voorbijgaan.

Accent op ervaring

Dat Jean-Luc Dehaene de voorkeur geeft aan Albert, verbaast niemand. Want tussen de eerste minister en Filip botert het niet. Twee anonieme toppolitici zijn het erover eens dat de premier, tijdens de crisisvergadering over de opvolging van Boudewijn, *cavalier seul* heeft gespeeld. Dehaene dringt zijn wil op aan het kernkabinet en kiest resoluut voor ervaring. Albert is 59 en zal de lijn van zijn broer verderzetten. De broer van Boudewijn is dan wel een bon vivant maar voelt dat de plicht roept. Bovendien heeft Albert met Boudewijn een duidelijke afspraak gemaakt dat hij de eerste kanshebber is als de troon vrij komt. Albert is wettelijk gezien de directe opvolger. En dus moet Dehaene de andere ministers niet lang van de wissel overtuigen. Een vriend van Filip getuigt dat het desondanks voor de eerste minister "een koud kunstje zou geweest zijn om Filip op de troon te zetten, als hij dat had gewild". Tegen een vertrouweling van Boudewijn zegt Dehaene onomwonden "dat hij niet wil dat Filip koning wordt". Dehaene uit tegenover zijn collega-ministers zijn twijfels over de capaciteiten van Filip. Voor de premier is de jonge prins simpelweg nog niet "klaar voor zijn taak". Er wachten België moeilijke jaren op het vlak van de staatshervorming en het land heeft net het einde van een lange economische crisis in zicht. Eventuele problemen met een jonge koning

Prins Filip en koning Albert: een moeilijke relatie

die zijn eigen stempel wil drukken, wil de regering koste wat het kost vermijden. Daarvoor staat er te veel op het spel. Dehaene houdt er, vóór zijn vertrek naar Motril, niet eens rekening mee dat Albert zal weigeren. Hij voelt,
net als Filip, aan dat de prins van Luik "zal doen wat van hem verwacht
wordt". Daarom is de keuze voor Albert, zowel constitutioneel als politiek,
vanzelfsprekend.

Voor Filip, die jarenlang door Boudewijn is voorbereid, is de troonswissel
een harde opdoffer. Als hij de dag na de televisietoespraak van Dehaene de
kranten doorneemt, voelt hij zich diep vernederd. De titels liegen er niet om.
Filip leest dat hij de troon niet mag en kan bestijgen omdat de politiek geen
vertrouwen in hem heeft. Zijn voorbereiding wordt omschreven als onvoldoende en alle stuntelige optredens van Filip passeren nog eens de revue. De
prins legt alle kranten op zijn bureau in Brussel en leest vol ongeloof wat er
over hem wordt geschreven. De commentaren doen hem pijn en bovendien
is er niemand op het paleis die het tegendeel beweert. Filip heeft pas enkele
dagen na de dood van Boudewijn voor het eerst een privégesprek met zijn va-

der. Maar veel uitleg krijgt de prins niet. Albert vertelt zijn zoon droogweg wat het protocol zal zijn bij de eedaflegging maar tot een echt gesprek komt het niet. Een intimus van koning Albert getuigt dat Filip "theoretisch gezien inderdaad nog niet klaar was. Maar het feit dat zijn vader hem niet op voorhand heeft ingelicht, is een schande." Toch stond ook Albert niet te springen om de plaats van zijn populaire broer in te nemen. Tegenover zijn vriend Vaast Leysen getuigt Albert dat hij het "natuurlijk niet voor het plezier gedaan heeft. Want op mijn leeftijd moet je daar niet meer naar zoeken. Ik heb het gedaan omdat ik wist dat Filip er nog niet rijp voor was".

Het overlijden van Boudewijn is voor de hele familie een zware beproeving. Albert probeert zijn gezin en de tak van Argenteuil te verenigen rond de dood van zijn broer. Maar dat lukt hem niet. Prinses Lilian, de tweede vrouw van Leopold III, geeft geen krimp. Zij reageert niet op de uitnodiging van Albert om op de begrafenis aanwezig te zijn. Tot op het laatste moment laat zij de koninklijke familie in de waan dat ze eventueel zal opdagen. Maar op de dag van de uitvaart moet het Hof een drogreden verzinnen om de afwezigheid van de prinses van Retie te verklaren. De nieuwe koning zoekt ook steun bij zijn vrouw en bij Joséphine-Charlotte van Luxemburg. Met zijn zus haalt hij herinneringen op aan hun overleden broer en aan hun jeugd. Met de groothertogin praat Albert ook over de taak die hem te wachten staat en de loodzware erfenis van Boudewijn die op hem rust. Heel wat landgenoten reageren zeer emotioneel op de plotse dood van de vorst. Boudewijn wordt "een vader des vaderlands" genoemd. De overleden vorst wordt door zijn landgenoten enorm geapprecieerd omwille van zijn moreel gezag, zijn minzaamheid en zijn uitstraling. Enigszins onverwacht duiken, de volgende dagen, vele tienduizenden mensen op aan het paleis in Brussel om het lichaam van Boudewijn te groeten. Ook Filip gaat zijn oom de laatste eer betuigen. Boudewijn ligt opgebaard in het Salon van de Denker. Als het publiek weg is, gaat Filip enkele keren alleen bidden aan de zijde van Boudewijn.

In de dagen na het overlijden krijgt de familie niet de kans om te rouwen. Zij helpen bij de voorbereiding van de ontvangst van de vele buitenlandse gasten. Albert heeft zijn eerste contacten met de regering en de troonswissel neemt alle resterende tijd in beslag. De nieuwe koning is zenuwachtig, slaapt slecht en voelt een intens verdriet om zijn overleden broer. Als Albert uiteindelijk de eed aflegt ziet hij er moe uit. Zijn hand beeft en zijn stem trilt. De media vragen openlijk of de nieuwe koning wel fit genoeg is om staatshoofd te zijn. Albert en zijn entourage zijn verbaasd over de "nonsens die de kranten verspreiden". Hier en daar wordt in de pers zelfs gesuggereerd dat een "jonge vitale koning misschien geen slecht idee zou geweest zijn". Aanvankelijk denkt de koning er niet aan om commentaar te geven op de loze geruchten. Maar uiteindelijk kan de grootmaarschalk van het Hof, Gerard Jacques, zijn collega's toch overtuigen om officieel te reageren op de vermeende gezondheidsproblemen van Albert.

De nieuwe hertog van Brabant

Na de troonswissel zondert Filip zich nog meer af. Op het paleis in Brussel fluistert het personeel dat hij depressief is. De prins sluit zich op in zijn eigen vleugel en ziet weinig gasten. In zijn appartement denkt hij na over zijn eigen toekomst. Met Boudewijn verliest Filip ook de enige persoon die hij voluit in vertrouwen kon nemen. Vanaf nu zal hij niet langer de vertrouweling zijn van zijn oom maar de gedoodverfde concurrent van zijn vader. Volgens een intieme vriend "gaat Filip na de dood van zijn oom door de hel". Gelukkig heeft Jef Van den put (later hoofd van het Militair Huis van de Koning) Filip toen opgevangen. Hij heeft zeer veel naar Filip geluisterd. Ook het feit dat Van den put, als ordonnansofficier van de koning, Boudewijn dood heeft gevonden in Motril, boezemt Filip enorm veel vertrouwen in.

De teleurstelling en verbittering bij Filip zijn, volgens twee bronnen, alleszins zeer tastbaar. "Er is geen enkel deftig gesprek geweest tussen vader en zoon over de troonopvolging. Hij voelde zich misleid." De beate bewondering van Filip voor Boudewijn wordt er alleen maar groter door. De koning blijft ook fysiek aanwezig in het bureau van Filip. Tot vandaag staat het doodsprentje van de overleden koning prominent op zijn schrijftafel. In dezelfde kamer staat ook nog eens een massieve buste van zijn oom.

Filip durft weinig mensen in vertrouwen te nemen over zijn frustraties om zijn gemiste koningsschap. Tegenover politici is de prins zeker op zijn hoede. Filip schermt zich af en stort zich op zijn nieuwe job als handelsreiziger voor de Belgische Dienst voor Buitenlandse Handel. Naar de buitenwereld lijkt de familie zich te scharen achter de nieuwe koning. Maar binnenskamers is er niet altijd eensgezindheid. Albert heeft, in het verleden, weinig aandacht gehad voor zijn zoon. Na de troonsbestijging van Albert wordt Jacques van Ypersele de Strihou de go-between tussen de koning en zijn zoon. Filip, die volgens een intimus "een heilige schrik heeft voor de oppermachtige Strihou" kan niet anders dan gehoorzamen. Albert vraagt af en toe dat Filip aanwezig zou zijn op een plechtigheid. Filip willigt die verzoeken in omdat hij beseft dat hij niet opgewassen is tegen de overmacht van zijn vader en diens kabinetschef.

De kroonprins concentreert zich achter de schermen op zijn agenda. Hij volgt de media op de voet en probeert zijn eigen stempel te drukken maar dat lukt niet altijd. Guy Mertens, die de prins jarenlang heeft begeleid, ontkent dat Filip gedesillusioneerd is na de troonsbestijging van zijn vader. Volgens hem kon Filip moeilijk ontgoocheld zijn aangezien "de prins op voorhand wist dat zijn vader zijn oom zou opvolgen". Toch beweren diverse bronnen, zowel in politieke als in privémiddens, het tegendeel. Het eerste jaar van Alberts koningschap wordt alleszins een moeilijke periode voor de prins. Filip worstelt met een identiteitscrisis en vindt zijn draai niet. De baan die hij voor ogen had, lijkt mijlenver weg. Bovendien vraagt Filip zich af of al die jaren van intensieve training "wel zin hebben gehad". Wilfried Martens getuigt over een opmerkelijke ontmoeting met de prins, nauwelijks een jaar na de troonsbestijging van Albert. Filip belt de ex-premier op en stelt hem voor om op zijn appartement in Brussel te komen praten "over de evolutie van de instellingen". Filip maakt zich tijdens het gesprek zorgen over de rol die de koning, in casu hijzelf, zal spelen. De prins is niet zeker hoe en vooral wanneer hij zijn vader zal kunnen opvolgen. Volgens Martens "stelde Filip vragen over zijn eigen toekomst. Vragen die existentieel waren. Hij wilde weten wat ooit zijn verantwoordelijkheid zou zijn". De dood van Boudewijn vormt een abrupte breuk met het verleden waarbij de koning steeds een gids was voor zijn neef. Filip heeft, door de huwelijksproblemen van zijn ouders, jarenlang bij zijn oom en tante geleefd. Zijn studies in de Verenigde Staten, zijn stages en ideeën, zelfs de keuze van zijn medewerkers en vrienden: de invloed van de koning op het leven van de prins is enorm. Filip kan, na het verlies van zijn oom, voor het eerst zijn eigen weg gaan. Maar de prins worstelt met die vrijheid. Als troostprijs krijgt Filip een titel. Na de eedaflegging van Albert als zesde koning der Belgen, wordt zijn oudste zoon "hertog van Brabant", een verwijzing naar het hertogdom Brabant, het belangrijkste gewest van de Habsburgse Nederlanden. Binnen de Belgische dynastie wordt de titel voor het eerst aan prins Leopold, de oudste zoon van koning Leopold I, gegeven. De toekenning is louter symbolisch maar moet volgens de traditie "de prinsen van jongs af betrekken bij het nationaal gevoel en de herinneringen van het vaderland". Prins Filips voornaamste titel is vanaf 1993 dus "hertog van Brabant". De ronkende naam is puur prestige en Filip kan dat wel appreciëren. Maar zijn verbittering om het gemiste koningsschap is er niet mee verteerd.

Een leven als handelsreiziger

Nog vóór Albert de eed heeft afgelegd als koning der Belgen, wordt Marc Servotte ontboden op Belvédère. Albert wil dat zijn zoon zijn werk als uithangbord van het departement Buitenlandse Handel voortzet. Marc Servotte heeft prins Albert als economisch adviseur vergezeld van 1962 tot aan zijn eedaflegging als koning. Een van de eerste punten die Albert geregeld wil zien, is de aanstelling van Filip als erevoorzitter van de Belgische Dienst voor Buitenlandse Handel (BDHD). Albert heeft in die functie de hele wereld rondgereisd en heeft talloze handelsmissies begeleid. "De koning wilde dat de opvolging verzekerd werd en dat Filip zijn blik wat verruimde," zegt Servotte. Een insider beweert dat Albert Filip "van zijn stoffige imago af wil helpen. Door hem de wereld in te sturen hoopt hij hem wat te ontdooien." Servotte, die in de loop der jaren een goede band heeft opgebouwd met Albert, belooft de nieuwe koning dat hij zijn zoon zo goed mogelijk zal volgen. Opnieuw wordt een speciaal programma voor Filip uitgewerkt. Dit keer moet Filip de bedrijfswereld beter leren kennen. Want, zegt Servotte, "ik wilde niet dat de prins onvoorbereid op een missie zou vertrekken". In een paar maanden tijd moet Filip zakenlui en vakbondsleiders spreken die hij nog nooit heeft ontmoet. Hij houdt lijstjes bij van alle mensen die hij ontmoet en bereidt zich geregeld voor op elk gesprek dat door zijn nieuwe economisch adviseur wordt geregeld.

Het is opmerkelijk dat Albert zo resoluut een andere wending geeft aan de carrière van de prins. Blijkbaar is de nieuwe koning van mening dat zijn zoon niet vertrouwd genoeg is met de wereld en wil hij hem weg uit "zijn vastgeroeste gewoontes". Iedereen is het er over eens dat het succes van Albert te danken is aan zijn taak als erevoorzitter van Buitenlandse Handel. Albert leert tijdens en tussen de economische missies naar het buitenland de politiek en ook de diplomatieke wereld kennen. De koning ziet die betrekking als een uitstekende leerschool. Nochtans is de taak van "koninklijke handelsreiziger" op zich vrij nieuw voor de Belgische monarchie. Bovendien zijn er weinig buitenlandse voorbeelden. Het idee om de toekomstige troonopvolger mee te sturen naar het buitenland om er de Belgische handel te promoten, is gekopieerd van de Britse koninklijke familie. De Board of Trade in Londen doet in de jaren '60 steeds vaker een beroep op leden van de koninklijke familie. Het recept slaat aan. Kroonprins Charles, die de Board of Trade met verve vertegenwoordigt, is het grote voorbeeld van Filip. Ook in Luxemburg en in de Scandinavische dynastieën worden *royals* later sporadisch ingezet als hoofd van economische missies.

Hulp van Juan Carlos

De eerste reis van de kroonprins in zijn nieuwe betrekking gaat naar Spanje. "Gelukkig waren de eerste twee missies van Filip naar twee koninkrijken: Spanje en Saudi-Arabië. Het waren ook geen moeilijke markten," zegt Marc Servotte. De nieuwe wind is al meteen voelbaar tijdens de vliegreis naar Spanje. Filip leest de hele tijd. Terwijl zijn vader op de heenreis meestal een praatje met de deelnemers maakte of een grap vertelde, blijft Filip veilig in zijn stoel zitten. De ervaren deelnemers voelen meteen dat dit een heel andere reis zal worden. Tijdens de eerste missie naar Spanje is Filip nog heel onwennig. De tocht gaat naar Madrid en naar Barcelona. Dus moet de kroonprins ook de juiste contacten proberen te leggen bij de regionale overheden van Catalonië en dat is risicovol. Filip is zenuwachtig en schuchter. Voor de prins is het allemaal nieuw. Hij ontdooit niet zo makkelijk maar krijgt hulp uit onverwachte hoek om van de missie een succes te maken. Vóór de reis naar Madrid heeft koning Albert namelijk contact opgenomen met zijn Spaanse collega met de vraag om zijn zoon wat te begeleiden. De koning van Spanje, die een nauwe band met Boudewijn en Fabiola had, steekt een handje toe. Juan Carlos ontvangt de voltallige missie bij aankomst in de Spaanse hoofdstad. Volgens verscheidene delegatieleden is het opmerkelijk dat een regerende vorst elke deelnemer persoonlijk wil begroeten. Juan Carlos maakt Filip ook duidelijk dat hij hem in zijn eerste zending als handelsreiziger zal doen slagen. Volgens Servotte moet er "duidelijk contact geweest zijn vóór de missie om het risico (voor Filip) zo klein mogelijk te houden".

Ondanks de aanvankelijke succesjes, zijn de eerste reizen als handelsreiziger voor de nieuwe kroonprins een beproeving. Filip is niet gewoon om in het openbaar te spreken. Zijn speeches leest hij stroef voor. Gesprekken declameert hij. Met de delegatieleden, die nieuwsgierig zijn naar de nieuwe erevoorzitter, loopt de communicatie ook al niet vlot. De bedrijfsleiders herinneren zich gezellige avonden aan de bar met Albert. Bij Filip moet er 's avonds vaak nog een speech herschreven worden. Afzakken naar de bar is er minder bij. Het voorbeeld van zijn vader wekt wrevel bij Filip. In die mate zelfs dat hij zijn medewerkers nooit vraagt naar de ervaringen van zijn vader als erevoorzitter van Buitenlandse Handel. Servotte bevestigt dat "Filip me nooit heeft gevraagd hoe zijn vader een bepaalde situatie zou hebben aangepakt. Hij verwees nooit naar Albert".

Een vooraanstaand lid van de koninklijke familie die de wereld afreist om producten te slijten, het blijft op zich een vrij uniek gegeven. Prins Filip krijgt de job in zijn schoot geworpen maar ontdekt gaandeweg dat het reizen en verkopen hem wel ligt. "Het geeft me de kans om mijn eigen land beter te leren kennen," zegt hij, "en een stukje van de wereld te zien." Filip weet dat zijn doen en laten strikt wordt gevolgd want de gewesten noemen de federale dienst BDBH vaak smalend het "reisbureau van de prins". De prins leert dat voorzichtigheid een must is.

In het kielzog van de prins reizen ook een paar adviseurs mee die door zijn vader en zijn kabinetschef zijn uitgekozen. De nieuwe koning wil niets aan het toeval overlaten en dringt zijn zoon die adviseurs op. Ze moeten hem voor valkuilen behoeden. Filip ziet in ijltempo een reeks namen de revue passeren en neemt zich voor om niet al te veel diplomaten in vertrouwen te nemen. Jef Van den put, als hoofd van het Militair Huis van de Prins, vormt een uitzondering op de regel. Later leert Filip ook Jan Grauls en Ghislain D'Hoop kennen, twee beloftevolle diplomaten die door Van Ypersele de Strihou de knepen van het vak mogen leren op het paleis. Vooral met Ghislain D'Hoop schiet de prins goed op. De toespraken, de gesprekspartners en de media-optredens worden allemaal uitgedokterd door D'Hoop. Officieel "diplomatiek adviseur" houdt hij zich in de praktijk voltijds bezig met de voorbereiding van prins Filip op het koningschap.

Ook Jacques van Ypersele de Strihou denkt mee aan de publieke rol die Filip moet spelen en adviseert eerst Boudewijn, en later Albert, in de taken die de prins krijgt toebedeeld. Een vooraanstaand columnist portretteerde Van Ypersele ooit als de Belgische Raspoetin. De kabinetschef is een bijna mythische figuur met enorme macht. Maar hij is zeker niet altijd een bondgenoot van de troonopvolger. Een vertrouweling van de kroonprins verklaart dat *Van Yp* Filip vaak ronduit tegenwerkt "als dat het imago van de koning goed uitkomt".

Senator zonder zonde

Op 21 juni 1994 legt prins Filip de eed af als senator van rechtswege, de vijfde sinds het begin van de Belgische dynastie. Filip is dan al 34. Een jaar na de dood van koning Boudewijn, is het lidmaatschap van de senaat een van de protocollaire functies van de troonopvolger. De kroonprins wordt senator en mag voortaan aan elk debat deelnemen tot hij koning wordt. In realiteit laat de kroonprins zich weinig in de senaat zien. De voorgangers van Filip, ook zijn vader Albert, daagden nauwelijks op, maar als hij aanwezig is gaat dat niet onopgemerkt voorbij.

De eedaflegging in 1994 verloopt vlekkeloos maar is weinig bevlogen. De prins spreekt de Hoge Vergadering toe in de drie landstalen en heeft het - zoals de traditie het wil - over de verscheidenheid van België. Filip dringt er bij de politici op aan om de banden met het buitenland te onderhouden omdat dat onze welvaart "stuwt". Zijn eerste toespraak in het halfrond duurt ongeveer een halfuur maar de aanwezigen zijn niet onder de indruk. Filip wijkt niet af van de bewust gekozen maatschappelijke thema's: het milieu, Europa, onze banden met Afrika en de strijd tegen de werkloosheid. Filip leest de zorg-

vuldig geschreven speech woord voor woord af. De toespraak is opgesteld door
de kabinetschef van de koning en verraadt een zeer strakke visie op de instellingen van ons land. Een eigen toets durft of kan Filip aan de toespraak niet
geven. De toespraak is getimed en laat geen ruimte voor improvisatie. De
plechtigheid is nauwgezet geregisseerd en Filip maakt op zijn collega-sena-
toren een zenuwachtige indruk. Nochtans heeft de prins het weekend vóór
de eedaflegging zijn speech plichtsbewust ingestudeerd. De jonge senator, in
zwart maatpak en met een strakke haarsnit, wordt verwelkomd door senaats-
voorzitter Frank Swaelen die zegt dat de senaat "zich vereerd zou voelen" als
Filip in de toekomst aan een aantal debatten zou deelnemen. Een jaar later
geeft Filip, in februari 1995, present. Niet toevallig is Afrika het thema van
het debat. Filip luistert aandachtig naar de sprekers. Dit keer moet hij zelf
geen rede houden.

De witte ridder

Filip laat zich ook opmerken met een onverwacht voorstel in de senaatscommissie voor Binnenlandse Aangelegenheden. Tijdens een hoorzitting over
het op te richten Centrum voor Vermiste Kinderen, neemt de prins de mi-
crofoon en stelt hij voor "porno te verbieden, om het kwaad in de maatschap-
pij te bestrijden". Een verrassend voorstel waarop ook commissievoorzitster
Joëlle Milquet niet meteen weet te antwoorden. Ook de andere commissie-
leden kijken vreemd op terwijl de camera's het hele gebeuren registreren.
Milquet aarzelt en wijst er voorzichtig op dat zo'n voorstel moeilijk te realiseren is. Het gebeurt zelden dat een lid van de koninklijke familie gebruik
maakt van zijn recht om in de senaat te zetelen, laat staan dat de koningskinderen ook nog echt een voorstel lanceren. Niemand begrijpt goed waar de
plotse ingeving vandaan komt en Filip beseft dat hij een blunder heeft begaan. Hij verontschuldigt zich en krabbelt terug met de woorden "het is ook
maar een voorstel natuurlijk".

Door de bank genomen plegen de leden van de koninklijke familie altijd
overleg met de eerste minister, of een ander lid van de regering, als ze een
toespraak houden of een politiek beladen uitspraak doen. Filip heeft dat niet
gedaan. Premier Dehaene heeft hem zijn fiat niet gegeven om een voorstel te

lanceren over het verbod op pornografie. In de Wetstraat wordt verbaasd gereageerd op de vreemde demarche van de prins. Via de kabinetschef van de
premier krijgt de koning te horen dat Filip zich beter "bij de les moet houden". De prins moet met andere woorden zijn mond houden. De gemoederen zijn het voorbije jaar trouwens zo verhit geraakt dat een prinselijke
bemoeienis het vertrouwen van de bevolking in de politiek alleen nog meer
schade kan berokkenen. De affaire-Dutroux houdt het land al een jaar in de
ban. De zaak van de verdwenen en vermoorde meisjes is hét moment bij uit-
strek waarbij koning Albert II zijn rol als staatshoofd en bemiddelaar ten volle
uitspeelt. Hij heeft de hoofdrolspelers op het paleis uitgenodigd en stelt na
afloop van de conferentie de politiek "collectief verantwoordelijk" voor de
wantoestanden. Nu ook de kroonprins zijn goedbedoelde voorstel lanceert,
wordt er discreet op gewezen dat de regering niet opgezet is met het spontane initiatief van de prins. Het is de laatste keer dat Filip zich laat opmerken in het halfrond of in een senaatscommissie.

De politieke wereld lacht in de wandelgangen met het "onnozele voorstel"
van Filip. Nochtans heeft de kroonprins de regels niet overtreden. Professor
Senelle, in een vorig leven nog leraar grondwettelijk recht van de prins, neemt
het op voor Filip. Volgens Senelle mag een senator van rechtswege aandacht
vragen voor problemen van algemene aard. Dat is in het verleden gebeurd
met Leopold II die, als kroonprins, herhaaldelijk pleitte voor de uitbreiding
van de Vlaamse havens. Ook Filip heeft zijn eigen mening geventileerd door
voor te stellen om porno strafbaar te maken. Volgens Senelle speelt Filip in
op een "probleem van algemene aard" en stelt er zich dus geen constitutioneel probleem. "Pornografie verbieden heeft in mijn ogen weinig te maken
met links of rechts, het is geen politieke stelling," meent de professor. Filips
impulsieve woorden in de senaat zijn dan misschien niet gevaarlijk, ze doen
zijn imago geen goed.

"Ik wil koning worden."

In de zomer van 1996 roept de prins een aantal journalisten samen in een
Brussels restaurant. Het is niet zijn initiatief. Het etentje komt er op aansturen van enkele hoofdredacteurs die met de kroonprins graag eens van gedach-

ten willen wisselen. Filip ligt niet goed bij de Vlaamse pers. Een diner moet de plooien glad strijken en aantonen dat Filip wat in zijn mars heeft. De woordvoerster van het Hof, Jehanne Rocas, regelt een ontmoeting in de Chalet de la Forêt, een restaurant in het Zoniënwoud. Pol Van Den Driessche van *Het Nieuwsblad*, Marc Platel van *Het Belang van Limburg*, Luc Demullier van *Het Volk*, Karel Tollenaere van *Gazet van Antwerpen* en Mark Uyttenhove van *Het Laatste Nieuws* mogen mee aanschuiven aan tafel. Op voorhand wijst de woordvoerster erop dat het gesprek strikt vertrouwelijk is. Alle betrokken redacteurs krijgen die boodschap tot twee keer toe te horen. Niets van het gesprek mag uitlekken. Het restaurant is volledig leeg en de maaltijd blijkt, behalve de dure wijn die een van de journalisten zelf kiest, aan de sobere kant. Het gesprek verloopt aanvankelijk vrij stroef. De prins peilt bij de journalisten naar hun belangstelling voor de Russische president Boris Jeltsin en naar de huwelijksperikelen van de Britse prins Charles en prinses Diana. De babbel laveert van het ene naar het andere ingestudeerde onderwerp. Tot de eigen toekomst van de kroonprins ter sprake komt. Een ongewoon kordate prins Filip maakt plots duidelijk dat hij zelf de ambitie heeft om de zevende koning der Belgen te worden.

"Ik wil koning worden. Ik wil dit land gaan leiden," zegt Filip. De redacteurs bomen met de prins meteen door over zijn enthousiasme voor zijn toekomstige functie. De wil om koning te worden blijkt volgens de aanwezigen zéér groot.

De journalisten laten de prins verstaan dat zij de bekentenis graag op hun voorpagina's willen zetten. Aangezien Filip zelf alle twijfels heeft weggenomen over de opvolging van koning Albert, willen de journalisten de uitspraken van Filip als nieuws brengen. De prins heeft er aanvankelijk geen bezwaar tegen dat dit wordt bekendgemaakt, maar wil toch eerst overleggen met het Hof. Ook de redacteurs worden gebeld door het paleis. Het Hof zit zeer verveeld met de biecht tegenover de Vlaamse pers en vreest dat de Franstalige hoofdredacteurs zich benadeeld zullen voelen, aangezien ook zij al een etentje met Filip achter de rug hebben.

Tegen de avond krijgen de hoofdredacteurs dan toch het fiat van het paleis. Ze presenteren de loslippigheid van Filip als een echte wilsuiting. De idee dat zijn zus, prinses Astrid, eventueel koningin zou kunnen worden, wordt hiermee ten grave gedragen. Filip heeft er zin in en denkt er niet aan om te abdiceren op het moment dat zijn vader overlijdt of afscheid neemt van de troon. De boodschap van de prins aan de pers wordt gesmaakt en ook de politieke wereld reageert tevreden op het initiatief van de kroonprins. Premier Jean-Luc Dehaene laat weten dat hij "de openhartigheid van de prins kan appreciëren". Toch voegt de eerste minister er meteen aan toe dat Filip alleen maar een constitutioneel feit bevestigd heeft.

Geloven in de toekomst

Voor de publieke opinie komt de wilsuiting van Filip niet als een complete verrassing. Gaandeweg voelt Filip zich beter in zijn rol als ambassadeur van België. Hij is zijn zenuwen beter de baas en wordt efficiënter gecoacht. Tegen het einde van de jaren '90 lijkt Filip zich ook verzoend te hebben met een rol in de schaduw van zijn vader. Het contact met zijn ouders is niet hartelijk maar ook niet koel. Zijn persoonlijke crisis heeft hij, zo goed en zo kwaad als dat kan, verteerd. Ook het optreden van de prins tijdens de buitenlandse reizen kan op steeds meer instemming rekenen van de aanwezige pers en bedrijfsleiders. Bovendien durft de prins, tijdens handelsmissies, al eens buiten de lijntjes te kleuren. Hij laat zich soms charmeren door vrouwelijk schoon, drinkt af en toe een pint mee aan de bar van het hotel. Hij komt, in één woord, spontaner over. De prins begrijpt dat het succes van een buitenlandse missie ook in grote mate afhangt van zijn eigen enthousiasme. Daarom dringt hij er bij zijn adviseurs op aan om meer informele contacten te voorzien en fotogenieke momenten in te lassen.

Vooral de reis naar Mexico in het voorjaar van 1998 wordt een voltreffer. Begeleider Marc Servotte getuigt dat ook hij voor het eerst toen het gevoel kreeg dat de prins op dreef was. "Hij reageerde losser en toonde meer enthousiasme. De prins werd uitbundig onthaald door de plaatselijke bevolking in een dorp waar de Rode Duivels een school sponsorden voor straatkinderen. Hij vond dat geweldig. Filip is toen zelf mee op het veld getrokken en is mee gaan voetballen. Dat was spontaan en, naar ik meen, niet ingegeven door zijn adviseurs." Filip ziet in dat de buitenlandse reizen hem heel wat dankbare aandacht kunnen opleveren. De prins en zijn entourage overleggen over hoe ze die belangstelling kunnen verzilveren. Een interview kan het imago van de prins ten goede komen. Een uitzondering op de regel, gezien het feit dat leden van de koninklijke familie normaal nooit verklaringen afleggen. Tijdens de economische missie naar Egypte krijgt het VTM-magazine *Royalty* de kans om de prins op de rooster te leggen. De vragen zijn op voorhand druk besproken en het interview wordt ontelbare keren onderbroken, wat de spontaniteit zeker niet ten goede komt. Maar toch is het interview een kleine doorbraak. Filip komt niet echt schuchter voor de dag en vertelt over zijn passie voor hardlopen en skiën. Bovendien getuigt de prins "dat hij zich nuttig voelt, liever een boek leest dan naar de film gaat en marathondromen koestert." Het gesprek laat vooral een menselijke Filip zien. Het tv-interview is een geslaagde PR-operatie die de jonge kroonprins meer dan nodig heeft. Opmerkelijk, de opvolger van Albert II vertelt ook "dat hij zich nu goed in zijn vel voelt". De stille bekentenis is een impliciete verwijzing naar hardere tijden. Filip heeft op dat moment al zijn toekomstige vrouw, Mathilde, leren kennen maar zijn verkering is nog een goed bewaard geheim.

Een eigen fonds

Al in de vroege jaren '80 oppert de entourage van Boudewijn het idee om voor Filip een eigen fonds te creëren. Een vereniging die de naam van de prins draagt, zou de visibiliteit van Filip moeten verhogen. Filip toont zijn humanitaire kant te weinig, zeggen adviseurs. De prins heeft zich in de loop der jaren vaak incognito ingezet als hulpverlener in vluchtelingenkampen of bij natuurrampen. Maar het fonds dat uiteindelijk boven de doopvont wordt gehouden, richt zich allesbehalve op de interessesfeer van Filip. Zijn inzet wordt niet meteen beloond. Integendeel, geheel getrouw aan de politiek van koning Boudewijn, wordt het fonds vooral een symbolisch instrument om het unitaire België te promoten. Opnieuw toont de kroonprins zich een gedweeë leerling die naar de pijpen van zijn oom danst. Filip heeft reserves over de doelstellingen van het fonds, maar durft zijn opdrachtgever niet tegen te spreken.

Het is ook veelbetekenend dat het Prins Filipfonds wordt opgericht in de schoot van de Koning Boudewijnstichting. De prinselijke vereniging, die pas officieel het levenslicht ziet in 1998, moet "bijdragen tot een betere dialoog tussen de gemeenschappen van ons land". Een weliswaar nobele maar veeleer saaie start die niet echt een humanitaire boodschap uitstraalt. Volgens de statuten is het de bedoeling om, over de taalgrenzen heen, bij te dragen tot meer respect voor elkaars eigenheid en cultuur en wederzijdse erkenning. Voorzitter wordt zijn goede vriend Paul Buysse, die zich inzet om de werking van het Prins Filipfonds wat publieksvriendelijker en opener te maken. Maar ondanks alle goede bedoelingen blijft het Fonds een log instrument dat de aanvaarding van Filip niet echt stimuleert. De vereniging blijft steken in binnenlandse uitwisselingsprojecten en kleine studiebeurzen. De initiatieven worden niet meteen opgepikt door de media want ze ogen niet bijzonder aantrekkelijk. In het begin komt Filip vaak in contact met studenten om zijn Fonds in de kijker te stellen. Maar het Fonds blijkt geen echte publiekstrekker.

Eén ding is duidelijk: de agenda van Filip raakt elk jaar steeds meer en sneller gevuld. De prins wordt, dankzij zijn werklust, almaar meer gevraagd om belangrijke evenementen op te luisteren. Filip ziet het als zijn plicht om vaak acte de présence te geven en mist nagenoeg geen enkele vergadering van het Fonds dat zijn naam draagt. Ook voorzitter Paul Buysse getuigt dat Filip zich actief inzet om er een succes van te maken: "Hij komt tussenbeide in de debatten, doet suggesties en heeft als dusdanig een hechte band gesmeed met de leden van het bestuurscomité."

Na het huwelijk groeten prins Filip en prinses Mathilde
het publiek van op het balkon.

HOOFDSTUK 6

De eenzaamheid voorbij

In september 1999 vertrekt prins Filip goedgemutst op economische missie naar Londen. Mathilde heeft haar jawoord gegeven. Op 25 september zal hun verloving officieel bekend worden gemaakt. Koning Albert heeft bij zijn terugkeer uit vakantie premier Verhofstadt op de hoogte gebracht van de trouwplannen van zijn zoon. Intussen wordt achter de schermen een heuse communicatiestrategie uitgedokterd om jonkvrouw Mathilde aan het volk voor te stellen. Prins Filip kan in 1999 wel een *boost* gebruiken. Koning Albert is zes jaar aan de macht. Zijn populariteit stijgt zienderogen, dat is niet het geval voor de kroonprins. Die is ondertussen bijna veertig en heeft een grijs profiel. Een vrouw aan zijn zijde en het uitzicht op kinderen zou wonderen kunnen doen.

Bekendmaking

Een indiscretie uit het paleis gooit roet in het eten van de uitgekiende mediastrategie. Op 9 september verschijnt er ophefmakend nieuws. *Het Belang van Limburg* en *Gazet van Antwerpen* blokletteren dat prins Filip zich op 25 september zal verloven met een zekere Mathilde d'Udekem d'Acoz, een adellijke juffrouw van 26 jaar. De kranten zijn het nieuws op het spoor gekomen via een familielid van een van de journalisten, die bediende is op het paleis. Het familielid heeft de journalist verteld dat de relatie tussen Filip en Mathilde

heel serieus is en dat er een verloving op til is. De krantenberichten maken
veel ophef, niet het minst aan het Hof. Ook in Londen vallen de delegatieleden van de economische missie compleet uit de lucht. Normaal moet het
gezelschap pas een dag later terugkomen. Maar plots wordt het hele scenario door elkaar gegooid. "Het was Filip zelf die het initiatief nam, wat toch
merkwaardig was," zegt de toenmalige staatssecretaris voor Buitenlandse
Handel Pierre Chevalier. Hij vertelde me dat hij een belangrijke mededeling
in de privésfeer had."

De prins wordt echter in snelheid genomen. Aan het Hof wordt er even
paniekvoetbal gespeeld. Filip kan het bericht in Londen nog niet bevestigen,
omdat hij krachtens artikel 85 van de grondwet eerst nog de goedkeuring van
de regering voor zijn huwelijk moet krijgen. Maar ontkennen heeft geen zin.
De verloving moet bekendgemaakt worden en dan moet, volgens het protocol, het huwelijk binnen de drie maanden plaatsvinden. De media zitten intussen niet stil. Dezelfde dag al worden op de televisie enkele foto's getoond
van de toekomstige bruid: een jonge vrouw met bolle wangen, gekleed in een
typisch Ardense jurk. Andere foto's tonen haar op een huwelijksfeest of met
een wit kapje als verzorgster tijdens een bedevaart naar Lourdes met de Orde
van Malta. Het zijn foto's waarop Mathilde minder elegant oogt dan de ge-
stylede jonge vrouw die we later te zien krijgen. Er duiken ook een paar onverwachte kiekjes op van een toerist in Cuba die Filip en Mathilde stiekem heeft
gefotografeerd. In België wordt verbaasd geglimlacht: Filip samen met een
kortgerokte vrouw op reis? 's Avonds krijgt een journalist van *Gazet van Antwerpen*, na lang proberen, de jonkvrouw toch aan de lijn. Zij wuift de geruchten over haar geheime romance met de kroonprins lachend weg. "Ik verloofd
met prins Filip? Neen hoor, heel amusant," giechelt Mathilde.

De goedkeuring van de regering

Nog geen 36 uur na de eerste geruchten komt, niet helemaal onverwacht, de
officiële aankondiging van het aanstaande huwelijk op 4 december 1999. Nu
het nieuws is uitgelekt, wil het Hof niet langer treuzelen. Premier Verhofstadt keurt samen met de ministerraad het huwelijk goed. Het nieuws veroorzaakt op het kernkabinet enige hilariteit. Een minister vraagt: "Kent het

koppel elkaar goed?" waarop een andere minister antwoordt: "Ze hadden hetzelfde lief", een sneer naar de jarenlange roddels over Filips vermeende homoseksualiteit. De prins heeft niet echt een nauwe band met de politici, maar de populariteit van het jonge koppel en de vele feestelijkheden zijn voor de kersverse paars-groene regering-Verhofstadt gelijk een opsteker.

Mathildes oom Henri d'Udekem d'Acoz, burgemeester van Poperinge, is het eerste familielid dat de pers te woord staat. Al wordt het meteen duidelijk dat het contact met zijn nicht niet zo innig is als gehoopt. "Ja, ze is lang en mooi en ik denk dat ze goed Nederlands spreekt," is zijn spontane reactie. Naarmate de dag vordert, herinnert oom Henri zich nog enkele bijzonderheden over de toekomstige prinses. Vanaf dat moment wordt niet alleen Mathilde zelf maar ook haar oom een Bekende Belg. Hij wordt meteen de nationale "nonkel Henri".

Intussen haast de pers zich naar het kasteel van Losange in Villers-la-Bonne-Eau. Na enig aandringen willen Mathildes ouders even voor de pers een wandeling maken met de hond in de tuin. Vader Patrick d'Udekem d'Acoz geeft een korte verklaring: "We zijn zo gelukkig zoals alle ouders die hun eerste kind zien trouwen." Een journalist vraagt of de kroonprins een goede keuze heeft gemaakt. "Dat zou u aan het paleis moeten vragen," antwoordt de vader. "Hoe is haar kennis van het Nederlands?" vraagt een Vlaamse journalist. De Ardense edelman is formeel: "Het is maandag officieel en als u de kans hebt, moet u haar een vraag stellen. Ze spreekt goed Nederlands en ze doet een grote inspanning om het te leren."

De vuurdoop van een natuurtalent

Op maandag 13 september is het zover. De pers wacht vol ongeduld aan het hek van het kasteel van Laken, waar de onbekende verloofde van prins Filip zal voorgesteld worden aan de bevolking. De koning en de koningin onderbreken hun vakantie in Zuid-Frankrijk voor deze uitzonderlijke gebeurtenis. Ze komen aan in een wagen met Franse nummerplaat. Prins Laurent meldt zich zonder vriendin of hond in een Ferrari. Groot is de verbazing als prins Filip in een Porsche 911 Carrera komt aangereden, met naast hem een frisse blonde jonge vrouw. "Hij heeft het meisje van de showroom meegenomen,"

Filip en Mathilde toosten op hun verlovingsfeest in het kasteel van Laken

is een grap die meteen onder de journalisten circuleert. Even later mogen de perslui binnen. Ze wachten in de tuin op de officiële voorstelling van de toekomstige prinses. Nog groter is hun verbazing als de kroonprins een half uur later buitenkomt met een elegante jonge vrouw in pantalon. Mathilde is doodzenuwachtig. Maar ze straalt en de perslui zijn meteen onder de indruk van haar natuurlijke charme.

Na het jonge paar komen ook hun families naar buiten: de beide ouderparen, de broers, de zussen, en van Filips kant ook de nichtjes en neven en koningin Fabiola. Op de trap worden groepsfoto's georganiseerd. De rangorde is ook symbolisch: vanaf nu zitten de kinderen van Astrid en Lorenz een trap lager. Als het huwelijk van Filip met kinderen wordt gezegend, dan zullen Astrid en haar kinderen in de hiërarchie voor de troonopvolging zakken. Astrid zelf maalt daar niet om, integendeel. Op dat moment is ze nog tweede in lijn na Filip, maar het is een publiek geheim dat ze geen zin heeft om koningin te worden.

Na de fotosessie dalen de prins en zijn verloofde de trappen af en wandelen naar het grasveld. Dat maakt het de vele cameramensen en fotografen mogelijk om enkele idyllische beelden te schieten. De pers wordt door de veiligheidsmensen op enkele meters van het paar gehouden. Maar al snel loopt het uit de hand en komen de perslui almaar dichter. Filip wil de vragen van de journalisten voor zijn en herhaalt tot driemaal toe: "Niemand heeft mij aan Mathilde voorgesteld. Ik heb haar gezien en dacht bij mezelf: dat is ze!" Een journalist vraagt of het dus een coup de foudre was? "Ik hou niet zo van dat woord," antwoordt de prins.

Filip wil blijkbaar eventuele speculaties de kop indrukken dat Mathilde aan hem gekoppeld zou zijn. De prins is bang dat zijn liefde vergeleken wordt met die van zijn oom Boudewijn. Pas vier jaar eerder heeft kardinaal Suenens in zijn memoires, *Het getuigenis van een leven*, de ware toedracht onthuld over de gearrangeerde ontmoeting tussen Boudewijn en Fabiola. Velen begrijpen niet waarom prins Filip blijft herhalen dat Mathilde zijn eigen keuze is. Met zijn opmerking bereikt hij veeleer het tegenovergestelde effect. Zijn aanpak getuigt andermaal niet van een professionele communicatiestrategie. Bovendien voegt de prins eraan toe: "Van die hysterie over een tante in Italië, daar is niets van aan. Ik heb Mathilde op een feest gezien, ben op haar toe gestapt, we hebben gepraat en zo is het begonnen." Het lijkt erop dat hij een gerucht over de tussenkomst van een tante in Italië wil tegenspreken. Maar die roddel is de journalisten op dat moment nog niet eens ter ore gekomen. De allusie van Filip roept nieuwe vragen op.

De belegering van Laken zorgt voor een sympathieke chaos. De veiligheidsmensen staan voor de moeilijke taak om alles in goede banen te leiden, maar het paar loopt vrij ontspannen tussen de perslui. In het strijdgewoel komen ook de eerste vragen aan Mathilde. Ze antwoordt telkens heel spontaan maar met een zwaar Frans accent. Hoe ze zich het leven met Filip voorstelt? "Ik weet het nog niet, maar Filip zal mij helpen." Of ze na haar huwelijk zal blijven werken? "Neen, want ik heb nu Filip." Na de wandeling is het tijd voor de receptie en voor dankbetuigingen aan het Belgische volk. De prins toost met champagne, zijn aanstaande bruid met een sapje. In een ongedwongen sfeer kunnen de journalisten met het verloofde paar babbelen. Een reporter vraagt Mathilde hoe het voelde om te lezen dat de royaltypers de prins steevast aan andere verloofdes koppelde. Mathilde kijkt aarzelend naar Filip,

waarop hij antwoordt: "Dat heeft ons in feite geholpen! Het waren uitstekende bliksemafleiders waarachter wij ons konden verschuilen." Filip vertelt
er nog openhartig bij: "Je bent in het begin toch nog niet helemaal zeker van
je toekomst samen. Ik wou niet dat er later dingen over haar geschreven
werden die haar misschien in diskrediet zouden brengen. Dat wou ik haar
niet aandoen."

De belangstelling voor Mathilde is zo overrompelend dat zelfs koningin
Paola op een bepaald moment achteraan in de rij moet staan om een glimp
van haar aanstaande schoondochter op te vangen. De pers is verbaasd om
zoveel plotse openheid van het Hof. Voor de familieleden d'Udekem d'Acoz,
oude maar bescheiden landadel, is het een bijzondere dag. Door het toekomstige huwelijk van Mathilde met een lid van de koninklijke familie staat er
ook een bijzondere promotie op stapel. De drie broers d'Udekem d'Acoz: Patrick, Raoul en Henri krijgen van de koning de titel van graaf. Ook hun nakomelingen worden graaf of gravin. Nonkel Henri was als oudste de enige van
de familie die al baron is. Patrick en Raoul waren "slechts" jonkheer.

Belgische styling

Na de bekendmaking van de verloving wil de modebewuste Paola dat haar
toekomstige schoondochter een *make-over* krijgt. Paola heeft een zwak voor
de stijl van Giorgio Armani maar ze voelt aan dat Mathilde, tijdens haar eerste publieke optredens, Belgische mode moet dragen. De koningin maakt
's anderendaags een afspraak bij de bekende Brusselse ontwerper Nissim
Israel, die kleren ontwerpt onder de naam Olivier Strelli. Israel heeft onder
meer de bekende gele jas ontworpen die Paola droeg op de dag van de eedaflegging van koning Albert in 1993. Behalve de koningin gaan ook prins Filip
en Mathildes moeder mee naar Strelli. De ontwerper sluit vier uur lang zijn
winkel om een passende garderobe uit te zoeken voor de toekomstige prinses. Ze praten ook over de bruidsjurk, maar Strelli voelt zich niet thuis in dat
segment. Hij stuurt hen door naar zijn Brusselse collega Edouard Vermeulen
van het modehuis Natan. Vermeulen is gespecialiseerd in ceremoniekledij
maar geniet op dat moment nog niet zoveel bekendheid.

Na drie besprekingen krijgt Edouard Vermeulen, twee maanden vóór het huwelijk, de opdracht om de bruidsjurk te ontwerpen. Intussen heeft ook de pers de naam van Vermeulens modehuis Natan opgevangen. Vermeulen vertelt hoe hij op een dag met Mathilde tijdens een pasbeurt een verdieping hoger moest vluchten, omdat een journalist naar boven was gekomen. Aan de pers blijft hij ontkennen dat er al iets beslist is. "Maar toen ik drie weken vóór het huwelijk nog altijd moest zwijgen, wist ik ook wel dat het niet meer geloofwaardig klonk."

Diana revisited

Mathilde komt, ziet en overwint. En voor prins Filip is dat even wennen. In tegenstelling tot vroeger, krijgen zijn activiteiten ineens wél grote mediabelangstelling. Maar de aandacht gaat vooral uit naar zijn partner. Als de prins, twee weken na zijn verloving, de nieuwe website van het Prins Filipfonds voorstelt, is de pers massaal aanwezig. Mathilde draagt voor het eerst haar verlovingsring en dat is op zich al een nieuwsitem. Omdat de verloving voortijdig uitlekte, was de ring bij de officiële bekendmaking nog niet klaar. De pers heeft duidelijk meer oog voor de toekomstige prinses en haar verlovingsring dan voor de wellicht verdienstelijke website. Bij die gelegenheid valt ook Mathildes natuurtalent als toekomstige prinses op. Perfect glimlachend met het hoofd iets schuin gehouden, laveert ze van de ene gast naar de andere, en verzint ze telkens voor iedereen een passend praatje. De pers is laaiend enthousiast. Het grijze Belgisch koningshuis heeft een glamoureuze ster binnengehaald. Meer dan eens valt de vergelijking met prinses Diana. Iedereen is het er over eens dat Filip een gouden vondst heeft gedaan. Al van bij haar eerste publieke optredens is het duidelijk dat Filip niet alleen een levenspartner maar ook een sterke collega naast zich heeft. Op professioneel vlak heeft Filip inderdaad veel steun aan zijn "echtgenote", zoals hij haar steevast betitelt.

Een gouden vondst

Als Mathilde eind 1999 prinses van België wordt, geeft ze haar baan op. De logopediste die met beide voeten in het gewone leven staat, wordt van de ene op de andere dag de bekendste vrouw van het land. Dat is een taak waar je moeilijk een opleiding voor kan volgen. Prinses zijn vergt vooral sociale intelligentie, een gave die bij Mathilde ruimschoots aanwezig is. Het kost haar weinig moeite om vanaf de eerste dag zeer professioneel over te komen. Mathilde kent de aanpassingsproblemen niet waar verscheidene van haar collega's mee gekampt hebben.

De Spaanse prinses Letizia, in een vorig leven een succesvolle journaliste, vermagerde zienderogen de eerste maanden aan het Hof. Ook haar Noorse collega Mette-Marit vond het moeilijk om haar vrije leven op te offeren in ruil voor een bestaan in de schijnwerpers. De Japanse kroonprinses Masako, een voormalige briljante diplomate, lijdt al jaren aan depressies door de grote stress die haar functie met zich meebrengt. Maar het Japanse Hof is dan ook een geval apart. De leden van de keizerlijke familie zijn bijna letterlijk de gevangenen van de hofhouding.

Mathilde lijkt nooit gestrest, integendeel. Ze beweegt zich in het publiek met een opvallende naturel. Haar flair geeft de andere leden van de koninklijke familie het nakijken. Het hoeft geen betoog dat Mathilde sociaal vaardiger is dan Filip. Meer dan eens redt ze hem in situaties waar hij zich ongemakkelijk bij voelt. Dan komt de professionele psychologe in haar naar boven. Het is alsof ze zelf onderdanig op het achterplan blijft om haar man in het licht te duwen. Maar vaak is zij degene die tijdens officiële bezoeken de touwtjes in handen heeft.

Mathilde blijkt over zo'n natuurlijke flair te beschikken – op het perfecte af – dat Filip alleen maar in haar schaduw kan staan. Zij is ambitieus en duidelijk populairder dan hij, en dat zint hem niet altijd. Als koning Albert voor zijn hartoperatie in het ziekenhuis wordt opgenomen, bloklettert de Franse krant *Le Monde:* "De schoonvader van Mathilde is ziek." De idolatrie voor Mathilde zorgt soms voor spanningen binnen het koppel. Ingewijden vertellen dat Filip geregeld bruut en zelfs agressief tegen zijn vrouw is. "Filip beseft dat Mathilde 'koningin' zal zijn en hij veeleer een soort 'prins-gemaal'. Daar heeft hij het niet makkelijk mee." Tegen een politicus biecht de prins zelfs letterlijk op dat Mathilde hem compleet overschaduwt. Maar naar de buitenwereld toe laat Filip daar niets van merken. In interviews vergelijkt hij zijn verbintenis met Mathilde steevast met een team.

Ook vriend des huizes, baron Paul Buysse, noemt Mathilde "een geboren koningin. Haar minzaamheid verbergt haar ijzeren wil om niet alleen de dingen goed te doen, maar de soms uitputtende verplichtingen, zoals tijdens economische missies, met dezelfde inzet uit te voeren. Ik heb haar in al die jaren nooit enige zweem van negatieve of bekritiserende commentaar horen geven. Geregeld zegt ze: 'Ik ben hier om het land te dienen en de prins te steunen' en hoewel dit misschien ietwat bombastisch klinkt, zet zij dit ook onvermoeibaar in de praktijk om. Zij adviseert de prins daadwerkelijk en is voor hem een enorme steun." Gravin Anne d'Udekem d'Acoz beaamt dat haar dochter een geboren prinses is. "Het lijkt wel of ze voorbestemd is om deze rol te vervullen. Mijn andere dochters zouden dit niet kunnen, laat staan willen."

Van jonkvrouw tot prinses

Jonkvrouw Mathilde d'Udekem d'Acoz wordt op 20 januari 1973 in het privé-ziekenhuis Edith Cavell in Ukkel geboren als oudste dochter van jonkheer Patrick d'Udekem d'Acoz en de Poolse gravin Anne Komorowski. "Het was een moeilijke zwangerschap," zegt haar moeder, "maar toen ze eenmaal geboren was, vergat ik die problemen meteen. Ze was een geschenk van God." De voornaam Mathilde betekent "machtige strijdster". Mathilde wordt gedoopt door de pastoor van Villers-la-Bonne-Eau in de kapel Saint-Thibaut.

Het geslacht d'Udekem behoort tot de zeer oude adel van de Zuidelijke Nederlanden. De oudste bronnen gaan terug tot in de 12de eeuw. De Habsburgse keizer Karel VI kent de familie in de 18de eeuw de titel van baron toe. Mathildes vader, Patrick d'Udekem d'Acoz, is opgegroeid in het West-Vlaamse Proven, op het domein 't Couthof. Hij is de jongste zoon van de plaatselijke burgemeester. Na zijn landbouwkundige studie vestigt hij zich in 1958 in de provincie Luxemburg waar hij in de bosbouw actief is. Vader Patrick heeft een loopbaan als verzekeringsmakelaar en houtvester. Hij baat een tijd een baan-café uit en wordt nadien burgemeester van Villers-la-Bonne-Eau en raadslid van de provincie Luxemburg. Bij de fusies van 1977 wordt zijn gemeente toegevoegd aan het grotere Bastogne. Patrick wordt er gemeenteraadslid. Hij is oorspronkelijk mandataris voor de christendemocratische partij PSC, maar

na een lokaal conflict stapt hij over naar de liberale PRL. Daarna wordt hij
consulair rechter aan de handelsrechtbank van Neufchâteau. Hoewel de familie d'Udekem d'Acoz niet tot de hoge adel behoort, zijn ze zeker niet on-
bemiddeld. Dat blijkt later als de broers d'Udekem twisten over de 37 miljoen euro die hun moeder hen heeft nagelaten.

De moeder van Mathilde, Anne Komorowski, werd wel hoog geboren.
Zij stamt af van een oud prinselijk geslacht. Anne werd vlak na de oorlog
geboren in het Poolse Bialograd. Haar grootoom, Adam Sapieha, was als bis-
schop de man die de kwaliteiten van paus Johannes- Paulus II ontdekte en
hem aanzette om priester te worden. De ouders van Anne, graaf Leon-Michel
Komorowski en prinses Sophia Sapieha-Kodenska, moeten in 1957 tijdens het
communistische regime hun bezittingen verlaten en met hun vijf kinderen
uit Polen vluchten. Eerst gaat het richting Congo, waar de grootmoeder, oom
en tante van Anne op gruwelijke wijze worden vermoord. Daarna vlucht de
familie berooid naar België. De jonge gravin volgt in België een verpleegsters-
opleiding en werkt na haar studies enkele jaren in een ziekenhuis in Etterbeek.

Patrick en Anne leren elkaar in 1970 kennen bij vrienden tijdens een diner na de jacht. Hij is 35 jaar, zij is tien jaar jonger. Nog diezelfde avond nodigt Patrick haar uit voor een trip naar Corsica. "Meteen met iemand op reis
gaan die ik nog maar een keer had ontmoet, normaal zou ik daar nooit mee
ingestemd hebben," vertelt de gravin. "Maar omdat er nog meer kennissen
meegingen, heb ik zijn uitnodiging aanvaard. Gelukkig maar. Op reis ontdekte ik dat hij veel wist en boeiend kon vertellen. Hij was bovendien erg
knap. Ik werd door hem aangetrokken als door een magneet." Zeven dagen
later vraagt Patrick aan vader Komorowski de toestemming om met zijn
dochter Anne te trouwen, en diezelfde avond nog vraagt hij haar hand. Het
huwelijk vindt plaats op 1 september 1971. Omdat de ouders van Anne geruïneerd zijn, betaalt de moeder van Patrick de kosten van het trouwfeest.
Patrick koopt een huis voor de ouders Komorowski.

Modelkind in een modelgezin

Patrick en Anne d'Udekem d'Acoz wonen sinds hun huwelijk in het kasteel Losange, een landgoed uit de 18de eeuw met een terrein van meer dan 250 ha, voor het grootste deel bebost en met een grote vijver. Ze krijgen vier dochters. Na Mathilde volgen Marie-Alix, Elisabeth en Hélène. In 1985 wordt onverwacht nog een zoon geboren, Charles-Henri.

Mathilde wordt opgevoed door een kindermeisje. Francine Laloy is 14 jaar als ze gevraagd wordt om voor de vijf maanden oude Mathilde te zorgen. Ze moet er op het kasteel ook de huishoudelijke klussen bijnemen. Francine herinnert zich dat de start van haar eerste job niet rimpelloos verliep: "Eerst was ik nogal overweldigd want ze lieten de baby en mij alleen met een Duitse herdershond. Die hond had zijn poot op Mathilde gezet en hij wilde niet dat ik de baby aanraakte. Later is het toch nog goed gekomen tussen mij en de hond." Mathilde groeit op als een leergierig en welgemutst kind. Anders dan haar toekomstige echtgenoot, kent de kleine jonkvrouw een gewone kindertijd. Er komen heel vaak vriendinnetjes spelen en ze is onafscheidelijk verbonden aan haar twee jaar jongere zus Marie-Alix.

Hoewel het de familie niet aan financiële middelen ontbreekt, leven ze niet in grote luxe. Er heerst een katholieke zuinigheid. Door de Poolse afkomst van haar moeder groeit Mathilde op in een uiterst gelovig milieu met een strakke visie op het geloof. Ze slaapt letterlijk tussen de heiligenbeelden. Als kind al is Mathilde "opmerkelijk vroom en devoot," zegt de pastoor van Villers, Jean Godenir. "Je moest haar nooit vragen om te bidden, dat deed ze uit zichzelf al." Ze is een bijzonder trouwe bezoekster van de missen in de parochiekerk van Villers-la-Bonne-Eau en neemt ook deel aan processies. Mathilde gaat vanaf de derde kleuterklas in 1978 naar het Institut Notre-Dame in Bastogne. Daar doorlopen zij en haar zussen de hele lagere school. Mathildes leraressen getuigen dat ze een modelleerlinge was, gedisciplineerd en deftig. Ze schepte nooit op over haar afkomst. Tijdens de zomermaanden leert Mathilde Nederlands op een vakantieboerderij in het West-Vlaamse Stalhille, bij het echtpaar Julien Vermeire en Annie D'Hoedt.

De flinkste van de klas

Op haar dertiende gaat Mathilde op internaat in het Brusselse Institut de la Vierge Fidèle, een katholieke meisjesschool waar de Franstalige adel zijn kinderen naar toe stuurt. Een van Mathildes tantes is daar religieuze. Ook prinses Joséphine-Charlotte en prinses Astrid hebben er school gelopen. Mathilde gedraagt zich andermaal als een voorbeeldige studente: sociaal, toegewijd én evenwichtig. Klasgenoten vertellen dat Mathilde wel nogal preuts was. Ze voelt zich duidelijk onwennig als ze zich voor de turnles moet omkleden. Zij is het enige meisje in de klas dat een onderhemdje draagt omdat haar uniformbloes een beetje doorschijnend is.

Mathilde volgt de richting Moderne Talen. In haar laatste jaar krijgt ze vijf uur Nederlands en geeft ze een spreekbeurt over de Golfoorlog. Ze behaalt 70% voor haar mondeling examen Nederlands maar is daar duidelijk niet tevreden mee, getuigt haar lerares Nederlands Geneviève Theuns-Crolla. "Mathilde wilde in alles perfect zijn. Na de les kwam ze me nog dikwijls om meer uitleg vragen. Haar moeder kwam altijd naar de ouderavonden. Ze kwam dan voor me zitten, met Mathilde naast zich. Op een keer zei mevrouw d'Udekem: 'We hebben een probleem. Met Nederlands gaat het niet zo goed...'" Maar de lerares repliceerde: "Mevrouw, ik zie geen enkel probleem."

Alle leerkrachten zijn unaniem: Mathilde is een modelleerlinge, op het saaie af. Ze haalt nooit kattenkwaad uit. Dat zou trouwens thuis tot represailles hebben geleid. De kinderen d'Udekem d'Acoz worden zeer streng opgevoed, bijna op een 19de-eeuwse manier. Een vriend van Mathilde getuigt dat vooral vader Patrick zich bijzonder autoritair tegenover zijn kinderen gedraagt. Mathilde moet zich als jonge vrouw vrijvechten van haar vader. Als zijn dochters wat ouder worden, koopt Patrick d'Udekem voor hen een appartement aan de Reyerslaan in Brussel. Mathilde krijgt daar als oudste dochter, op haar zeventiende al, de verantwoordelijkheid over haar jongere zussen. De meisjes genieten van hun vrijheid zonder uit de band te springen. Ze blijven een sober en voorbeeldig leven leiden. Mathilde is een graag geziene gaste op adellijke feestjes. Maar die frequenteert ze zeker niet met grote regelmaat.

Een bezige bij

In 1991 schrijft Mathilde zich in als studente logopedie aan het Institut Libre Marie Haps in Brussel. Enkele meisjes van haar familie hebben er al ge- studeerd. Marie Haps is een eliteschool voor meisjes van goeden huize, al is de school intussen al ietwat gedemocratiseerd. Ook daar herinnert men Mathilde als een intelligent en gevoelig meisje dat nooit iets doet om op te vallen. Ze gaat met iedereen om, maar ze is wel gereserveerd. Nooit rept ze met een woord over haar privéleven. Ze is geen fuifnummer, maar ook geen blokbeest. Mathilde studeert in 1994 met grote onderscheiding af als logope- diste. Haar eindwerk handelt over autistische kinderen. Ze doet tussendoor vrijwilligerswerk bij de Zusters van Moeder Teresa, onder meer in Egypte.

Meteen na haar studie gaat ze aan de slag in een groepspraktijk logopedie. Haar collega's zijn Delphine Dobbelman en Christine Monard. Veel contact met Mathilde hebben ze niet. Ze weten dat de jonkvrouw veel reist en dat er altijd buitenlandse vrienden op haar antwoordapparaat staan. Af en toe ver- schijnt haar foto in een societyblad, maar Mathilde begint daar nooit zelf over. Ze leeft bescheiden en rijdt rond in een tweedehandse Opel Corsa. Vanaf 1996 geeft ze logopedielessen aan kinderen met leesproblemen, in een school in Sint-Lambrechts-Woluwe. Maar Mathilde ambieert ook nog een universitair diploma. Parallel met haar praktijk begint ze aan een studie psychologie in Louvain-la-Neuve. Dat doet ze niet uit financiële overwegingen, vertelt ze later in een interview, maar uit persoonlijke interesse.

Mathilde is diepgelovig en sociaal bewogen. Tijdens de zomervakantie be- geleidt ze met de Maltese ridderorde, zoals veel adellijke meisjes, Lourdes- bedevaarten voor bejaarden en langdurig zieken. Ook prinses Paola deed dat als jong meisje en de ouders d'Udekem reizen nog elk jaar met de Orde van Malta naar Lourdes. Vader Patrick rijdt de bejaarden of zieken rond in hun rolstoel en moeder Anne is er verpleegster. Tijdens haar studies werkt Ma- thilde niet alleen voltijds, ze ziet ook nog kans om diverse reizen naar andere continenten te maken. Zo trekt ze met de rugzak naar China, Nepal, Peru, Bolivia, Mexico en Guatemala. Ze woont ook drie maanden in Washington. Zelf vindt ze deze periode bijzonder leerrijk omdat ze op die manier een goede kijk krijgt op de verschillende culturen. "Ik heb er alleen maar goede herin-

neringen aan," zegt ze in een interview. Ook Italië is een geliefkoosde bestemming. Mathilde heeft een Italiaanse tante en de jonkvrouw spreekt zelf ook
een mondje Italiaans. Tijdens haar lange reizen vervangt haar zus Elisabeth,
eveneens logopediste, haar in de groepspraktijk. Na Mathildes huwelijk zal
Elisabeth de job helemaal overnemen, tot zij in 2006 trouwt met markies
Pallavicini.

Kennismaking met Filip

Rond de kennismaking van Filip en Mathilde blijft tot vandaag een waas van
geheimzinnigheid hangen. Over de manier en de plaats waar ze elkaar hebben leren kennen, circuleren verschillende versies, naargelang van de bron.
Eén ding is zeker: Filip en Mathilde nemen zeer weinig mensen in vertrouwen over de precieze omstandigheden van hun kennismaking. En de weinige
intimi die op de hoogte zijn, bewaren angstvallig het geheim. Een intieme
vriend van het koppel wil alleen kwijt dat ze "elkaar hebben leren kennen
tijdens een societyfeestje".

Prins Filip zelf wil tijdens de bekendmaking van de verloving niets zeggen over de eerste ontmoeting met zijn verloofde. "We mogen toch nog iets
voor ons zelf houden! Maar niemand heeft mij aan Mathilde voorgesteld. Ik
heb haar zelf gevonden." Volgens een andere bron zouden derden wél bemiddeld hebben bij de kennismaking. Filip zou zijn aanstaande hebben leren
kennen in Italië, bij de tante van Mathilde. Ook koningin Paola zou, volgens
deze getuige, een hand in de ontmoeting gehad hebben. Maar Filip ontkent
dat. Er gaat ook een verhaal dat de levenslustige Stéphanie de Lalaing, een
vriendin van Filip, op een feestje tegen hem zou gezegd hebben: "Kijk, dat
meisje is godvruchtig genoeg voor jou."

Mathilde zou, voor haar kennismaking met de prins, een relatie hebben
gehad met een Waalse graaf. Ze deelden dezelfde vriendenkring en konden
het goed met elkaar vinden. Maar haar diepe geloof zou te verschillend geweest zijn van dat van haar vriend en de relatie zou daardoor spaak gelopen
zijn. Nu werkt deze aristocraat als diplomaat in Chili.

In Filip herkent Mathilde meteen eenzelfde religieuze passie. Net als in
de relatie van Boudewijn en Fabiola, speelt ook bij hen het geloof een belang-

rijke rol. Volgens verscheidene bronnen hebben ze elkaar trouwens leren kennen via het geloof. Mathilde zou lid zijn geweest van de charismatische vernieuwingsbeweging en tijdens een van die bijeenkomsten zou Filips oog op haar gevallen zijn. Kortom, er zijn uiteenlopende theorieën over hoe het koppel elkaar heeft leren kennen. Volgens een bevriend politicus staat een ding vast: "Filip en Mathilde hebben elkaar niet in een dancing ontmoet."

Filip en Mathilde beginnen zeer snel na hun eerste ontmoeting een relatie. De kroonprins is smoorverliefd op de Ardense schone. In die periode hangen ze urenlang aan de telefoon. Filip zelf verklapt later dat zijn liefde ook door de maag is gegaan. "Ze heeft eens een gerecht voor mij klaargemaakt. Daarna draaide ze zich om en ik wist: dit is ze!" Het gerucht dat Filip en Mathilde elkaar hebben leren kennen op een tennisclub in Laken blijkt in ieder geval niet te kloppen, hoewel de Royal Laeken Tennis Club in opdracht van het Hof is opgericht zodat Filip er kon kennismaken met adellijke meisjes, en Mathilde – die in Schaarbeek woonde – er drie jaar lang regelmatig kwam tennissen.

Tragisch ongeval

De band tussen Filip en Mathilde wordt nog sterker na het ongeval waarbij Mathilde haar zus en haar grootmoeder verliest. Het drama gebeurt op 14 augustus 1997. Er is een uitstap gepland naar aanleiding van een familiefeest van de Komorowski's. Mathildes jongere zus, de 22-jarige Marie-Alix, stelt voor om naar het feest te gaan samen met haar oma, de 77-jarige Poolse prinses Sophia Sapieha. De oma zit aan het stuur van de Volkswagen Polo, naast haar zit Marie-Alix. Op de E40 ter hoogte van Herstal loopt het mis. Het autootje wordt geraakt door een vrachtwagen en komt dwars op de weg te staan. Een andere vrachtwagen kan de auto niet meer ontwijken en rijdt er frontaal op in. Mathildes broer, Charles-Henri, die voorop in een andere auto meerijdt met zijn tante, kijkt toevallig achterom en ziet het ongeval gebeuren.

De ouders Patrick en Anne bevinden zich op dat moment op nog geen kilometer afstand van de plaats van de aanrijding. Ze wonen een receptie bij in het nieuwe bedrijf van oom Komorowski. De zus van Anne komt hun vertellen dat er iets ernstigs gebeurd is. Ze haasten zich naar de onheilsplek. Wat ze daar te zien krijgen staat in het geheugen van Mathildes moeder gegrift. Ze ziet haar eigen moeder onder een wit laken liggen en moet toezien hoe de dokters Marie-Alix proberen te reanimeren in de ambulance. "Ik denk nog vaak aan hoe ze uit die ambulance stapten. Ik zag aan hun ogen dat ook mijn dochter het niet had gehaald. Ik was compleet overstuur. Het ergste is nog dat ik er toen niet aan gedacht heb om hun organen ter beschikking te stellen aan andere mensen die ze nodig hebben. Dan was hun dood niet nutteloos geweest."

In één fatale klap heeft gravin Anne haar moeder en een dochter verloren. Naar verluidt vraagt ze in allerijl nog een priester om hen de laatste sacramenten toe te dienen.

De relatie tussen prins Filip en Mathilde is op het moment van het ongeval net begonnen, maar nog niet publiek bekend. De prins is er meteen bij om de familie te steunen. Op de dag van het overlijden vertrekt hij naar Duitsland om de andere zussen van Mathilde naar België terug te brengen. De moeder van Mathilde is er hem bijzonder dankbaar voor. "Hij is er in die dagen bijna dag en nacht voor ons geweest. Al zijn verplichtingen moesten ervoor wijken. Toen was er nog geen sprake van een huwelijk. Toch heeft die man zoveel voor ons willen betekenen. Hij is een mens met het hart op de juiste plaats. Dat zouden de mensen wat vaker moeten inzien."

De begrafenisplechtigheid vindt plaats op 18 augustus in de Sint-Pieterskerk van Bastogne. Mathilde kiest zelf alle teksten en gebeden. Prins Filip is er aanwezig als vriend van de familie. De prins komt helemaal alleen naar de begrafenis, zonder escorte. Niets wijst op dat moment op een intieme band tussen de koninklijke familie en de familie d'Udekem. Bij het afscheid merken enkele aanwezigen op dat de prins Mathilde een zoen geeft. Maar zij hechten daar weinig belang aan. Na de middag wordt Marie-Alix bijgezet in de grafkelder van de familie d'Udekem d'Acoz in het West-Vlaamse Proven.

Het blijft een wonder dat Filip en Mathilde hun liefde zo lang kunnen verbergen. Twee jaar lang zien ze elkaar geregeld maar hun relatie lekt niet uit in de pers. De dorpelingen van Villers-la-Bonne-Eau zien de kroonprins nochtans vaak fietsen met de oudste dochter van de d'Udekems, al fietst Mathilde telkens vijftig meter voorop, zodat niemand raar zou opkijken.

Dat vinden de omstanders natuurlijk nog verdachter. Zestien maanden na de eerste kennismaking voelt Filip zich zelfverzekerd genoeg om Mathilde ten huwelijk te vragen. Nog altijd wordt in de familie met geen woord gerept over de romance en de huwelijksplannen. Zelfs Mathildes oom, Ghislain d'Udekem en diens dochter Yolaine, twee familieleden die geregeld op bezoek komen in het kasteel van Losange, weten van niets. Marc Servotte, de economische adviseur die met prins Filip meegaat tijdens buitenlandse missies, is evenmin op de hoogte van de relatie. "Een jaar voor het huwelijk ging ik de prins bezoeken op het paleis in Brussel. Toen ik aankwam stapte hij net uit zijn auto met bagage én met een jonge dame. Maar ik heb hem daar niet over aangesproken, dat kon ook niet."

De ideale Belgische bruid

Voor het eerst kiest een Belgische kroonprins voor een bruid uit eigen land. Tot dan waren zowat alle koningen en koningskinderen getrouwd met buitenlandse dames. Alleen het tweede en omstreden huwelijk van Leopold III met Lilian Baels was een uitzondering op die regel. Er werd altijd gedacht dat een Belgische koninklijke bruid niet kon, gelet op de taalgemeenschappen in ons land. Maar Mathilde blijkt een geschikte consensusfiguur te zijn. Haar familie heeft Vlaamse wortels. Zij groeide op in Wallonië, woont in Brussel en spreekt bovendien de drie landstalen. Belgischer kan bijna niet. Door haar opleiding als logopediste heeft ze ook een sterk sociaal profiel. Mathilde heeft bovendien het figuur en de looks van een perfecte prinses. In dit mediatijdperk geen onbelangrijk detail. Ze lijkt bijna een anachronisme. Ze is nooit betrokken geweest bij schandalen zoals haar Noorse collega Mette-Marit, en ze heeft geen familieleden die politiek gevoelig liggen, zoals Maxima in Nederland. Journaliste Linda Asselberghs typeert de bruid van de kroonprins zo: "Mocht Mathilde in een orwelliaans kweekstation als prinses geconcipieerd zijn, ze zou er niet prinsesachtiger kunnen uitzien."

Tijdens tien Blijde Intredes in de Belgische provincies wordt het toekomstige paar voorgesteld aan het volk. De bezoeken herinneren aan een aloud contract dat het volk recht geeft zijn vorst zelf te mogen zien. Die traditie bestaat al sinds de middeleeuwen en is sindsdien een vast gebruik. Oorspronkelijk hadden de intredes vooral politieke bedoelingen. De (toekomstige) vorst moest in de provincies komen zweren dat hij de privileges van de gewesten zou respecteren. Die politieke dimensie is verdwenen, maar het gebruik is gebleven. Een Blijde Intrede is nu een symbolisch moment waarop een prinsenpaar zich komt tonen. Ook de toenmalige prins Albert heeft bij zijn huwelijk met Paola Blijde Intredes gedaan en die waren een gigantisch succes. Het paleis hoopt dat het fenomeen zich zal herhalen.

De eerste Blijde Intrede vindt plaats op 21 oktober 1999 in Luxemburg, omdat Mathilde van Bastogne afkomstig is. In Orval gooit Mathilde, naar aloude gewoonte, een gouden muntstuk in de Mathildefontein, een wensput die genoemd is naar een jonge gravin uit de 11de eeuw. Alle jonge meisjes die willen trouwen, gooien een muntstuk in de put. Hoe groter het muntstuk, hoe sneller ze getrouwd zullen zijn. De laatste Blijde Intrede wordt gepland op 23 maart 2000 in Limburg, als het koppel al getrouwd is. De programma's van de provinciebezoeken zijn bijzonder druk bezet. Elke provincie wil het kersverse prinsenpaar optimaal ontvangen en hun zoveel mogelijk bezienswaardigheden tonen. Tussendoor is er telkens een uitgebreid diner met de plaatselijke prominenten. Zelden is een rustpauze ingelast. De intredes zijn, zoals gehoopt, een enorm PR-succes voor de koninklijke familie. Mathilde gedraagt zich, in tegenstelling tot andere leden van de familie, zo natuurlijk dat ze in een mum van tijd enorm populair wordt. Zonder enige ervaring gaat ze van het ene volksfeest naar het andere en begroet ze de hele dag honderden mensen op een spontane en warme manier. Het contact met het volk is hartelijker dan ooit. Vooral voor kinderen maakt Mathilde voortdurend een uitzondering op het protocol. Het verschil met haar houterige verloofde is vaak pijnlijk. Toch profiteert de prins mee van haar populariteit. Polls uit die periode tonen ineens een opmerkelijke stijging voor Filip. Terwijl voordien de teneur altijd was dat vader Albert beter nog een tijdje koning kon blijven, vinden veel mensen ineens dat Filip er klaar voor is.

Het bewuste zinnetje

In de herfst van 1999 staat de koninklijke familie in volle persbelangstelling. Bijna elke dag verschijnt er wel een bericht over de Blijde Intredes of over de nakende voorbereidingen van het huwelijk. De toon is vrijwel unaniem positief voor het Hof. Maar dat verandert plots wanneer de biografie over koningin Paola verschijnt, van de hand van de toen 17-jarige auteur Mario Danneels. Daarin schrijft Danneels voor het eerst wat al jaren een publiek geheim is: koning Albert heeft een natuurlijke dochter uit zijn jarenlange relatie met barones Sybille de Selys Longchamps.

Het Hof doet het verhaal eerst af als roddel. De koning wil niet meer herinnerd worden aan die woelige periode uit zijn leven. De barones en haar dochter Delphine ontkennen hun relatie met Albert echter niet, als ze door de internationale pers worden belegerd. Volgens de barones willen geheime krachten, die ze zelf niet wil benoemen, de monarchie beschadigen door net op dat moment het bestaan van hun natuurlijke dochter uit de doeken te doen. Moeder en dochter krijgen tijdens de mediastorm, naar eigen zeggen, geen enkele steun van het Hof. Op dat moment hoort Delphine haar vader een laatste keer aan de telefoon. Hij zegt haar letterlijk dat zij zijn dochter niet meer is.

Enkel prins Laurent neemt in die periode contact op met Delphine. Ze gaat een paar keer dineren bij hem thuis in Tervuren. Met Laurent kan ze over de familie en over haar verleden praten. Filip reageert anders. Als hij verneemt dat hij een natuurlijke zus heeft, noemt hij die gebeurtenis "iets sombers". Filip heeft Delphine al enkele jaren eerder ontmoet. Weinigen kennen op dat moment haar ware identiteit, dus wordt zij aan de kroonprins voorgesteld door een gemeenschappelijke kennis. Wanneer Filip de naam Delphine Boël hoort, keert hij haar nu resoluut de rug toe. De boodschap is duidelijk. De buitenechtelijke dochter van zijn vader is voor hem niet welkom.

Tijdens zijn kerstboodschap van 1999 geeft de koning voor het eerst officieel toe dat er huwelijksproblemen geweest zijn. De Belgen interpreteren deze woorden als een erkenning van zijn natuurlijke dochter en noemen zijn toespraak grootmoedig. Albert wordt zelfs vergeleken met François Mitterrand. Toen bekend raakte dat de Franse president een buitenechtelijke dochter had, was zijn droge reactie: *"Et alors?"* Koning Albert beperkt zich tot de bekentenis dat zijn huwelijk dreigde te ontsporen. Verder dan deze cryptische omschrijving gaat de vorst niet, tot groot verdriet van zijn dochter die nog altijd op een officiële erkenning wacht. Het stemt Sybille droevig dat

Albert haar zelf nooit enige uitleg heeft gegeven over zijn afwijzende houding. "Delphine is jammer genoeg het slachtoffer van de hele situatie," oppert haar moeder. "Doordat hij niets zegt, denkt zij dat hij niet van haar
houdt. Maar hij houdt wel van haar. Ze konden het heel goed met elkaar vinden. Hij bracht haar 's avonds naar bed."

Een volks verlovingsfeest

De onthullingen over Delphine verstoren de smetteloze aanloop naar het huwelijk van Filip en Mathilde. Het paar doet er alles aan om niets te laten merken van de consternatie die de Delphine-saga aan het Hof heeft veroorzaakt.
Een groot volks verlovingsfeest moet de media weer in de juiste richting duwen. Het ongenoegen bij de Belgische adel is groot als er bij hen geen uitnodiging voor het officiële verlovingsfeest van 13 november in de bus valt. Een
prinselijke verloving is traditiegetrouw een adellijke aangelegenheid. Het is
een kans om te zien én gezien te worden, en het is de bevestiging van de nauwe band tussen de adel en het koningshuis. Maar in plaats van een adellijk
onderonsje kiest het Hof voor een heus volksfeest in het kasteel van Laken.
Er zijn vijftienhonderd genodigden die uit alle lagen van de bevolking worden gekozen. Velen zien in dit initiatief een teken dat prins Filip dichter bij
het volk wil staan dan zijn voorgangers. Filip en Mathilde nodigen ook oud-
leraars en klasgenoten uit, naast heel wat mensen die ooit iets betekend hebben in hun leven. Daarnaast zijn natuurlijk de obligate hoogwaardigheids-
bekleders van de partij. Tijdens het volksfeest gaat alle aandacht naar Mathilde die, in een koningsblauwe jurk met fraaie halsuitsnijding, de show steelt.
De jurk is een ontwerp van Yves Dooms, een Belgische ontwerper die vooral
in adellijke kringen bekendheid geniet maar op dat moment bij de modepers
totaal onbekend is. Om haar hals draagt Mathilde een opvallend fantasie-
juweel, waarmee ze prompt een trend lanceert. Paola taxeert haar... goedkeu-
rend. Ze is in de wolken met haar toekomstige schoondochter.

Na de officiële begroeting van de prominenten, wordt het protocol voor
de rest van de avond terzijde geschoven. De leden van de koninklijke familie
verdelen zich over de diverse zalen van de serres en onderhouden zich met
de genodigden. Filip en Mathilde wandelen onder luid applaus van de ene

zaal naar de andere. Geheel volgens plan stappen zij naar het podium. Daar opent het paar de dans op de tonen van Eric Claptons nummer *Wonderful tonight*, voor de gelegenheid gezongen door Raymond van het Groenewoud. Popmuziek in het koninklijk paleis. Het is een trendbreuk. Maar de langverwachte verloofdenkus in het openbaar blijft uit. In een andere zaal danst koning Albert met koningin Paola terwijl Salvatore Adamo voor hen zijn mooiste klassiekers zingt. De flamboyante Laurent blijkt zich de hele avond bijzonder te vermaken met Elisabeth, de jongere zus van prinses Mathilde, zodat er al snel gespeculeerd wordt over een tweede liaison tussen de families. De koning moet snel forfait geven op de dansvloer want zijn rug speelt hem parten.

De avond voor het huwelijk worden de koninklijke gasten uitgenodigd door Albert en Paola in het Astoriahotel in Brussel. Het feest is niet publiek aangekondigd, maar lekt toch uit. Filip en Mathilde zijn er niet bij. Zij hebben de avond ervoor al hun vrijgezellenavond gevierd met vrienden die deze keer wel voornamelijk uit de adel komen. Voor de royaltyfans die in allerijl naar de Koningsstraat trekken, wordt het een onvergetelijke avond. Ze zien een schare internationale *royals* op nog geen meter afstand: de Spaanse koningin Sofia en haar zoon kroonprins Felipe, kroonprins Haakon Magnus van Noorwegen, erfprins Henri van Luxemburg, en ook prins Dipendra van Nepal, de man die later zijn hele familie zal uitmoorden. Prinses Léa, de echtgenote van prins Alexander, deelt handtekeningen uit. De familie d'Udekem d'Acoz arriveert zonder escorte of protocol. Gravin Anne zit achter het stuur en zoon Charles-Henri is met zijn GSM aan het telefoneren. Albert en Paola vertrekken al om tien uur. Mathildes moeder rijdt nog even naar het paleis om haar dochter te helpen bij de laatste voorbereidselen voor het huwelijk de dag erna.

Het huwelijk van het jaar

Op haar huwelijksdag op 4 december 1999 zit de aanstaande prinses al om half zeven 's morgens aan een geïmproviseerde kaptafel in het paleis van Brussel, klaar om geschminkt, gekapt en aangekleed te worden. Ze blijft stoïcijns kalm, zeggen getuigen, al wordt er gezwoegd om het diadeem met sluier ste-

vig op haar hoofd vast te maken. Om zeker te spelen komen er tientallen spelden aan te pas, een detail dat haar in de loop van de dag zeer pijnlijk zal vallen.

Voor het paleis verzamelt zich 's morgens een honderdtal enthousiaste
kijklustigen. Enkele diehards hebben voor de zekerheid al om zeven uur post-
gevat, maar zoveel volharding in de bittere kou blijkt niet nodig. Heel gestaag
verzamelen zich rond het parcours almaar meer mensen. Maar een overrom-
peling is het niet. Op de rechtstreekse televisiebeelden krijgen de kijkers een
eerste glimp van de bruid te zien. De huwelijksjurk van Mathilde is klassiek
en sober, en loopt uit in een sleep van ruim acht meter. Heel behoedzaam
daalt de jonkvrouw aan de hand van haar vader de trappen af. Op Mathildes
hoofd prijkt een diadeem met daaraan bevestigd de antieke sluier die in de
vorige eeuw in het bezit was van Paola's grootmoeder, de Brusselse Laura
Mosselman du Chenoy. Zij werd in 1854 in Brussel geboren en huwde in 1877
de Italiaanse prins Ruffo di Calabria. Sindsdien dragen alle bruiden uit Paola's
familie die sluier. Speciaal voor het huwelijk van Mathilde is het kanten
pronkstuk volledig gerestaureerd. De sluier is vastgezet door kapper Claude,
die al bijna veertig jaar het kapsel van koningin Paola verzorgt. Bij het verlaten van het paleis lijkt de anders zo spontane Mathilde toch wat zenuwachtig en gespannen. Later wordt de reden ervan onthuld: het bruidsboeket
weegt loodzwaar en de spelden die de diadeem en sluier moeten vasthouden,
pijnigen haar tot bloedens toe. Bovendien bezorgt een mislukte pedicure haar
de nodige pijn.

Voor de koninklijke trouwpartij worden alle registers opengetrokken. Verscheidene ambassades in het buitenland organiseren feestelijke recepties,
zodat de Belgen in het buitenland kunnen meevieren. In het Internationaal
Perscentrum passeren die dag 300 journalisten uit alle hoeken van de wereld.
Buiten mag prins Laurent de spits afbijten. Even na negen uur zien de toeschouwers hem samen met tante Fabiola in een van de limousines stappen.
Een historisch beeld, gezien de moeilijke relatie tussen beiden. Als prins Filip
samen met zijn moeder buitenkomt, klinkt er een "Leve Filip". Hij houdt even
halt en begint spontaan te wuiven. Maar het is de bruid die de meeste aandacht opeist. Zij stapt samen met haar vader in een Mercedes 600 Pullman
met doorschijnende kap. Het is een heuse klus om de meterslange sleep in

de auto te schikken. Als de bruidsstoet het paleis verlaat, worden de eerste 51 kanonschoten afgevuurd.

Scheiding van goederen

De Brusselse burgemeester François-Xavier de Donnéa beschouwt het prinsenhuwelijk ook een beetje als zijn dag. Hij heeft voor de gelegenheid een archaïsch jasje met gouden borduursel en dito knopen laten maken. Kostprijs: 3.000 euro. Samen met honderdzeventig gasten wacht hij het bruidspaar op in de gotische zaal van het Brusselse stadhuis. Nadat de ambtenaar van de burgerlijke stand het koppel heeft gewezen op hun rechten en plichten, neemt De Donnéa over. "Door jullie krachten te bundelen, kunnen jullie ons land veel diensten bewijzen," declameert hij.

Daarna geven de bruid en bruidegom elkaar het jawoord. Binnen valt er geen reactie te noteren. De toeschouwers die de plechtigheid buiten op groot scherm volgen, juichen zich warm. Filip tekent de huwelijksakte met "Philippe de Belgique". Naast zijn naam schrijft Mathilde voor de laatste keer "Mathilde d'Udekem". Voortaan zal ze met "Mathilde de Belgique", "Mathilde van België" of "Mathilde von Belgien" signeren. De getuigen zetten ook hun handtekening. Voor prins Filip zijn dat aartshertog Simeon van Oostenrijk en zijn neef, prins Henri van Luxemburg. Voor Mathilde tekenen haar zus Elisabeth d'Udekem en haar vriendin, Stéphanie de Radiguès de Chennevière. Daarna schrijdt het koppel naar het balkon. De menigte roept om *"un bisou"*. Onder een oorverdovend gejuich kust Mathilde vluchtig haar kersverse echtgenoot op de wang en veegt daarna de lipstick weg. Filip geeft haar geen kus terug. De prins is bloednerveus en klopt zenuwachtig met zijn vuist op de leuning van het balkon. Zoveel lof is hij niet gewoon. Hij lijkt wel verstijfd, maar het is dan ook bijzonder koud buiten.

Twee weken later verschijnt in het Belgisch Staatsblad de huwelijksakte van prins Filip en prinses Mathilde. De kroonprins en zijn vrouw hebben gekozen voor het stelsel van scheiding van goederen. Het betekent dat elk van de huwelijkspartners eigenaar of eigenares blijft van zijn of haar goederen, ook in geval van echtscheiding.

Het huwelijkspaar in vol ornaat

Vuurdoop voor Filip

Intussen zijn aan de Sint-Goedele- en Sint-Michielskathedraal de twaalfhonderd gasten uit binnen- en buitenland aangekomen voor de kerkelijke plechtigheid. Hoe later het wordt, hoe belangrijker het volk dat over de rode loper schrijdt. Onder de genodigden bevindt zich de fine fleur van de Europese Gotha. Uiteraard zijn er ook de naaste familieleden, zoals de flamboyante neef van de koning, het Italiaanse enfant terrible Vittorio Emmanuele van Savoie en zijn vrouw Marina Doria. Voor Filips tante, groothertogin Joséphine-Charlotte van Luxemburg, is het een van haar laatste grote feesten samen met haar man, groothertog Jean. Uit Luxemburg is trouwens de hele familie aanwezig: erfprins Henri en zijn vrouw Maria Teresa, en alle broers en zussen. Op dat moment zijn de verhoudingen met de tak Argenteuil net iets verbeterd: Filips halfoom, prins Alexander van België, en zijn vrouw Léa zijn van de partij, net als prinses Esmeralda met haar man Salvador Moncada.

In de kerk zijn er opvallend veel gekroonde hoofden: koningin Beatrix van Nederland met haar zoon prins Willem-Alexander, koning Harald van Noorwegen en zijn vrouw Sonja, de Zweedse koning Carl Gustav en koningin Silvia, koningin Margarethe van Denemarken en haar man Henri de Montpezat, prins Hans-Adam van Liechtenstein, Dom Duarte van Portugal en de Griekse ex-koning Constantijn die zelden op een koninklijk familiefeest ontbreekt. Spanje is vertegenwoordigd door koningin Sofia en haar zoon prins Felipe. De prominenten en adellijken worden uitgebreid becommentarieerd door de toeschouwers. In de kerk zitten de troonopvolgers op een rij: de Britse prins Charles, dan nog zonder Camilla, zit naast prins Albert van Monaco. Uit Japan zijn prins Naruhito met zijn vrouw Masako van de partij. Dipendra van Nepal is present, net als kroonprins Haakon van Noorwegen en zijn zus prinses Märtha Louise, en nog vele anderen.

Onder de tonen van een indrukwekkend *Magnificat* van Johann Sebastian Bach wordt Mathilde door haar vader naar het altaar geleid. Tijdens de bijna twee uur durende plechtigheid wisselen geluk en vreugde af met momenten van ontroering en bezinning. Het paar heeft voor een op en top rooms-katholieke huwelijksmis gekozen. De rode draad doorheen de viering zijn composities van Bach, uitgevoerd door het nationaal topensemble Collegium

Haarspelden bezorgen Mathilde een "pijnlijke bruiloft".

Vocale, onder leiding van Philippe Herreweghe. Op vraag van Mathilde wordt ook een Marialied uitgevoerd.

Kardinaal Godfried Danneels leidt de religieuze plechtigheid. In zijn homilie heeft hij het over de moeilijke en gelukkige momenten in het huwelijk en het geloof. Er worden ook diverse religieuze teksten voorgelezen, onder meer door prins Lorenz van Oostenrijk. Hij wijst het jonge paar op de betekenis van echte innige liefde. Ook de adviseur van de prins, Ghislain D'Hoop, treedt voor een keer op de voorgrond om een tekst voor te lezen. Emotioneel wordt het als barones De Bassompierre, de hofdame van koningin Paola, het overlijden van koning Boudewijn in herinnering brengt én het tragische ongeval waarbij de grootmoeder en de zus van Mathilde om het leven kwamen. De serene sfeer wordt nog beklemtoond door het *Panis Angelicus*, gezongen door de wereldberoemde bariton José Van Dam. Op dat moment moet Mathilde vechten tegen de tranen.

Volgens een ingewijde is het sacrale aspect van hun huwelijk voor Filip en Mathilde het allerbelangrijkst. Het stel beschouwt het huwelijk in de eerste plaats als een heilige verbintenis en wil dat het ook zo gevierd wordt. De liturgie op de plechtigheid is op uitdrukkelijke vraag van het paar zeer sober. De ceremonie is tot in de puntjes verzorgd, maar het gebrek aan showelementen is zeker voor een prinselijk huwelijk frappant. Filip en Mathilde hebben het duidelijk minder begrepen op het societygehalte van hun huwelijk. "Een Père Gilbert zou er bij hen nooit ingekomen zijn," zegt een hoge geestelijke. Mathilde en Filip beloven elkaar eeuwige trouw in de verschillende landstalen, nadat ze daarvoor de toestemming van de ouders hebben gevraagd. Na het uitreiken van de ringen volgen er twee zedige zoenen. De plechtigheid wordt afgesloten met de bisschoppelijke zegen en het Belgisch volkslied.

Terwijl het kersverse echtpaar de kerk uitloopt, knallen nog eens 51 kanonschoten. Zestig officiersleerlingen in gala-uniform vormen een erehaag. Voor de kathedraal worden Filip en Mathilde uitbundig toegejuicht. Even later vliegen vijf F16's in pijlformatie over, en in hun zog zoeven nog eens zes Apha Jets voorbij.

Na de dienst wordt de kathedraal opengesteld voor het publiek, zodat ook de gewone stervelingen van nabij een blik kunnen werpen op de vijftien monumentale bloemstukken, ontworpen door de intussen wereldberoemde bloemkunstenaar Daniël Ost. Die was vrij laat aangesproken voor de opdracht maar is er toch in geslaagd om, in samenwerking met de Gentse Floraliën, de kathedraal schitterend te versieren. De ontgoocheling is dan ook groot als het publiek in een mum van tijd alle bloemen tot op een hoogte van drie meter weggrist. Aangezien de kathedraal nog enkele dagen zal openblijven, zit er voor Ost en zijn medewerkers niets anders op dan de hele nacht door te werken totdat de bloemversieringen er weer min of meer presentabel uitzien.

De "pijnlijke" bruiloft

De menigte voor het paleis is ondertussen aangegroeid tot enkele duizenden toeschouwers. Iedereen wil op het balkon de apotheose van de dag zien: een innige kus van het kersverse bruidspaar. Maar tot een passionele omhelzing komt het niet. Het wordt een verlegen zoen op de wang. Mathilde straalt,

Filip heeft weer last van de kou. Na de balkonscène in mineur gaan Filip en Mathilde naar binnen om zich te mengen tussen de zevenhonderdvijftig genodigden voor het middagmaal. Het is intussen al 14 uur. Voor de gasten aan tafel gaan, worden er nog groepsfoto's gemaakt, eerst met de familie en daarna met de buitenlandse *royals*.

Na afloop vertrekken de koninklijke gasten huiswaarts en begeeft de koninklijke familie zich naar het kasteel van Laken. Daar zijn nog eens tweeduizend invités voor de officiële receptie. Mathilde heeft intussen zoveel pijn dat het huilen haar nader staat dan het lachen. Maar niemand die er iets van merkt. Alleen intimi weten hoezeer ze gekweld wordt door de verschrikkelijke haarspelden. Mathilde heeft intussen een andere bruidsjurk aangetrokken. Omdat het onmogelijk is om met een acht meter lange sleep tussen de gasten te lopen, heeft ontwerper Vermeulen een tweede jurk met een kortere sleep ontworpen.

De Belgische mediahype

De dag na het huwelijk vertrekken de jonggehuwden omstreeks elf uur uit het kasteel van Laken op huwelijksreis. De bestemming wordt zorgvuldig geheim gehouden.

Het Hof en Binnenlandse Zaken, die het huwelijk hebben georganiseerd, halen opgelucht adem. De federale regering had bijna een miljoen euro uitgetrokken voor het officiële gedeelte van het huwelijk. De koninklijke familie betaalt zelf alles wat zich binnen de muren van het paleis afspeelde. Het evenement is zonder noemenswaardige incidenten verlopen. Volgens baron Paul Buysse is dat grotendeels te danken aan de inzet van toenmalig kolonel Jef Van den put, Filips adviseur. "Hij heeft dagen en nachten gespendeerd om dit huwelijk vlekkeloos te laten verlopen en is daar wonderwel in geslaagd. Het was indrukwekkend om te zien hoe zoveel groten der aarde naar Laken zijn gekomen om deel te nemen aan wat de Europese pers 'het huwelijk van het jaar' noemde."

's Anderendaags berichten de kranten over een vrij lage opkomst. In eigen land is de belangstelling veeleer klein. Slechts 50.000 mensen zijn naar de hoofdstad afgezakt, in plaats van de verwachte 200.000. Uit voorzorg had de NMBS meer dan tweehonderd extra treinen ingezet, dubbel zoveel als op een treintrambusdag. Achteraf bleek dat de Belgische spoorwegen tienduizenden gratis treinkaartjes te veel hadden uitgedeeld. Toch hebben de Belgen massaal gebruik gemaakt van het genereuze aanbod van de NMBS. Want de gratis kaartjes konden ook worden ingeruild voor een trip naar Brussel op een andere dag. En zo'n kans laat een Belg niet liggen. Ook de TV-kijkcijfers vallen wat tegen, zeker in Vlaanderen. De piek rond de middag, toen Filip en Mathilde hun jawoord gaven, bedroeg 1,7 miljoen kijkers voor alle Vlaamse netten samen. Ondanks de grote mediahype bleef de bevolking behoorlijk nuchter bij de koninklijke topgebeurtenis.

Algauw raakt de bestemming van de huwelijksreis bekend. Filip en Mathilde zijn naar de Malediven afgereisd en gaan later naar India. Tijdens een boottochtje op de Malediven worden ze herkend door een toeriste, die hun huwelijk op TV heeft gezien. Ze laat haar man het kersverse paar filmen als ze met een bootje willen uitvaren. Filip blijkt een onhandige stuurman want het bootje loopt bij elke poging vast, zodat de verhuurder het weer vlot moet trekken. De videotape wordt algauw te koop aangeboden aan verscheidene televisiezenders.

Liep het pleziervaartuig tijdens de huwelijksreis op de klippen, dan lukt het een stuk beter met het huwelijksbootje. De Belgen moeten dat wel via een omweg vernemen, namelijk in een eenmalig interview met *The New York Times* tijdens een handelsmissie eind 2000. In het interview zegt Filip: "We hadden het gevoel dat de bevolking deel had in onze vreugde. Het was alsof de bevolking deel uitmaakte van onze familie." Prinses Mathilde treedt hem bij: "Hoewel het een heel intiem moment was voor de prins en voor mezelf, waren we blij dat we het hebben kunnen delen met de Belgische bevolking. Ik besef dat ik als koninklijke prinses nog veel zal moeten leren, maar de prins is een grote steun voor mij." Op de vraag hoe prins Filip het leven als getrouwde man ervaart, antwoordt hij: "Met een vrouw als prinses Mathilde kan het alleen maar fantastisch zijn."

Luxe in Laken

Na hun huwelijk verhuizen Filip en Mathilde naar de linkervleugel van het kasteel van Laken. Het koppel krijgt een appartement op de bovenste verdieping. Filip en Mathilde hebben de flink uit de kluiten gewassen flat laten moderniseren, want de inrichting en het comfort waren niet meer van deze tijd. Naar verluidt wordt er voor deze verfraaiing niet echt op een cent gekeken. Bij hun huwelijk krijgen ze van de regering een eenmalige premie van 10 miljoen frank voor "de uitzonderlijke kosten voor de eerste inrichting". Maar dat bedrag blijkt onvoldoende om de luxueuze afwerking van het appartement te bekostigen. In het kasteel staan ook enkele waardevolle meubels die oorspronkelijk in het koninklijk paleis in Antwerpen stonden en die de prins in 1995 naar Brussel heeft laten overbrengen. Een deel van de meubels dateren uit de tijd van Napoleon en zijn vervaardigd door vaklui in befaamde Parijse ateliers. Vlaams minister Geert Bourgeois dringt er later op aan om deze collectiestukken terug te geven, zodat het Antwerpse paleis in zijn oorspronkelijke grandeur kan worden hersteld. De prins krijgt bij zijn huwelijk ook een loonsverhoging. Zijn jaarlijkse dotatie wordt verhoogd van 14,6 miljoen naar 32 miljoen frank (van 400.000 euro naar 800.000 euro). Dit bedrag wordt jaarlijks geïndexeerd, onafhankelijk van het aantal kinderen.

Een kroostrijk gezin

Helaas voor de monarchie, maar de hype rond het huwelijk blijft niet duren. Een jaar na het sprookjeshuwelijk is de populariteit van prins Filip alweer gedaald. Mathilde daarentegen is geliefder dan ooit. Bij de eerste huwelijksverjaardag steekt ze in de polls zelfs haar schoonvader koning Albert voorbij. Filip moet genoegen nemen met de derde plaats.

Na het huwelijk verwachten de Belgen snel nakomelingen. Dat is de voornaamste functie van een kroonprins. Bovendien zijn kinderen niet alleen een dynastieke noodzaak, ze zijn ook broodnodig voor de populariteit van het paar. Het Hof is er zich van bewust dat de kinderen een belangrijke mediatroef zijn. Het is een traditie in het Belgische koningshuis om snel voor nakomelingen te zorgen. Op Leopold II na, die zijn vrouw niet aantrekkelijk vond, zorgde elke Belgische koning of kroonprins binnen de tien maanden na zijn huwelijk voor een troonopvolger. Leopold I, toen toch al 40, had negen maanden na zijn huwelijk al een zoon. Filip zelf zag het levenslicht negen maanden en twee weken na het huwelijk van zijn ouders. Tijdens het eerste huwelijksjaar wordt Mathilde in de pers drie maal zwanger verklaard, maar dat blijkt telkens vals alarm.

Op 7 mei 2001 is het echt zover. Het persagentschap Belga verspreidt het nieuws dat prinses Mathilde zwanger is. Enkele uren na de bekendmaking verzamelt de pers in de serres van Laken voor een haastig georganiseerde persconferentie. Filip en Mathilde zitten elk op een stoel met een tafeltje tussen hen in, zodat ze elkaar met gestrekte armen de hand moeten reiken.

Filip deelt plechtig mee: "Mijn echtgenote en ikzelf zijn bijzonder blij om u te mogen aankondigen dat we een kind verwachten. En we willen dit met u delen en met de hele bevolking." De pers wordt op meters afstand gehouden, zodat het paar de vragen van de journalisten amper kan horen. "Zijn de ouders blij met het nieuws?" vraagt een journalist. Filip antwoordt: "Wie zegt u? Ja, onze ouders. Het spreekt vanzelf dat iedereen dolgelukkig is met het blijde nieuws." Als een journalist vraagt of ze al een naam hebben voor de baby, kijkt Mathilde even verveeld in de lucht. Het is een gebaar van minachting voor de pers, dat ze later niet meer zal herhalen. Tijdens haar zwangerschap wordt Mathilde op de voet gevolgd door journalisten. Er wordt druk gespeculeerd over de naam en over het geslacht van de baby.

De zwangerschap van Mathilde wordt een nationale gebeurtenis. Luierproducent Procter and Gamble belooft een jaar lang gratis luiers aan de aanstaande moeders die op dezelfde dag als Mathilde bevallen. De koninklijke baby is aangekondigd voor half november. Later blijkt dat het Hof er telkens drie weken bij telt, om de prinses in alle rust te laten bevallen. Mathilde kiest voor de gynaecologe Geneviève Naômé van het Erasmusziekenhuis in Brussel. Prins Filip heeft het er als katholiek aanvankelijk moeilijk mee dat zijn vrouw zal bevallen in een ziekenhuis dat tot de vrijzinnige koepel behoort en stelt een andere plaats voor. Als de gynaecologe weigert om de bevalling te leiden zonder haar ploeg van het Erasmusziekenhuis, bindt de prins alsnog in.

De eerste kroonprinses

Op donderdagavond 25 oktober 2001 om kwart over elf 's avonds mag het persagentschap Belga opnieuw het grote nieuws aankondigen: Mathilde heeft het leven geschonken aan een dochter. Prinses Elisabeth Thérèse Marie Hélène van België was even daarvoor, om exact 22u58, geboren. Voor het eerst in meer dan zeventig jaar wordt er een rechtstreekse troonopvolger geboren in ons land. Door de afschaffing van de Salische wet in 1991 kunnen vrouwen koningin worden, zodat het eerste kind van prins Filip automatisch de toekomstige kroonprinses is.

Inderhaast wordt in het holst van de nacht een persconferentie georganiseerd in het Erasmusziekenhuis. Een opvallend spraakzame en geëmotioneerde Filip staat de pers te woord in een groene operatiekiel. De baby is geboren met een keizersnede, omdat het om een risicobevalling ging. Elisabeth lag in een stuitligging en de navelstreng was rond haar hals gedraaid. Maar de prins beweert dat hij tijdens de geboorte van zijn dochter niet zenuwachtig was. "Ik ben een gevechtspiloot. Ik ben altijd kalm." Toch maakt de geboorte van zijn eerste kind bij Filip wel degelijk emoties los. Voor het eerst in zijn leven praat hij op een spontane manier tegen de pers, zonder zijn woorden af te wegen. Hij is dolgelukkig dat het een meisje is, "een vrouwtje", zoals hij haar onhandig in zijn enthousiasme noemt.

Filip is ook bijzonder verheugd dat zijn dochter de eerste koningin van België kan worden. "Dat is zeer goed. Er zijn grote koninginnen geweest in de geschiedenis. Ik wens dat ze een goede koningin wordt. Maar eerst moet ze een goede vrouw worden. Een echte vrouw. Ik hoop dat ik dicht bij het kind zal staan en haar alle aandacht zal kunnen geven die ze nodig heeft. Ach, een vader zus of een vader zo. Ik hoef geen moderne of postmoderne vader te worden. Als ze maar gelukkig is."

Koning Albert is volgens de kersverse vader ook bijzonder opgetogen. "Hij was in de Ardennen en zei: 'Ik kom onmiddellijk.' Hij heeft kunnen bewonderen hoe ik het kind een badje gaf, kleertjes aantrok. Met een beetje verbazing. Hij wist niet dat ik dat kon. De koningin is niet in het land. Ze komt morgenvroeg." Daarna: "Maar ga gerust uw gang, hoor. Stel gerust uw vragen." De journalisten staan even met de mond vol tanden. Zoveel spontaniteit hadden ze van de kroonprins niet verwacht.

's Anderendaags hebben alle kranten het over de transformatie van prins Filip. *Het Laatste Nieuws* herkent de stijve prins van weleer niet meer. "Gisterenochtend, drie uur na de geboorte van zijn dochter, schoot er van de koele prins niet veel meer over. Er was zoveel 'mens' voor in de plaats gekomen, dat het aanwezige perslegioen even zat te twijfelen of hij het wel was, en geen handige grappenmaker." *De Standaard* bloklettert zelfs: "Hij is er klaar voor!"

De dag na de geboorte worden naar aloude traditie 101 kanonschoten afgevuurd in het Brusselse Warandepark. 's Avonds wordt het "proces-verbaal van de verlossing van Hare Koninklijke Hoogheid prinses Mathilde" ondertekend door 22 getuigen, onder wie minister van Justitie Marc Verwilghen, premier Guy Verhofstadt, de voorzitters van Kamer en Senaat en de eerste voorzitter en de procureur-generaal van het Hof van Cassatie. Zij vertegenwoordigen de drie machten van ons land. Tegen de traditie in geven Filip en Mathilde het prinsesje een jonge peter en meter: prins Amedeo, de oudste zoon van prinses Astrid en gravin Hélène d'Udekem d'Acoz, de jongste zus van Mathilde.

Elisabeth draagt dezelfde namen als de vrijzinnige overgrootmoeder van prins Filip. Deze flamboyante vrouw van koning Albert I was een opvallende persoonlijkheid in de geschiedenis van de doorgaans saaie Belgische dynastie. In volle Koude Oorlog bracht de rode koningin de Belgische regering in verlegenheid door naar China en Rusland te trekken. Ze genoot ook bekendheid door haar rijk gevuld amoureus leven en haar liefde voor literatuur, kunst en wetenschap. Op het eerste gezicht zijn er dus weinig raakvlakken met koningin Elisabeth en het meer ingetogen bestaan dat Filip en Mathilde leiden. Zij kozen de naam om de bijbelse betekenis ervan.

Drie dagen na de bevalling worden een hoffotograaf en een cameraman in het ziekenhuis toegelaten om gedurende een half uur de eerste beelden te schieten van het prinsesje. Filip kust zijn kersverse dochter, Mathilde kust haar dochter én haar man. Het zijn allerliefste familieplaatjes, geknipt om op koekendozen te prijken.

De prins aartsengel en zijn broertje

Bijna twee jaar na de geboorte van Elisabeth komt er een broertje bij. Op woensdagavond 20 augustus 2003, opnieuw twee weken vóór de aangekondigde datum, bevalt prinses Mathilde van prins Gabriël Boudewijn Karel Maria. Nu is Mathildes broer, Charles Henri d'Udem d'Acoz, peter. Meter is een achternicht van prins Filip: barones Maria Christina Rossi di Montelera.

Omdat Gabriël geen toekomstige koning is, weerklinken er geen kanonschoten en wordt er geen persconferentie gegeven. Wel tipt de kersverse woordvoerder van het paleis, Michel Malherbe, de pers dat de prins even zal langskomen. En inderdaad, enkele uren na de bevalling gaat de kroonprins manhaftig enkele kranten kopen op de benedenverdieping, waar de pers post heeft gevat. Hij staat gewillig de journalisten te woord en vertelt hoe trots hij is op zijn vrouw. Gabriël is op een natuurlijke manier geboren en dat heeft bij Filip, zoals bij de meeste vaders, diepe indruk gemaakt.

Prins Filip biecht de media op dat hij en zijn vrouw al enkele maanden wisten dat het een jongen zou zijn. Bijna onmiddellijk besloten ze het prinsje Gabriël te noemen, een naam met wortels in zowel het jodendom, het christendom als de islam. Gabriël betekent in het Hebreeuws: "God heeft zich sterk gemaakt." De tweede naam is een eerbetoon aan wijlen koning Boudewijn.

Nog eens twee jaar later, op 4 oktober 2005, wordt een derde kindje geboren: prins Emmanuel Leopold Guillaume François Marie. Ditmaal moeten de journalisten de prins al buiten aan het ziekenhuis opwachten. Nog onder de indruk van de bevalling spreekt opnieuw een emotionele Filip open tegen de pers. Hij is trots op zijn vrouw omdat ze zo'n zware bevalling heeft doorstaan. Later vertelt de gynaecologe dat het om een heel gewone bevalling ging. Maar lang wil Filip niet praten: "Ik moet nu de andere kinderen halen en ze moeten kennis maken."

Mathildes oudste zus Elisabeth is meter van Emmanuel. Prins Guillaume, de erfgroothertog van Luxemburg wordt peter. Hij is een neef van prins Filip. Enkele dagen later wordt er een zeer uitgebreide foto- en camerasessie gehouden met het gezin. De gesprekken met de kinderen verlopen deels in het Frans, deels in het Nederlands. Zo kan men van de gelegenheid gebruik maken om te tonen dat de vierjarige prinses Elisabeth al Nederlands praat.

Als het paar met hun derde kindje het ziekenhuis verlaat, praten ze nogmaals met de media. Deze persontmoetingen met het kroonprinselijke gezin zijn veel uitgebreider dan hun buitenlandse collega's bij gezinsuitbreiding geven. Blijkbaar is men er zich aan het Hof van bewust dat het imago van de kroonprins als vader een van zijn sterkste kanten is. De Belgen krijgen dan ook geregeld het voltallige gezin te zien, een evenement waar de media dankbaar op inzoomen. Vaak wordt prinses Elisabeth meegenomen tijdens een officieel bezoek. Op haar vierde woont ze voor het eerst een *Te Deum* bij op de nationale feestdag. De kleuter is duidelijk goed voorbereid, want ze doorstaat de beproeving met glans. De rabiate fans van het koningshuis die buiten aan de kathedraal wachten, zijn door het dolle heen. Daarna wordt Elisabeth geregeld ingezet tijdens kindvriendelijke officiële bezoeken. Telkens doet ze gedwee wat er van haar verlangd wordt, vaak met een bloedige ernst op haar gezichtje. De gelijkenis met haar vader als kind is opmerkelijk. Voor het Hof zijn deze optredens van het prinsesje een prima PR-zet. Bovendien leert het meisje op die manier langzamerhand wennen aan de camerabelangstelling. Filip en Mathilde willen hun kinderen niet afschermen van de pers. De publieke belangstelling zal een deel van hun leven zijn, dat beseffen de ouders. Met de Belgische media gaat het Hof een soort *gentleman's agreement* aan waardoor de pers af en toe de obligate familiebeelden krijgt voorgeschoteld. In ruil daarvoor worden de kinderen met rust gelaten. Enkel als prinses Elisabeth jarig is, staan er enkele perslui voor de schoolpoort. Samen met de prinsenkinderen gaat er ook altijd een veiligheidsagent mee naar school. Tijdens de schooluren wacht hij discreet in een andere klas.

"Mathilde vindt het belangrijk dat haar kinderen zo normaal mogelijk worden opgevoed," zegt vriend des huizes baron Paul Buysse. En daar slagen zij en haar man aardig in. Dat was in 2007 te merken tijdens een persmoment aan het begin van de zomervakantie. Als het gezin discreet wordt gevolgd door een cameraman en een fotograaf tijdens een uitstapje naar een doe-park, is er van de ernstige Elisabeth nog weinig te merken. Ze loopt en springt zorgeloos van de ene naar de andere attractie, zoals elke kleuter.

De aanwezige vader: Filip bij de doop van prins Emmanuel

Een aanwezige vader

Filip profileert zich graag als een moderne en betrokken vader. Op de vooravond van het huwelijk van Willem-Alexander en Maxima in februari 2002 botst een cameraploeg toevallig op Filip en Mathilde tijdens een wandeling in Amsterdam. De kleine Elisabeth hangt in een kangoeroezak op de buik van de prins. Hij doet meteen teken dat hij mag gefilmd worden, iets wat de prins in andere omstandigheden minder leuk zou gevonden hebben.

Filip wil zijn kinderen duidelijk anders opvoeden dan hijzelf heeft ervaren. De prins speelt met zijn kinderen, wast ze in bad en verschoont ook luiers. Alle getuigen zijn het erover eens dat Filip een attente en zorgzame vader is. Bedrijfsleider en persoonlijke vriend Manuel Buyck getuigt hoe de agenda van de kroonprins soms aangepast wordt aan de noden van zijn kinderen. Filip brengt 's morgens de kinderen naar school. Het activiteitenprogramma van Mathilde is zo geregeld dat zij de kinderen meestal om vier uur aan de schoolpoort kan ophalen. 's Avonds en tijdens het weekend is er nauwelijks nog personeel op het kasteel. Dan kookt Mathilde zelf of warmt ze iets op dat het keukenpersoneel vooraf heeft bereid. Soms laten ze pizza's of hamburgers brengen op het kasteel van Laken. Als Filip en Mathilde op handelsmissie zijn, worden de kinderen vaak opgevangen door de ouders van Mathilde.

Filip en Mathilde moeten hun kinderen vanzelfsprekend tweetalig opvoeden. Tijdens de opleiding van Filip kwam er vaak kritiek op zijn gebrekkige kennis van het Nederlands. Het Hof wil die kritiek voor zijn en kiest daarom uitdrukkelijk voor een Vlaams kindermeisje dat de kinderen in Laken opvangt. De oudste kinderen gaan ook naar het Vlaamse Sint-Jan Berchmanscollege in Brussel, waar ook de kinderen van prinses Astrid school lopen. Thuis spreken de ouders met hun kinderen Frans maar de kinderen leren het Nederlands via hun nanny. De jongetjes zijn nog te klein, maar Elisabeth is het Nederlands duidelijk machtig. Ook al spreekt ze het met een Frans accent.

De meeste waarnemers zijn het erover eens dat het huwelijk en het vaderschap een zegen zijn voor de prins. Zijn gezin is duidelijk prioritair geworden. "Hij is zeker minder eenzaam nu," merkt gewezen staatssecretaris Pierre Chevalier op. "Want ik had de indruk dat de man vroeger toch wel fundamenteel alleen door het leven ging, niet wetend hoe oprecht de mensen waren die hem omringen." Filip zelf beaamt dat hij gelukkig is in zijn huwelijk. Ook Mathilde blijkt een godsgeschenk "'s Avonds, als de kinderen naar bed zijn, praten we wat of we kijken naar een film. Zoals de meeste koppels. We zijn gelukkig." Royaltywatchers wijzen er graag op dat het vaderschap van Filip een andere man gemaakt heeft. Zijn blik is verruimd. Hij is opener en socialer. Bovendien zijn zijn kinderen goed voor zijn eigen populariteit. Marc Servotte, gewezen directeur van de BDBH, vindt dan weer dat de prins niet veranderd is na zijn huwelijk. "Filip is zichzelf gebleven, ook na zijn huwelijk. Hij heeft nog steeds dezelfde blik. Het blijft een perfectionist en hij blijft tot het uiterste overtuigd van zijn rol."

Een bijbelse familie

Filip en Mathilde willen hun kinderen zo vlug mogelijk de christelijke waarden bijbrengen. Ze lezen hen voor uit de bijbel en bij opvoedkundige problemen is de christelijke leer ook een steun. De bijbelse namen van hun kinderen zijn niet toevallig gekozen. Elisabeth, Gabriël en Emmanuel verwijzen naar de boodschap dat de verlosser zal komen.

"Filip en Mathilde hebben elkaar zeker in het geloof gevonden," zegt een klerikale topfiguur. "De bijbel is in het kroonprinselijke gezin een belangrijke leidraad." Filip en Mathilde zijn diep religieus maar houden hun geloofsovertuiging bewust binnenskamers. Ze gaan meerdere keren per week naar de mis, hetzij naar de kapel op het domein van Laken, hetzij naar de OLV-kerk in Laken. Ze hoeden er zich wel voor om niet te vaak in dezelfde kerk te verschijnen. Dat zou te zeer opvallen. Uit angst voor kritiek willen ze hun geloof niet te veel publiekelijk tonen. Filip spiegelt zich op gelovig vlak zeker aan zijn oom. Maar in tegenstelling tot Boudewijn, wil hij er niet te opvallend mee naar buiten komen. Sinds de weigering van koning Boudewijn de abortuswet te ondertekenen, wordt de geloofsbelevenis van het Hof door de politiek met argusogen bekeken. Filip en Mathilde bidden veel en putten, volgens ingewijden, veel kracht uit het katholieke geloof. Maar tegelijk weten ze dat ze aanvaardbaar moeten zijn voor de hele bevolking, ook voor niet-gelovigen.

Toch kan Filip, volgens diverse anonieme bronnen, weinig begrip opbrengen voor atheïsten. Voor de prins is zijn geloof een houvast. Dat anderen dat houvast niet nodig hebben, verwondert hem. Aan Pierre Chevalier vraagt hij meer dan eens hoe het mogelijk is dat hij zijn geloof zomaar heeft verloren. Tijdens een etentje met een andere vrijzinnige toppoliticus merkt hij op dat "de vrijzinnigen in ons land zich gelukkig behoorlijk gedragen". Die opmerking is exemplarisch voor de manier waarop de prins naar niet-gelovigen kijkt. Enkele vrijzinnige toppolitici tonen zich ronduit bezorgd over de manier waarop Filip de christelijke leer propageert in zijn denken en doen. Ze vrezen dat de prins zijn geloof in zijn koningsschap zal integreren zoals koning Boudewijn.

Volgelingen van Emmanuel

Het leven van Filip en Mathilde is doordrongen van katholieke symboliek. Ze zijn overtuigde volgelingen van de Emmanuelbeweging, een van de uitlopers van de Charismatische Vernieuwingsbeweging. De Emmanuelbeweging ontstond in het begin van de jaren zeventig uit een charismatische gebedsgroep in Parijs. Terwijl de Charismatische Vernieuwing gegroeid is uit het protestantisme, heeft de Emmanuelbeweging een uitgesproken katholiek karakter. De gemeenschap is sterk missionair en is gestoeld op de principes van evangelisatie, aanbidding en medelijden. Een bijzonder kenmerk van deze gemeenschap is dat haar leden bijzonder vrijmoedig van hun geloof getuigen, iets wat voor veel katholieken in de Lage Landen niet zo vanzelfsprekend is. De leden ontmoeten elkaar tweewekelijks in zogenaamde "huiskringen" waar samen wordt gebeden, gelezen uit de bijbel en ervaringen worden uitgewisseld. De Emmanuelgemeenschap heeft met andere charismatische bewegingen een aantal dingen gemeen. Een van de kenmerken is het spontane gebed, vaak in een eigen taal, de zogeheten tongentaal of glossolalie. De dag wordt meestal begonnen met een lofprijzing. Dat uit zich in spontaan samen bidden, afgewisseld met speciale gezangen die vooral een stuk levendiger zijn dan wat de gemiddelde kerkganger in de parochie gewoon is. De Emmanuelbeweging is bij ons vooral populair in de betere Franstalige kringen in Brussel en in Wallonië. In Vlaanderen staat de groep niet zo sterk.

Het prinselijk paar met het hele gezin:
prinses Elisabeth, prins Gabriël en prins Emmanuel

Filip en Mathilde trekken met hun gezin ook geregeld naar de bezinningsdagen van de Emmanuelbeweging in Frankrijk. De geloofsgroep organiseert
gezinsbijeenkomsten in Taizé en in Paray-le-Monial, het beroemde bedevaartsoord van het Heilig Hart in Frankrijk. In het geestelijke centrum van
de Emmanuelgemeenschap hebben overigens Albert en Paola hun verzoening
bezegeld. Het bedevaartsoord heeft voor de aanhangers van de vernieu-
wingsbewegingen een bijna mythische betekenis. "Die dagen in Paray-le-Monial zijn voor hen noodzakelijk," zegt een geestelijke vertrouwensfiguur van
Filip en Mathilde. "De principes die ze daar meekrijgen, wenden ze ook aan
in hun werk en relaties. Ze gaan er samen met de kinderen naartoe als ze op
doorreis zijn naar Zuid-Frankrijk."

Het is kardinaal Suenens geweest die de Charismatische en de Emmanuelbeweging aan het Hof heeft geïntroduceerd. Boudewijn was in de ban van
kardinaal Suenens. Met de huidige kardinaal Danneels zijn de banden veel
minder innig. "Een sterke band tussen de aartsbisschop en het staatshoofd
past niet meer in deze tijd," laat kardinaal Danneels zich tijdens een interview ontvallen. Vaak wordt beweerd dat de koninklijke familie ook een overtuigd aanhanger is van het aartsconservatieve Opus Dei. In dat verband wordt
verwezen naar de diepgelovige Fabiola en naar aartshertog Lorenz, die via zijn
familie banden zou hebben met de rechtschristelijke groepering. Ingewijden
aan het Hof, zoals Michel Didisheim, ontkennen dat met klem. Volgens de
ex-rechterhand van prins Albert klopt het niet dat Opus Dei via koningin
Fabiola veel macht heeft gekregen. Ook Boudewijn zou, ondanks de geruchten, geen uitgesproken voorkeur hebben gehad voor Opus Dei. "Kan u zich
voorstellen dat een koning van een moeilijk land als België lid zou worden
van zo'n beweging?"

Het geschonden vertrouwen

Filip beklemtoont graag dat hij niet enkel vrienden uit adellijke kringen
heeft. "Het gaat om mensen, niet om rang of stand. We hebben vrienden in
de adel en dat is normaal. We hebben ook vrienden daarbuiten. We ontmoeten zoveel mensen overal. Na een zekere tijd komen er affiniteiten. En of ze
nu van adel zijn of niet, maakt in feite niet zoveel uit." Intimi beweren dat

Filip en Mathilde zeer weinig echte vrienden hebben. Bedrijfsleider Philippe Vlerick, baron Paul Buysse en ook hoge edellieden zoals baron Henri Kint de Roodebeeke behoren tot de vertrouwelingen van het paar. "Ze kennen veel mensen, maar dat is iets anders. Het is ook niet makkelijk om in hun positie echte vriendschapsbanden te hebben," getuigt een van hen. "Je kunt je niet inbeelden hoeveel zogenoemde vrienden hun vertrouwen al hebben geschonden!" Anderzijds zijn sommige vrienden minstens even verbaasd dat ze van Filip het etiket "vriend" krijgen.

Filip heeft wel een nauwe band met enkele familieleden. Zijn nicht, prinses Margaretha van Luxemburg, en haar man, Nikolaus van Liechtenstein, staan heel dicht bij Filip en Mathilde. Toen Margaretha in Brussel studeerde, zat ze "op kot" bij oom Boudewijn in het kasteel van Laken. Zo leerde ze Filip goed kennen. Haar man is nu ambassadeur in Brussel en daardoor woont het koppel nog altijd dicht in de buurt. Filip gaat voor professionele kwesties ook vaak te rade bij de topdiplomaat. De familieband met Margaretha en Nikolaus is hecht. Zo brachten ze in 2005 de paasvakantie door in Spanje, samen met prins Constantin van Liechtenstein en zijn vrouw Marie. Hun kinderen hebben zowat dezelfde leeftijd als de Belgische prinsjes. Het paar maakt vaak citytrips met adellijke vrienden, of ze bezoeken familie in het buitenland. In de zomer van 2005 én 2007 brengen Filip en Mathilde de vakantie door in de Algarve bij de Portugese troonpretendent Dom Duarte en zijn vrouw.

Het paar is, naar eigen zeggen, ook goed bevriend met de Nederlandse kroonprins Willem-Alexander en zijn vrouw Maxima. Beide kroonprinsen kennen elkaar al jaren via hun ouders. Filip en Mathilde zijn al enkele keren persoonlijk te gast geweest op Villa Eikenhorst in Wassenaar, waar hun Nederlandse vrienden wonen. Het is niet ongewoon dat de prinsenparen het goed met elkaar kunnen vinden want ze verkeren in net dezelfde situatie. Ze zijn ongeveer even oud, hebben dezelfde gezinssituatie en staan allebei klaar om de fakkel van hun ouders over te nemen. Volgens intimi wordt de vriendschap tussen het Nederlandse en Belgische paar wat gecultiveerd omdat dat goed zou staan in koningskringen én in de gespecialiseerde pers. Maar ze lopen elkaars deur niet plat. Daarvoor zijn ze te verschillende persoonlijkheden. Hetzelfde geldt voor de vriendschap met de Spaanse troonopvolger Felipe en zijn vrouw Letizia.

De Europese kroonprinsessen komen wel regelmatig samen om ervaringen uit te wisselen. Zowel Letizia, Maxima, de Deense prinses Mary als de Noorse prinses Mette zijn burgermeisjes en hebben moeten wennen aan hun nieuwe status. Mathilde is de enige aristocrate in het groepje kroonprinsessen. De kroonprinsessen hebben hun groepje de M-club gedoopt naar de eerste letter van hun voornaam. Letizia hebben ze dan maar herdoopt in "Metizia". Ze maken elkaar ook graag meter van hun sterk uitbreidende kroost. Zo is Mathilde meter van prinses Alexia van Nederland en van prinses Isabella van Denemarken.

Het imago van Mathilde

Hoe los en spontaan Mathilde bij haar eerste verschijning ook overkomt, na enige tijd schiet er van die ongedwongenheid nog weinig over. Ze kleedt zich al snel naar de etiquette van het Hof en laat zich, volgens insiders, leiden door de weinig avontuurlijke smaak van Filip. Ook haar eeuwige glimlach komt af en toe krampachtig over. Als Mathilde in het gezelschap van andere buitenlandse royals is, gedraagt ze zich onzeker en quasi onderdanig. Iedereen moet natuurlijk groeien in zijn rol. Het duurt dan ook enkele jaren voor Mathilde haar zelfzekerheid terugvindt.

Professioneel heeft de prinses intussen bewezen dat ze meer in haar mars heeft dan eerst werd vermoed. Ze studeert in september 2002 af als licentiate psychologie met een eindverhandeling over "de zoektocht naar de identiteit bij delinquente adolescenten", zeker geen voor de hand liggend thema voor een dame die uit de Franstalige bourgeoisie stamt. Haar opleiding psychologie blijkt van groot nut als ze kinderen ontmoet. Weinig prinsessen kunnen tippen aan het vakmanschap waarmee Mathilde met kinderen omgaat.

Onder impuls van haar adviseur, de Vlaamse topdiplomate Machteld Fostier, groeit ook de prinses in haar rol. Fostier wil van Mathilde meer maken dan louter de gemalin van de kroonprins. Zij zorgt ervoor dat de prinses, door haar titel en haar diploma, ook internationaal sterker uit de verf komt. Mathilde wordt in 2005, het internationale jaar van het microkrediet, door de Verenigde Naties uitgekozen als speciale gezant. Microkrediet is een moderne vorm van armoedebestrijding waarbij bescheiden leningen worden

Prinses Mathilde tijdens haar eerste Unicef-reis in Niger

toegekend aan mensen, vooral vrouwen die een klein bedrijfje willen op-
starten. Mathilde specialiseert zich in het thema. De prinses neemt haar rol
ter harte en gaat over microkrediet spreken voor een VN-conferentie in New
York. Dat haar interesse geen bevlieging is, blijkt uit haar intensieve werkbezoeken aan projecten in China, India en Washington.

Ook niet-gouvernementele organisaties ontdekken het potentieel van de
prinses. Unicef en UNAIDS vragen haar als speciaal vertegenwoordiger van
hun campagne voor kinderen met hiv- en aidsbesmetting. Tijdens bezoeken
aan UNAIDS-projecten gebruikt de prinses haar titel en positie om het taboe rond de ziekte te doorbreken. In binnen- en buitenland omhelst en kust
ze hiv- en aidspatiënten. Omdat de aidsproblematiek in bepaalde landen nog
bijzonder gevoelig ligt, moet Mathilde haar diplomatiek talent aanwenden
om politieke commotie te vermijden. In mei 2007 dreigt er even een incident
met Marokko. Mathilde zou dit Noord-Afrikaanse land bezoeken als ambassa-
drice van UNAIDS maar op het laatste moment wordt het bezoek afgelast.
Volgens de Marokkaanse pers is de prinses welkom maar niet in haar hoeda-

nigheid van vertegenwoordiger van het aidsfonds. *Gazette du Maroc* vindt deze aandacht ongepast omdat er in Marokko volgens de krant "geen groot aidsprobleem is". Mathilde bindt in en de reis wordt uitgesteld. Ook in China begeeft Mathilde zich tijdens een handelsmissie in 2007 op glad ijs. In een land waar hiv- en aidspatiënten nog zwaar worden gediscrimineerd, plant de prinses een boom voor aidsslachtoffers. Haar engagement is niet mis te verstaan. Tijdens haar speech formuleert ze klaar en duidelijk haar steun aan Peter Piot, de Vlaming die aan het hoofd staat van het aidsprogramma van de Verenigde Naties.

Het merendeel van de speeches van de prinses is inmiddels geëvolueerd van brave dankbetuigingen tot halve statements. Zo spreekt ze, tijdens de uitreiking van de Prinses Mathildeprijs in 2005, over de discriminatie van vrouwen op het werk en steunt ze het project voor borstkankerpreventie tijdens de VRT-campagne *Kom op tegen kanker*.

Mee op missie

Mathilde maakt enkele soloreizen. Maar meestal reist ze toch in het kielzog van haar man tijdens handelsmissies. In tegenstelling tot haar schoonmoeder, die bijna nooit meeging op economische reizen, wordt Mathilde vanaf het begin actief ingezet als metgezel van haar man. Een handelsmissie mét de prinses kan trouwens op meer persbelangstelling rekenen. Haar rol tijdens de handelsreizen hangt af van de communicatiestrategie van het moment. Na het succes van de eerste testmaanden wordt er al snel een parallel programma voor Mathilde uitgewerkt met een meer sociaal profiel. Daardoor komen de zakelijke belangen van de reis in de pers soms nog nauwelijks ter sprake. De activiteiten van Mathilde worden nu eenmaal door de meegereisde pers op de voet gevolgd. Dat zorgt soms voor wrevel bij de zakenlui, die voor de handelsreis moeten betalen. Als tegenreactie worden er daarna enkele reizen georganiseerd waarbij Mathilde enkel een ondersteunende rol heeft, zodat de economische boodschap niet verloren gaat. Maar ook dat blijkt geen succes want op die manier komt het geringere communicatietalent van prins Filip te veel in de kijker.

Nu ze een serieuzer imago heeft, krijgt de prinses ook meer opdrachten met diepgang. Mathilde is in het buitenland trouwens op haar best. Omdat er vaak moet geïmproviseerd worden, zijn die bezoeken minder protocollair. De buitenlandse pers is ook vaak minder gehoorzaam dan de Belgische pers, en dat zorgt vaak voor paniekreacties bij de veiligheidsagenten. Mathilde komt in die gevallen meer dan eens tussenbeide. Op een efficiënte en sympathieke manier lost ze misverstanden op met de aanwezige perslui.

Worstelen met glamour

Bij het begin van haar carrière vindt de prinses het vreselijk dat haar kledij zoveel aandacht krijgt in de pers. Daarom gaat ze zich onopvallender kleden. De prinses en haar omgeving denken dat trendy kledij en beroepsernst niet samen gaan. Maar intussen hebben ze ingezien dat mode en ernst niet in tegenspraak zijn met elkaar. Bovendien moet Mathilde haar buitenlandse collega's volgen, die zich wel trendy kleden. Sinds een paar jaar krijgt ontwerper/stylist Edouard Vermeulen almaar meer carte blanche om de prinses een modieuze look te geven. De strenge haardotjes en kleurloze mantelpakjes van de eerste jaren maken nu plaats voor gedurfde en eigentijdse creaties. De modieuze prinses prijkt weer op de voorpagina's van de internationale royaltypers en dat komt haar populariteit in binnen- en buitenland ten goede. Mathilde geeft haar man hierdoor zeker een duw in de rug. Haar rol lijkt haar op het lijf geschreven en in eigen land kan ze op veel sympathie rekenen. Geen wonder dat het Franstalige weekblad *Le Vif* haar "de nachtmerrie van de republikeinen" noemt.

HOOFDSTUK 7

Filip in opspraak

Op 2 januari 2002 kondigt de katholieke universiteit van Leuven vrij onverwacht aan dat prins Filip een eredoctoraat krijgt. De academische
raad gunt de kroonprins de titel "omwille van de waarden die de prins belichaamt". Rector André Oosterlinck noemt de onderscheiding voor Filip ge-
rechtvaardigd. Professoren hebben over de figuur van Filip al een jaar lang
uitvoerig gediscussieerd. En dus verwacht de rector verdere geen moeilijkheden.

De kroonprins staat al zeker drie jaar op de shortlist van doctor honoris
causa maar tot een jaar vóór de uitreiking durft geen enkele academicus het
aan om publiek zijn steun uit te spreken voor de kroonprins. Onder impuls
van rector Oosterlinck komt de academische raad in het voorjaar van 2001 tot
een consensus: de kroonprins zal een eredoctoraat ontvangen op voorwaarde
dat zijn studieverleden nauwkeurig onderzocht wordt. Als uit het onderzoek
blijkt dat er te veel vragen onbeantwoord blijven, kan de toekenning van de
eretitel nog worden afgeblazen.

De academische raad hakt daarom ook pas een half jaar later, in juli 2001,
definitief de knoop door. Rector Oosterlinck wil er zeker van zijn dat hij geen
fouten maakt. Er zijn hardnekkige geruchten over de ondermaatse studieprestaties van de kroonprins. Ook het diploma van Master of Arts in de politieke wetenschappen, dat Filip in 1985 heeft behaald aan de prestigieuze universiteit van Stanford, roept vragen op. De rector trekt zelf op onderzoek uit.

Hij neemt contact op met de Koninklijke Militaire School en doet navraag naar de schoolcarrière van de prins. André Oosterlinck vraagt een collega-professor in Californië of hij in Stanford de legitimiteit van het universitaire diploma van de prins kan onderzoeken. In het jaarboek van Stanford blijkt de prins van België inderdaad geregistreerd als afgestudeerd aan de faculteit Politieke Wetenschappen. Voor de rector van de K.U. Leuven zijn daarmee alle vragen beantwoord. Zijn campagne kan beginnen om het eredoctoraat binnen de universiteitsmuren aanvaard te krijgen.

De functie, niet de persoon

Het eredoctoraat voor de kroonprins mag voor veel buitenstaanders dan een verrassing zijn, op zich is het niet uitzonderlijk, want het ligt in de lijn van de traditie. Zijn vader, koning Albert kreeg die titel in 1961 toen hij nog prins van Luik was. Vóór hem zijn ook koning Boudewijn, koning Leopold III, koning Albert I en zelfs koningin Elisabeth academisch gelauwerd. De universiteit wil als vanouds de koninklijke inzet erkennen. Maar waarom het uitgerekend op dat moment moet gebeuren, laat de rector in het midden. In de academische raad verdedigt de rector zijn keuze. Het eredoctoraat is volgens Oosterlinck bedoeld om "de functie te eren, niet de persoon". Ook Filip en zijn entourage zijn vanzelfsprekend op voorhand op de hoogte gebracht over de uitreiking van de titel. Rector Oosterlinck heeft een paar maanden vóór de aankondiging Filip persoonlijk geïnformeerd. De kroonprins is volgens de rector "enthousiast maar voorzichtig". Tijdens het gesprek wordt gesuggereerd dat er dissidente stemmen kunnen zijn die het niet eens zijn met het initiatief van de universiteit. Ook wordt de reactie van de universiteit en van het Hof op eventuele kritiek besproken. Het Hof en de universiteit zijn dus niet totaal onvoorbereid wanneer er inderdaad heibel ontstaat over de zin van een eredoctoraat voor de kroonprins. Volgens een intimus van het Hof had Oosterlinck zijn eigen achterban beter moeten inschatten. "Hij heeft dat verkeerd beoordeeld. En toen het debat in de media in volle hevigheid reageerde de rector bovendien te bits." In bepaalde media wordt zelfs gesuggereerd dat het Hof zelf heeft aangestuurd op het eredoctoraat. Misschien vindt de prinselijke entourage dat de tijd rijp is om wat meer ernst toe te voegen aan de lange lijst titels van de prins. Het moment waarop de prins het eredoctoraat krijgt, is niet toevallig gekozen. Filip is immers net vader geworden. En de publieke opinie is het er over eens dat het vaderschap de prins tot een ander mens gemaakt heeft. Tijdens de persconferentie, waarop de geboorte van het prinsesje wordt aangekondigd, merken de Vlaamse media bovendien op dat het Nederlands van de prins er sterk op vooruit is gegaan.

Meedrijvend op de positieve commentaren die Filip heeft geoogst na de geboorte van zijn dochter, kan een eredoctoraat een zegen zijn. Toch is rector Oosterlinck formeel: "Er is op geen enkel moment druk uitgeoefend op de universiteit. En er was zeker geen vraag van het Hof om die titel aan Filip te geven."

Een prijs voor de wereldvrede

De K.U. Leuven reikt in 2002 in totaal vier eredoctoraten uit aan personen die op wetenschappelijk en/of maatschappelijk vlak "een vooraanstaande plaats innemen". Bij elke figuur hoort een aparte motivering. De verdediging van Filip is een lofdicht waarbij de clichés niet worden geschuwd. In de motivatie voor de eretitel wordt de carrière van de prins geschetst. Rector Oosterlinck heeft de tekst persoonlijk geredigeerd en geeft later toe dat hij zich misschien "wat te poëtisch heeft uitgedrukt". De universiteit prijst Filip uitvoerig omdat hij zich intensief voorbereidt op zijn toekomstige taak. Bovendien wenst de K.U. Leuven met het eredoctoraat de betekenis te onderstrepen van "de waarden die prins Filip belichaamt". Vooral de laatste passage doet bij vele academici de wenkbrauwen fronsen. Een van de redenen voor dit eredoctoraat is namelijk de actieve inzet van de prins "voor de bevordering van de wereldvrede." Een opmerkelijke stelling die vooral op de faculteit Politieke Wetenschappen op onbegrip wordt onthaald. De rector wil naar eigen zeggen benadrukken dat de monarchie in België steeds een brug heeft proberen te slaan tussen de gemeenschappen zonder dat er ooit gewapende conflicten zijn uitgebroken. Een stelling die verdedigbaar kan zijn, als ze ook gestaafd zou zijn met argumenten. Alleen ontbreekt bij zoveel lof elke uitleg. De rector zegt later in een interview dat het "dankzij het koningshuis is dat Walen en Vlamingen elkaar niet uitmoorden".

Als de aankondiging in januari van 2002 in de pers verschijnt, nemen weinig commentatoren de beslissing van de universiteit op de korrel. Alle media houden zich op de vlakte en berichten vrij sec over het eredoctoraat. Maar ondanks de medialuwte, broeit er binnen de universiteit protest tegen de eretitel voor Filip. Rond half januari hebben 150 wetenschappers, later worden het er meer dan 250, een open brief ondertekend om te protesteren tegen de toekenning. De academici nemen het niet dat Filip de titel wordt toegekend omdat de betrokkene nu eenmaal troonopvolger is. Aanstoker van het protest blijkt professor Kathlijn Malfliet te zijn van het departement Politieke Wetenschappen. Zij beweert onomwonden dat de beroepseer van de wetenschapper schade lijdt door dit manoeuvre van de Leuvense universiteit. De ondertekenaars nemen geen expliciet standpunt in voor of tegen het koningshuis. Maar een eredoctoraat voor de troonopvolger is voor veel academici een stap te ver.

De discussie binnen de universiteitsmuren wordt breed uitgesmeerd in de pers. En meteen wordt ook de bedenking gemaakt of Filip wel over de nodige intellectuele capaciteiten beschikt om die eretitel te verdienen. De kroonprins belandt in het oog van een storm die hij zelf niet heeft uitgelokt. Het Hof reageert officieel niet op het protest maar zit zeer verveeld met de zaak. Vooral als de krant *De Standaard* beslist om dieper in het studieverleden van de prins te gaan graven, reageert de woordvoerder van het paleis korzelig. In *De Standaard*, en later ook in andere dagbladen, worden enkele studiegenoten van prins Filip geciteerd die zijn carrière op de Koninklijke Militaire School zwaar in twijfel trekken. Een studiemakker van Filip zegt onomwonden dat hij "samen met 175 jaargenoten kan getuigen dat de prins een diploma heeft gekregen zonder examens of eindwerk af te leggen". De getuigen in de kranten zijn vernietigend voor Filip. "Noch op schriftelijke, noch op mondelinge examens was Filip ooit aanwezig. Assistenten zeiden dat hij wel een soort examen aflegde bij de professoren, privé, maar niemand geloofde dat. We waren intern, we leefden daar, je zag wie de bureaus van de professoren binnen- en buiten ging."

De heisa houdt aan en de verdediging van rector Oosterlinck wordt in zowat alle Vlaamse media als zwak afgedaan. Professoren, politici en ook de media vinden dat de oudste universiteit van het land een belabberd figuur slaat en van overdreven profileringsdrang en adoratie getuigt. In zowat alle Vlaamse kranten en debatprogramma's vinden waarnemers dat "prins zijn" geen persoonlijke verdienste is en dat het bovendien geen argument is om Filip een eredoctoraat toe te kennen. De vraag is of het verstandig was van de universiteit om het op die manier op te nemen voor de monarchie. Moet de universiteit zich niet meer distantiëren van overduidelijke steun aan de troonopvolger?

Het eredoctoraat is officieel een zaak van de universiteit en het paleis doet er het zwijgen toe. Maar achter de paleismuren wordt in de maand januari wel voortdurend vergaderd over deze of gene onthulling over de kroonprins. Volgens een intimus "heeft Filip er nooit aan gedacht om dat eredoctoraat op te geven. Hij heeft zijn verdediging wel tot in de puntjes voorbereid. Aan zijn redevoering is dagen gewerkt. Het was ook zijn idee om er een grapje in het Latijn aan toe te voegen."

De discussie over de eretitel blijkt een kantelmoment in de manier waarop – voornamelijk Vlaamse – media berichten over de kroonprins. Alle schroom valt vanaf dat moment weg. Getuigen, die er misschien een antiroyalistische agenda op nahouden, worden gretig geciteerd. En dat terwijl het paleis zich onthoudt van alle commentaar. Rector Oosterlinck wordt wel een paar keer betrokken bij de discussies over de precieze mediastrategie die het paleis zal volgen. Oosterlinck: "Ik heb het paleis laten weten dat we zouden doorgaan. Maar er is mij nooit rechtstreeks gezegd om te stoppen. Ze wilden wel weten of ik niet zou terugkrabbelen."

De goodwill die Filip kreeg, na de geboorte van zijn dochter, is verdwenen. De prins wordt steevast voorgesteld als een incompetente knoeier die zijn diploma heeft gekocht en er nog voor beloond wordt met een eredoctoraat door een van de meest gerespecteerde instellingen van het land. De vragen over het intellect van de veertiger zijn voor Filip pijnlijk en confronterend. Rector Oosterlinck noemt het "onterecht dat men Filip zo aanpakte. Ik heb in Stanford laten checken of hij daar inderdaad een diploma had behaald. En dat bleek te kloppen."

Bovendien zorgt de uitreiking van het eredoctoraat ook voor een discussie die de figuur van Filip overstijgt. Veel waarnemers vinden dat het morele gezag van het staatshoofd, dat onder koning Boudewijn zonder meer hoog was, aan het afbrokkelen is. In die zin is de eretitel voor de kroonprins een slecht getimede dienst aan de monarchie. Terwijl het eredoctoraat bedoeld was om het aanzien van de toekomstige koning der Belgen op te krikken, zaait het alleen maar meer twijfel. Het incident doet ook vragen rijzen bij de Belgische invulling van de monarchie. En de toekomst ervan. Ook politici vragen zich hardop af of de universiteit en het koningshuis beter niet eerst overlegd hadden en of ze het eredoctoraat niet beter nog een jaar of tien hadden uitgesteld. Pierre Chevalier noemt het een illustratie van de wereldvreemdheid aan het Hof. Hoe dan ook, de uitreiking berokkent schade aan het onaantastbare imago van het koningshuis. Het is nooit eerder voorgekomen dat 250 professoren een kroonprins afschoten.

Doctor doloris causa

Op 4 februari 2002 wordt prins Filip eindelijk toch doctor honoris causa van de K.U. Leuven. Op de dag van de uitreiking is de pers massaal aanwezig, zelfs buitenlandse zenders smullen van de openlijke heisa over de kroonprins. Als de stoet in toga naar de Pieter De Somer-aula stapt, roepen Vlaams-nationalistische en extreem-rechtse manifestanten anti-Belgische leuzen. N-VA en Spirit, met onder meer ook VLD-senator Patrik Vankrunkelsven, delen gratis eredoctoraten uit. Even doorbreken de manifestanten het politiecordon. Er vallen enkele nadarafsluitingen op de grond. In totaal worden zeventien manifestanten opgepakt. Ook in de aula hangt een gespannen sfeer. Alle camera's zoomen in op de frons op het voorhoofd van de kroonprins. Filip verzucht tijdens de uitreiking dat hij zich veeleer "een doctor doloris causa dan een doctor honoris causa voelt". De kwinkslag is keurig ingestudeerd maar wordt toch onthaald op instemmend gelach. Tijdens zijn speech neemt de kroonprins ook citaten van filosofen Will Kymlicka en Avishai Margalit in de mond. De toespraak is behoorlijk academisch, desondanks maakt Filip een vrij zekere indruk. Zelfs als een paar amokmakers de uitreiking al roepend verstoren, blijft Filip ijzig kalm. Dit mag dan geen absoluut *moment de gloire* zijn, Filip bijt door tot het einde. Rector Oosterlinck geeft nadien toe dat hij "twee keer zou nadenken voor hij het eredoctoraat weer zou uitreiken maar dat hij wel zou doorzetten". De toespraak van Filip heeft veel weg van een echte doctoraatsproef. Rector Oosterlinck haalt opgelucht adem. Zijn missie is geslaagd. Maar de discussie heeft bij de publieke opinie een zekere scepsis veroorzaakt die tekenend zal zijn voor de berichtgeving over Filip in de volgende jaren. Op lange termijn gezien kan moeilijk worden beweerd dat het eredoctoraat bevorderlijk is geweest voor het imago van Filip. Een jaar na de uitreiking wordt rector Oosterlinck voor zijn trouw aan het Hof beloond met een baronstitel. "Een absolute stommiteit," zegt een goede vriend van Filip. Op die manier wordt impliciet aangegeven dat de rector toch enigszins op aandringen van het Hof heeft gehandeld.

Het is de prins zelf die de rel over het eredoctoraat afrondt. In de universiteitskrant van de K.U. Leuven stort hij meteen na de plechtigheid zijn hart uit en spreekt de geplaagde troonopvolger voor het eerst openhartig over de commotie rond het eredoctoraat. Filip noemt het erg jammer dat het in de media vooral over zijn persoon ging, "op het beledigende af." "In de eenentwintigste eeuw," benadrukt de troonopvolger, "moet een koningshuis geen media-ambities hebben."

De kroonprins wilde de kans grijpen om aan zijn ideeën een forum te geven. Maar dat voornemen noemt hij niet echt geslaagd. Ook voor zijn tegenstanders heeft de prins een tip: "Nooit te frontaal aanvallen, dat werkt niet. Ik hoor nu al jaren hetzelfde roepen. Het ontbreekt extremisten aan creativiteit. Neen, ik ben niet bang van extremisten. Ik begin sommige gezichten al een beetje te kennen."

Passie voor filosofie

De prins heeft de storm overleefd. Voor de rest van het jaar neemt hij zich voor om zich vooral met zijn economische missies en vrouw en kind bezig te houden. Filip verdiept zich na het incident, in alle stilte, ook steeds meer in de wijsbegeerte. "Ik ben geboeid door poëzie, literatuur, geschiedenis en filosofie," getuigt hij tijdens een zeldzaam interview. "Ik lees ook romans, de klassieke romans, zoals Dostojevski en andere. En soms, voor het slapen, lees ik een stripverhaal. Soms doe ik dat. En daar heb ik veel plezier van."

In de bibliotheek van Laken prijken naast de klassieke auteurs vooral filosofische werken. Filosofie wordt een grote passie van de kroonprins. Volgens een vriend probeert hij – met monnikengeduld – werken van zijn favoriete auteurs onder de knie te krijgen. Zelfs op vakantie leest hij boeken van Avishai Margalit, John Rawls en Will Kylicka. Hier en daar duiken hun opvattingen op in zijn speeches. Filip overweegt zelfs om zelf over filosofie te schrijven. "Mijn droom is een boek te schrijven. Misschien komt het er wel op een dag. Ik heb verschillende interesses. Natuurlijk moet men mij beloven dat het kan. En dat men dan niet begint te graven in mijn woorden en er van alles probeert achter te zoeken. Ja, waarom niet? Het zal er ooit wel eens van komen."

Een vriend van het paar bevestigt dat Filip lange tijd het idee koestert om schrijver te worden. Hij tracht professor Mark Elchardus, socioloog aan de VUB, te overtuigen om samen met hem een boek over filosofie te schrijven. Het boek is vooralsnog niet verschenen. Mark Elchardus zelf ontkent de samenwerking en bevestigt alleen dat hij de prins heeft ontmoet om met hem over filosofie van gedachten te wisselen.

Ook Mathilde is overigens een verwoede lezer. Maar in tegenstelling tot haar man, leest zij boeken van allerlei slag, vooral fictie. Met Françoise Desguin, de vrouw van Herman De Croo, wisselt ze vaak boekentips uit. Mathilde leest ook pas verschenen romans, die men niet meteen met haar persoonlijkheid zou associëren. Haar kennis van de hedendaagse literatuur dwingt zelfs respect af bij de belezen Tessa Vermeiren, hoofdredacteur van *Knack Weekend.* "Ze had *Los* van Tom Naegels gelezen. En ze wist er nog zinnige dingen over te zeggen ook." De prinses nodigt geregeld, op eigen initiatief, ook jonge auteurs uit op het kasteel. Met onder anderen Tom Naegels, Stefan Brys, Dimitri Verhulst en Annelies Verbeke praat ze over hun werk en passies.

Het prinsenleven zoals het is

Filip en Mathilde profileren zich graag als een doordeweeks koppel met een normaal gezinsleven. Dat blijkt uit alle interviews sinds hun huwelijk en vooral sinds de geboorte van hun kinderen. Ze streven ernaar om zo onopvallend mogelijk te zijn. Dat is een bewuste strategie om aanvaardbaar te zijn voor alle lagen van de bevolking. Daarin slagen ze maar ten dele. Een prinselijk gezin kan vanzelfsprekend nooit helemaal "gewoon" zijn. De prins en zijn gezin leven bij de gratie van het volk en dat wil waar voor zijn geld. Een deel van de bevolking verwacht van de koninklijke familie een zekere magie, terwijl anderen net verlangen dat Filip en Mathilde een soort superambassadeurs zijn. Als ze zich te veel als gewone mensen gedragen, dan is de sprookjeswereld weg en dan daalt hun populariteit bij de bevolking. Maar als ze zich te veel opsluiten in een ivoren toren, komt er kritiek uit andere hoek. Bovendien is het moeilijk om niet geïsoleerd te raken als je constant bewaakt wordt en zo goed als geen privacy hebt.

Om te illustreren hoe gewoon hun leven is, gaan Filip en Mathilde in op een vraag van VTM om een documentaire te maken. De vier grootste nationale zenders VTM, VRT, RTBF en RTL-TVI mogen het paar en zijn kinderen een jaar lang op geregelde tijdstippen filmen. De documentaire wordt strak geregisseerd door het Hof. Alle persmomenten worden vooraf besproken en gepland. Van een journalistieke aanpak is niet echt sprake. De zenders stappen alleen mee in het project omdat royalty goed scoort. Maar ze hebben weinig vat op de toon en de globale aanpak van de reportage. Mathilde is dat jaar bovendien zwanger van haar tweede kindje. De vordering van haar zwangerschap maakt de montage voor de programmamakers niet eenvoudig. Op 4 december 2003, hun vierde huwelijksverjaardag, wordt de documentaire op de vier nationale zenders op hetzelfde tijdstip uitgezonden. Zij maken, zonder uitzondering, een braaf en kritiekloos portret van een gezin dat zo normaal mogelijk wil zijn, maar het niet is en het ook nooit zal worden. Zo wil Mathilde zich graag profileren als werkende moeder. Maar de prinses voegt er wel aan toe dat ze elke dag om vier uur per se thuis wil zijn. De uitspraak doet veel wenkbrauwen fronsen, omdat veel werkende moeders niet de luxe hebben om tegen vier uur thuis te zijn voor de kinderen.

De kijkers zien het paar tijdens gesimuleerde vergaderingen. Ook hun vrijetijdsbesteding wordt gefilmd. Zo wordt het gezin gevolgd op skivakantie. In Oostenrijk staat Mathilde pannenkoeken te bakken in het piepkleine keukentje van een huurappartement. Er zijn ook beelden te zien van een bezoek aan het Vossenplein in Brussel. Filip en Mathilde zijn, naar eigen zeggen, fervente liefhebbers van de rommelmarkt. Maar aan de reacties van de verkopers is duidelijk te zien dat de brocanteurs hun bezoekers voor de eerste keer persoonlijk ontmoeten. Tijdens de documentaire wordt ook veel aandacht be-

steed aan de sportieve kwaliteiten van de prins en prinses. Ze slaan een balletje
op de privétennisbaan in Laken. En Filip demonstreert voor de camera's zijn
vorderingen als helikopterpiloot.

"Hij is er zich pijnlijk van bewust dat er wordt gezegd dat hij niet de in-
telligentste van de klas is," zegt Pierre Chevalier. "En dat is de reden waarom
hij er, zeker in dat portret, de nadruk op legt: Kijk, ik ben toch in staat om
een helikopter te besturen, kijk eens hoe sportief ik ben, ik tennis!" In de geschreven pers wordt het portret onthaald als een glad gemaakte publiciteits-
stunt. De georchestreerde beelden komen vaak onnatuurlijk over en fnuiken
alle spontaniteit van de hoofdrolspelers. Waarnemers missen een kritische
noot. Nochtans moet de uitgebreide TV-reportage net sympathie opwekken
voor het jonge paar, en dan vooral voor Filip.

In hetzelfde jaar laat Filip aan het kasteel van Laken een helihaven instal-
leren. Prins Filip koopt een bordeauxrode Robinson R44 met een gouden biesje
en met als kenteken OO-PFB. OO blijkt de internationale code voor België te
zijn, PFB staat voor Prins Filip van België. Volgens het Hof betaalt de prins
zijn hebbeding uit eigen zak. Maar daarmee is de kous niet af. Boven het koninklijk domein geldt namelijk een vliegverbod. Filip krijgt van minister van
Mobiliteit Isabelle Durant een speciale vergunning om in de *no-flyzone* van
Brussel te vliegen. Deze uitzonderingsmaatregel geldt alleen voor prins Filip
en enkel voor zijn persoonlijke helikopter. Maar in de discussie over de nacht-
vluchten rond de hoofdstad wordt de gunstmaatregel door diverse politici op
de korrel genomen. De prins gebruikt zijn helikopter bijna uitsluitend privé.
Heel uitzonderlijk vliegt hij zelf naar een publieke activiteit. Vliegen zou voor
de prins een heilzaam effect hebben. "In de lucht voelt Filip zich onbespied
en bevrijd van alle aardse restricties," vertelt een vertrouweling van de prins.
Filip is enorm trots op zijn helikopterbrevet. Aan een journalist vertelt de
prins na een vlucht: "Als ik geen koning zou worden, kan ik mijn brood nog
altijd verdienen als helikopterpiloot."

Op Filips helikopter na, zorgt het Hof ervoor dat er niet te veel luxe wordt
getoond. Die hang naar soberheid spoort grotendeels met de realiteit. Vrienden van het paar bevestigen dat Filip en Mathilde zich niet met overdreven
luxe omringen, hoewel ze er wel het geld voor hebben. Ze houden van mooie
kleren. Maar omdat ze bijna overal gunstige voorwaarden krijgen, hoeven ze

er geen fortuinen voor uit te geven. De kroonprins en zijn vrouw zijn zuinig en willen dat zo houden. In tegenstelling tot de buitenlandse monarchieën, moet de Belgische koninklijke familie de staat geen rekenschap geven van de manier waarop de dotatie wordt gespendeerd. De toelage van de staat is niet min en er wordt, volgens ingewijden, niet uitbundig mee omgesprongen. Filip en Mathilde blijken een groot deel van hun "loon" te sparen. Het gebrek aan transparantie terzake zorgt bij een aantal, vooral Vlaamse, politici voor wrevel. Zij verwijten het paar, weliswaar anoniem, "misbruik te maken van geld dat bestemd is voor de uitvoering van hun functie". Ondanks het ongenoegen bij diverse christendemocratische en liberale toppolitici durft niemand de kwestie van de dotaties openlijk aan te kaarten. En dus blijft alles bij het oude.

Un cri de cœur

In december 2004 maakt België kennis met de strijdlust van de kroonprins. Tijdens een handelsmissie naar China neemt Filip journalist Louis Van Raak van het populaire weekblad *Story* even apart. Filip is in een uitgelaten stemming na een geslaagde reis. In Shangai, in de grote feestzaal van het Shangri-La-Hotel, laat de troonopvolger de royaltywatcher in zijn kaarten kijken. Tussen het modedefilé en het dessert vertrouwt Filip journalist Van Raak toe dat er "in ons land mensen en partijen zijn, zoals het Vlaams Belang die tegen België zijn, die ons land kapot willen maken. Ik kan je verzekeren dat ze dan met mij te maken krijgen en vergis je niet: ik ben een taaie als het moet. Ik laat niet zomaar over me heen wandelen." Even verder verklaart de prins nog dat hij "trots is op België. Ik hou van België. Ik meen het en ik zeg het tegen iedereen die het wil horen!"

Van Raak zit naast de prins en tekent het verhaal van zijn leven op. De royaltywatcher voelt meteen dat hij goud in handen heeft en vraagt zich af of de prins zijn uitspraken wel echt on the record heeft gedaan. Die vraag blijkt overbodig. Het is de prins zelf die de journalist tot twee maal toe vraagt om de inhoud van hun informele gesprek neer te pennen. Om absoluut zeker te zijn, legt Van Raak de uitspraken ook voor aan de adviseurs die de prins op zijn missie vergezellen. Van Raak beweert dat de rechterhand van Filip,

Ghislain D'Hoop, de draagwijdte van het interview ten volle beseft. In plaats van de uitspraken meteen naar België door te bellen, besluit de *Story*redacteur nog wat te wachten. De entourage van de prins heeft zo nog de tijd om na te denken over de uitspraken die de kroonprins, in een vlaag van euforie, heeft gedaan. Van Raak verwacht dat hij zal worden teruggefloten. Niets is minder waar. Hij wordt niet geïnterpelleerd en besluit eenmaal terug in België een artikel aan zijn gesprek met de kroonprins te wijden.

Prins van Wallonië

De uitspraak over het Vlaams Blok blijkt veel, zoniet alles, van doen te hebben met de aanwezigheid van een Vlaams-Blokparlementslid op de bewuste economische missie naar China. Marie-Rose Morel krijgt een paar weken vóór de start van de reis te horen dat ze niet welkom is als delegatielid. Morel reist echter niet mee als VB-politica. Zij begeleidt haar vader, Chris Morel, die in een rolstoel zit. Chinakenner Chris Morel is wél officieel uitgenodigd als voormalig topman van Alcatel. De aanwezigheid van dochter Morel blijkt zeer tegen de zin van het Hof en zelfs van Brussels PS-minister-president Charles Picqué. Maar Marie-Rose Morel weigert zich te laten vervangen door haar zus of iemand anders. Het paleis stelt zelfs – ietwat absurd – een schutkring voor van 50 meter. De commotie hierover krijgt zowel in de schrijvende pers als in de audiovisuele media veel aandacht. Het Vlaams Blok geniet van de extra publiciteit die het prinselijk ongenoegen teweegbrengt en lanceert de ene na de andere boude uitspraak tegen het koningshuis. Het Hof neemt ook, via premier Verhofstadt, contact op met Vlaams minister Fientje Moerman. Zij wordt discreet verzocht een oplossing uit de impasse te vinden. Maar aangezien Marie-Rose Morel niet meereist als politica en dat bovendien op eigen kosten doet, kan niemand haar een strobreed in de weg leggen.

De aanwezigheid van een lid van het Vlaams Blok wekt bij Filip zo veel ergernis op, dat hij beslist om tegengas te geven. Vreemd, want eenmaal de delegatie naar China vertrekt, komt zelfs het grapje over de schutkring niet meer voor in de persartikels. De zaak is helemaal vergeten. Het is de prins zelf en/of zijn entourage die beslissen om extreem-rechts op de vingers te tikken. Verscheidene politieke bronnen zien hierin een manoeuvre van de prins om

Op handelsmissie in China: "Het Vlaams Belang wil België kapot."

zich scherper te profileren. Maar zijn aanval boekt net het tegenovergestelde effect. Terwijl Filip voor eenheid pleit, weken zijn woorden twee andere reacties los. Franstaligen zien in de oorlogsverklaring aan het Blok een gebaar van een sterke leidersfiguur die de Vlamingen lik op stuk geeft. Maar in Vlaanderen wordt vol ongeloof gereageerd op een "dergelijke politieke stommiteit". Een toppoliticus noemt Filip zonder meer "prins van Wallonië".

Fientje Moerman, die de prins eerder zowel als federaal en als Vlaams minister van Buitenlandse Handel heeft begeleid, vindt dat de meegereisde federale minister boter op het hoofd heeft. Hij had de bui moeten zien hangen. "In feite moet de federale minister, die verantwoordelijk is voor de uitspraken van de prins, ervoor zorgen dat de prins niet alleen kán zijn met – in dit geval – Louis Van Raak. Anders heeft het niet veel zin om politiek verantwoordelijk te zijn." Minister van Economie Marc Verwilghen dekt de uitspraken van de prins op zijn reis door China maar is totaal verrast als hij het artikel in *Story* leest. Anderen vinden dat de rechterhand van de prins, Ghislain D'Hoop, zijn baas de mond had moeten snoeren. Hoe dan ook de prins zorgt met zijn uitspraken voor Vlaamse irritatie en Franstalig gejuich. Zelfs het paleis reageert verrast op de commotie die de straffe taal aan het adres van Vlaams Blok veroorzaakt. Natuurlijk is het Blok antiroyalistisch en laat de partij geen kans onbenut om de ondergang van de koninklijke familie te voorspellen. Maar tegelijk wijzen grondwetspecialisten erop dat neutraliteit de enige garantie is om een koningshuis te doen overleven. De uitspraken zorgen alweer voor veel controverse maar geven het publiek voor het eerst ook de kans om de politieke overtuiging van de prins te duiden. Politieke tenoren gaan op zoek naar de schuldige.

Wist Filip dat hij met zijn aanval op extreem-rechts die reactie zou uitlokken? Volgens een vriend van Filip was de kroonprins zich van geen kwaad bewust. De uitspraak over het Vlaams Blok was heel onschuldig tot stand gekomen. In de euforie van een geslaagde missie voelde Filip zich geroepen om rond te bazuinen dat hij voor België zou blijven vechten. Volgens dezelfde intimus heeft de kroonprins daarmee niets verkeerds gedaan. "Het weekend daarvoor waren de partijleden van het Vlaams Belang nog "België Barst" aan het schreeuwen. En dan mag Filip niet opkomen voor eenheid? Hij krijgt verdorie een dotatie om ervoor te zorgen dat België niet uiteenvalt." De journalist van *Story* spreekt achteraf over een *cri de coeur*. Filip wilde zijn hart luchten. Zijn strijdkreet heeft alleszins meer weerklank gekregen dan hij zelf mogelijk achtte.

Een paarse impasse

De Vlaamse politieke wereld heeft minder begrip voor het pleidooi van de prins. Nog vóór het artikel verschijnt, kapittelt premier Verhofstadt de uitspraken als "ongelukkig en ongewenst". De premier krijgt het artikel te zien en wil de publicatie eerst nog verhinderen. Maar het weekblad *Story* wil daar niet van weten. De drukpersen rollen al en bovendien heeft het paleis tijd genoeg gehad om in te grijpen. Guy Verhofstadt is woedend over de onvoorzichtigheid van de prins. Door zijn uitspraak maakt de prins van het Vlaams Belang een gespreksthema, terwijl de politieke wereld extreem-rechts net meer wil doodzwijgen. Strikt genomen heeft de kroonprins de grondwet niet geschonden, maar zijn gedrag strookt niet met de regel dat het koningshuis zich politiek neutraal opstelt. Louis Michel wijt de bevlogenheid van Filip aan zijn overdreven rechtlijnigheid. "Hij is soms te rechtlijnig. Als hij een opinie heeft, houdt hij daar te veel aan vast. Misverstanden komen voort uit die houding." Het prinselijke interview zorgt ook voor verdeeldheid in de paarse regering. De liberale regeringspartij VLD staat lijnrecht tegenover de Franstalige socialisten. De PS "vindt het niet nodig" dat er een terechtwijzing komt. Wat Filip gezegd heeft, is volgens PS vicepremier Laurette Onkelinx, niet eens zo gevaarlijk. Bovendien heeft Filip "enkel zijn mening geuit en ging hij juridisch gezien niet in de fout". Maar de liberalen verkondigen net het tegenovergestelde. Zij vinden dat Filip met zijn politieke uitspraken zijn boekje te buiten is gegaan. VLD-excellenties en Franstalige socialisten bellen heen en weer maar komen niet tot overeenstemming. De premier beslist, zonder de expliciete goedkeuring van de PS, officieel te reageren. Met zijn reactie hoopt hij de discussie op voorhand te ontmijnen.

Vraag is waar de uithaal van Filip vandaan komt? Het is bekend dat Filip zichzelf ziet als de behoeder van België en bevreesd is dat het de verkeerde kant uit gaat met de monarchie. Hij beschouwt het als zijn levenswerk om het koninkrijk te redden. Vandaar ook de letterlijke uitspraak van Filip: "Wie aan België komt, komt aan mij." Het incident met de kroonprins zorgt voor een pittige discussie op het wekelijkse kernkabinet. Uiteindelijk plooit de PS omdat ook de Vlaamse socialisten niet gediend zijn met een loslippige prins die zich moeit met de politiek. "Als hij denkt dat hij België moet redden, dan zal België niet blijven bestaan," zegt SP.A-kopstuk Steve Stevaert. Eerste minister Verhofstadt vindt dat hij niet anders kan dan reageren op de uitschuiver van de kroonprins. Als Filip in aanmerking wil komen voor de troon, dan zal hij zich in de toekomst moeten onthouden van politieke commentaar, zo klinkt het bij de eerste minister. Als de prins zich niet aan die afspraak houdt, dan zet Filip zichzelf buitenspel. Het communiqué van de premier leest als een begripvolle wenk maar de waarschuwing aan het adres van de prins is alleszins niet mis te verstaan. De tekst van de premier luidt als volgt:

"Hoewel ik mij kan voorstellen dat de prins zich afzet tegen partijen die de splitsing van het land voorstaan, is dat niet in overeenstemming met de huidige en vooral de toekomstige constitutionele rol van de prins in ons land. Die functie vraagt terughoudendheid in de uitspraken, in het bijzonder over

politieke partijen, zelfs indien die partijen het niet goed menen met de toekomst van het land."

Twee dagen nadat het artikel in het weekblad *Story* verschenen is, wordt
de premier over het incident ook ondervraagd in de Kamer. Verhofstadt herhaalt dat leden van de koninklijke familie volgens hem de ruimte moeten
krijgen om deel te nemen aan maatschappelijke debatten. Maar er "mogen
geen polemieken ontstaan en geen persoonlijke aanvallen worden gelanceerd". De reactie van de premier is helder maar terughoudend. Verhofstadt
hoedt er zich voor om Filip al te frontaal aan te vallen. Volgens een medewerker aan het Hof is de toon van het antwoord vooraf besproken met koning
Albert, die zich zorgen maakt over de impulsiviteit van zijn zoon. In plaats
van de kroonprins openlijk zwaar aan te pakken, richt Verhofstadt zijn pij-
len op het Blok dat er volgens de premier alleen op aanstuurt om de instellingen van ons land "te zien desintegreren". De controverse rond het Blok straalt
af op de monarchie maar wordt door de regering enigszins getemperd. Guy
Verhofstadt bewijst de prins een dienst door het in de Kamer voor hem op te
nemen. Maar zijn verdediging is niet van harte. Filip heeft, met zijn interview, voor verdeeldheid gezorgd binnen de paarse coalitie en dat is nooit eerder gebeurd. De kroonprins heeft door zijn onvoorzichtigheid een politiek
probleem veroorzaakt, terwijl hij net een consensusfiguur zou moeten zijn.
Filip krijgt, na de heisa in de Kamer, tijdens een privégesprek met de eerste
minister, te horen dat een dergelijk incident zich niet meer mag en kan herhalen.

Filips de Taaie

Filip beseft, aldus een intimus aan het Hof, dat hij te ver is gegaan. Toch blijft
hij ervan overtuigd dat zijn oorlogsverklaring geen tweespalt veroorzaakt. De
kroonprins en zijn entourage weten dat ze te allen tijde moeten vermijden
dat het vorstenhuis zelf ter discussie komt. In de grondwet staat duidelijk dat
de koning (en bij uitbreiding dus ook zijn troonopvolger) geen uitspraken kan
doen die niet gedekt zijn door de regering. Als de kroonprins zich met partijpolitiek moeit, dan is zijn rol van bruggenbouwer uitgespeeld. De enige
partij die het wel opneemt voor de prins is de Parti Socialiste. Elio Di Rupo

noemt de uitspraken van de prins "begrijpelijk". Ook al hoedt de PS-voorzit-ter er zich voor om de prins al te nadrukkelijk te steunen. Di Rupo weet dat een al te uitgesproken liefde voor het koningshuis in de politiek niet in dank afgenomen wordt. Het paleis wenst zoals steeds niet te reageren. De woord-voerder van het paleis voegt er ietwat laconiek aan toe dat journalisten voor de inhoud van het artikel "bij Louis Van Raak moeten zijn en voor commen-taar bij premier Verhofstadt".

Wat het paleis vreest, gebeurt: in het Vlaams parlement wordt een volle-dig debat gewijd aan de rol van de kroonprins en zijn politieke voorkeur. Vooral N-VA en het Vlaams Blok voelen zich aangevallen. "Na Filips de Goede en Filips de Schone hebben we dus nu Filips de Taaie," verkondigt de kartel-partner van CD&V. Los van de verontwaardiging bij nationalistisch Vlaande-ren zijn zowat alle democratische partijen het erover eens dat de prins het Vlaams Blok een mooi nieuwjaarscadeau gegeven heeft. De uitspraken van de kroonprins komen er net na de veroordeling door het Hof van Beroep in Brussel wegens rassenhaat, waardoor de partij haar naam moet veranderen in Vlaams Belang. Extra reclame is meegenomen, zéker als Vlaams Belang de demarche van Filip kan betitelen als "één groot complot van het Belgische establishment". Vanzelfsprekend spint het Blok garen uit de commotie. En ook de PS heeft haar rol gespeeld: de partij heeft zich, misschien ietwat blin-delings, achter de prins geschaard. Volgens de liberale toppoliticus Louis Mi-chel is dat verkeerd. Want de monarchie geeft zo de indruk partijdig te zijn. "Het paleis mag zich niet opstellen als de blinde verdediger van de Waalse belangen, want dan maakt het zich compleet onmogelijk," vindt Michel. "De Franstalige socialisten trekken overduidelijk de kaart van de monarchie. Maar op die manier maakt de monarchie zichzelf tot voorwerp van discussie."

De verklaring over het Blok stelt de legitimiteit en neutraliteit van het ko-ningshuis aan beide kanten van de taalgrens ter discussie. Het verzet van Filip tegen het Blok komt de monarchie niet ten goede, hoe nobel zijn bedoelin-gen ook mogen zijn. Net als bij de uitreiking van het eredoctoraat aan de Leu-vense universiteit wordt Filip zelf opnieuw het voorwerp van een publieke controverse. Alleen was de discussie over het eredoctoraat geen politiek ge-stuurd manoeuvre van de prins. Dit keer heeft hij zelf voor heibel gezorgd.

Vechten tegen Lambermont

Het interview van Filip in *Story* doet vooral veel stof opwaaien omdat de prins zich voor het eerst aan een politieke uitspraak over een partij waagt. Maar in de heisa wordt nauwelijks aandacht besteed aan een ander, wellicht meer omstreden standpunt van de prins. Filip pleit er namelijk openlijk voor dat België in het buitenland als één land zou optreden. De kroonprins stelt de regionalisering van buitenlandse handel duidelijk in vraag en wil de bevoegdheid opnieuw "Belgischer" inkleuren. "We mogen niet navelstaren. De Belgische identiteit is een goede identiteit," zegt de prins, die zich waagt aan een oproep aan de gewesten om hun krachten te bundelen. Filip laat uitschijnen dat hij de eigen koers, die Vlaanderen, Brussel en Wallonië met buitenlandse handel varen, niet ziet zitten. Een vriend van Filip wijst erop dat de prins al van bij aanvang fel gekant is tegen handelsmissies die door de regio's worden georganiseerd. Filip vindt het doodjammer dat Buitenlandse Handel en Exportbevordering in 2000 geregionaliseerd zijn door het Lambermontakkoord. De kroonprins heeft, net als zijn oom Boudewijn, altijd gevreesd dat het departement ooit zou verhuizen van het federale naar het regionale niveau.

Al tijdens zijn eerste missie, na het Lambermontakkoord, klaagt de prins tegenover zijn entourage over de slechte organisatie en het "belachelijk figuur dat België slaat in het buitenland". Filip biecht zijn bedenkingen over Buitenlandse Handel in dezelfde overmoedige bui ook op aan *Story*. Zijn oordeel zorgt opnieuw vooral in Vlaanderen voor deining. "In een parlementaire democratie moet de volksvertegenwoordiging niet de prins volgen, maar de prins de volksvertegenwoordiging." Een duidelijke vermaning van Luc Van den Brande in het Vlaams parlement. De voormalige minister-president vindt dat Vlaanderen op het internationale toneel wél zelfstandig kan optreden. "Als de prins in de regionale ontwikkeling een teken van afbrokkeling ziet, is hij niet bij de tijd." De reprimande heeft niet dezelfde kracht als de terechtwijzing van premier Verhofstadt in de Kamer, maar de Vlaamse discussie doet de prins alleszins geen goed. Alle Vlaamse partijen vinden het niet kunnen dat Filip zich als toekomstige koning moeit met de staatshervorming. De wrevel over de regionalisering is alleszins niet nieuw. Pierre Chevalier verklaart dat Filip hem, na het Lambermontakkoord, letterlijk gezegd heeft dat hij weigerde om interregionale handelsmissies te leiden. Hij wil niet alleen voor Brussel, Vlaanderen of Wallonië optreden." Filip beschouwt de regionalisering van Buitenlandse Handel als een verdere ontmanteling van België. Hij is als de dood om gecommandeerd te worden door een Vlaams minister van Buitenlandse Handel. Economische missies moeten een federaal initiatief blijven mét een federale minister. In tegenstelling tot de verklaringen over extreem-rechts, ziet Guy Verhofstadt geen graten in het standpunt van Filip. De eerste minister noemt het volkomen vanzelfsprekend dat Filip de regio's vraagt om "nog nauwer te gaan samenwerken". Naar aanleiding van de discussie vraagt VLD-politica Patricia Ceysens de prins ook mee te gaan met Vlaamse economische missies. Het Vlaams parlement vindt dat Vlaanderen de troonopvolger ook zelf mag inschakelen om de export te promoten. "Maar voor het Hof kon dat niet. Dat is ons perfect duidelijk gemaakt. Ook via het agentschap voor buitenlandse handel kregen we te horen dat dat niet kon." Ceysens nodigt de prins zelfs uit op een louter Vlaamse economische zending, naar een beurs in Duitsland, maar het paleis doet alsof zijn neus bloedt. "Een gemiste kans," vindt Ceysens, "het Hof beschouwde mijn idee als een bedreiging. Filip had daar toen ook duidelijk een standpunt kunnen innemen dat hij achter die staatshervorming staat. Dat heeft hij niet willen doen."

Een Griekse spraakverwarring

Prins Filip hoopt dat de storm rond zijn persoon gaat liggen maar wordt na het Vlaams-Blokincident sneller teruggefloten dan hij zelf voor mogelijk houdt. In de weken na het voorval wordt op het paleis duidelijk een punt gemaakt van gestroomlijnde communicatie. De kabinetschef van de koning wijst er Filip persoonlijk op dat een herhaling van dergelijk incident niet gewenst is. Jacques van Ypersele eist ook van Ghislain D'Hoop een striktere werkmethode. Aan het Hof wordt het interview in *Story*, volgens een welingelichte bron, zeker niet geminimaliseerd. De kroonprins gaat – gewild of ongewild – een paar maanden na het incident over Vlaams Belang opnieuw over de schreef. Dit keer berispt hij de regering op een bijeenkomst van het Verbond van Belgische Ondernemingen.

Bij een bezoek van de Griekse president Constantinos Stefanopoulos in februari 2005 aan België ondertekent Filip *stoemelings* het eisenpakket van het VBO over de Lissabon-doelstellingen van de Europese Unie. Naast de handtekeningen van de gedelegeerd bestuurder van de werkgeversorganisatie Rudi Thomaes en zijn Griekse tegenhanger Athanase Levidas prijkt plots die van Philippe de Belgique. Filip tekent het document na enige aarzeling. Er is niemand die hem uitdrukkelijk vraagt om het manifest niet te ondertekenen en dus volgt de prins het voorbeeld van de Griekse president.

VBO-baas Rudi Thomaes noemt het incident een "non-event". Volgens hem is er een fout gemaakt in de logistiek waardoor de prins in verwarring is gebracht "door een onhandigheid van mijn medewerker". Blijkbaar volgt de kroonprins de president gedwee bij de ondertekening van het Gulden Boek én het pamflet. Filip zoekt tijdens de ondertekening van het Gulden Boek tevergeefs naar zijn medewerker maar hij vindt hem niet. De prins weet vooraf niet eens dat de ondertekening gepland was en kent ook de inhoud van de tekst niet. Maar op de vraag waarom de troonopvolger dan toch ondertekend heeft, komt er geen sluitend antwoord. Paul Buysse, die goed bevriend is met de prins, spreekt over "een storm in een glas water. Normaliter zou dit geen enkel gevolg hebben gehad, ware het niet dat sommigen het belangrijk genoeg vonden om dit te laten lekken aan een niet bepaald vriendschappelijk perscontact, die er dan ook ruimschoots en gretig gebruik van maakte om de prins te bekritiseren. De woordvoerder van het VBO heeft daarna overigens de volledige verantwoordelijkheid voor dit zogenaamde incident op zich genomen."

Mea culpa

Ondanks het mea culpa van het VBO, ligt de handtekening politiek gevoelig. Het VBO stuurt met het pamflet aan op een verdere liberalisering van de Europese openbare sector. De belangenorganisatie stelt expliciet dat de regering-Verhofstadt niet genoeg doet om economische hervormingen te realiseren. De tekst kan, gezien de handtekening van prins Filip, enigszins beschouwd worden als een aanval op het beleid van de paarse regeringsploeg.

De media pikken het voorval vreemd genoeg op via het VBO zelf. De organisatie is zich van geen kwaad bewust en beslist om het pamflet met de handtekeningen van de Griekse president en prins Filip op het net te plaatsen. De mededeling wordt opgepikt door het persagentschap Belga en verzeilt zo op de verschillende nieuwsredacties. Een nieuw incident is geboren. Het vbo neemt nog vóór het tv-nieuws van zeven uur 's avonds de schuld op zich maar de media hebben alweer een "flater van Filip" ontdekt. Op het paleis wordt er verbaasd gereageerd op de vragen van de journalisten. Het Hof vindt dat de handtekening van de kroonprins "niets betekent en niets bewijst". Volgens de woordvoerder van het paleis heeft Filip alleen getekend "als getuige, niet als deelnemende partij". Maar de woordvoerder laat in het midden of de prins al dan niet akkoord gaat met de eisenbundel van het vbo. Rudi Thomaes beseft dat hij de prins in een lastig parket heeft gebracht. Diezelfde avond biedt hij, net voor een concert ter ere van de Griekse president, persoonlijk zijn excuses aan. "Ik heb de prins toen uitgelegd dat het volledig onze fout was. Maar de media hadden er natuurlijk alweer een mooi verhaal van gemaakt." Het vbo moet, als een van de laatste unitaire instellingen van ons land, toegeven dat de organisatie het vertrouwen van de prins heeft beschaamd. De gedelegeerd bestuurder pleit de kroonprins van alle zonden vrij. Ook de "invloedrijkste" officieuze adviseur van Filip, Paul Buysse, begrijpt niet dat er zoveel heisa is gemaakt over een bagatel.

Tweede keer, laatste keer?

De brief die Filip ondertekent kan alleszins op weinig begrip rekenen van de eerste minister. De kroonprins is opnieuw achteloos omgesprongen met zijn grondwettelijke beperkingen en heeft alweer een "stommiteit" begaan. De handtekening van Filip is omstreden, want Filip geeft de indruk dat hij partij kiest in een gespannen politiek debat. Bovendien zet hij zich af tegen de regering die zijn uitspraken nota bene moet dekken.

Politici vragen zich voor het eerst ook luidop af wat de vier adviseurs van Filip doen om de kroonprins te behoeden voor uitschuivers. De meesten hebben hun sporen verdiend in de diplomatie. Het Huis van Prins Filip wordt ook bevolkt door specialisten die ervaring hebben opgedaan in het leger of op politieke kabinetten. Vreemd genoeg is er tijdens het bewuste werkontbijt

op het VBO alleen een officier aanwezig die de agenda van de kroonprins bij-
houdt. De politiek beseft dat ze moeilijk de schuld volledig op de entourage
van Filip kan afwentelen. Twee leden van het paarse kernkabinet stellen vast
dat Filip blijkbaar "niet verstandig genoeg" is om iets te lezen vóór hij zijn
handtekening zet. De toppolitici wijzen op zijn grote wereldvreemdheid en
noemen zijn onvoorzichtigheid een blunder. Volgens communicatie-adviseur
Noël Slangen is vooral de adellijke entourage verantwoordelijk voor zijn wereldvreemdheid.

Ook dit keer wordt Ghislain D'Hoop met de vinger gewezen. De rechterhand van Filip is niet aanwezig op het werkontbijt, terwijl de prins nog maar
een paar maanden voordien geblunderd heeft. De diplomatiek adviseur van
de prins is dan al acht jaar in dienst bij de prins. "Uitzonderlijk lang," zeggen ingewijden. De toestemming van D'Hoop voor het beruchte *Story*-inter-
view wordt door velen beschouwd als een persoonlijke flater van de adviseur.
Bij het VBO is D'Hoop niet aanwezig. Maar net die afwezigheid is niet goed
te praten. Feit is dat na het vertrek van John Cornet d'Elzius in de zomer van
2004 Filip twee keer in het oog van de storm belandt. Zelfs de monarchiege-
trouwe krant *La Libre Belgique* wijt de prinselijke blunder aan het weinig
"doortastende optreden van de adviseurs".

De eerste minister heeft, daags na het omstreden werkontbijt, contact met
het paleis. Jacques van Ypersele beseft dat de eerste minister dit incident niet
ongemerkt kan laten passeren gezien de wrevel bij de vakbonden en de meerderheidspartijen. Ook Jacques van Ypersele vraag zich af hoe het mogelijk is
dat er in zo'n korte tijd opnieuw commotie ontstaat rond het gedrag van de
kroonprins.

Een tweede terechtwijzing

Filip haalt zich door zijn stuntelig optreden voor de tweede keer een berisping van de federale regering op de hals. De relatie tussen premier Verhofstadt
en de kroonprins is, volgens twee intimi, zeker "niet hartelijk" te noemen.
De eerste minister heeft er geen moeite mee om, na overleg met de koning,
de troonopvolger terecht te wijzen. Opnieuw wordt de premier in de Kamer
ondervraagd en dit keer is het commentaar heel scherp. "Ik hoop dat dit voor-

val het laatste is geweest en dat dergelijke incidenten in de toekomst in elk geval niet meer voorkomen," zegt Guy Verhofstadt. Het is nooit eerder gebeurd dat een zittende eerste minister een kroonprins twee keer publiek de levieten leest in nauwelijks twee maanden tijd. Verhofstadt hoopt dat Filip zich in de toekomst gedraagt "ten bate van de constitutionele monarchie". Wat de premier bij het incident over het Vlaams Blok discreet aan het paleis heeft laten verstaan, wordt nu openlijk in de Kamer gezegd. Zelfs de grootste royalisten durven de premier niet tegenspreken. Ook de Franstalige partijen, met name de PS, voelen zich niet geroepen om dit keer de verdediging van Filip op zich te nemen. Na zijn kritiek op extreem-rechts, werd de prins in Franstalig België nog uitgeroepen tot nationale held. Politiek Wallonië vond toen dat Filip moedig weerwerk had geboden tegen de separatisten van het Blok. Maar dit keer beseffen alle politieke partijen, aan beide kanten van de taalgrens, dat Filip – misschien niet kwaadwillig – een fout gemaakt heeft die hij zich in zijn positie niet kan veroorloven.

Er is ook een duidelijk inhoudelijk verschil tussen de twee uitbranders van de premier in de Kamer. De eerste minister zegt, na de loslippigheid van Filip in China, nog "te hopen" dat Filip zich geen tweede keer vergist. Maar na het tweede incident zegt Verhofstadt erop "te rekenen" dat Filip zijn manieren houdt. De toon van de terechtwijzing is bij het tweede incident anders. Na de kritiek op extreem-rechts wordt de prins weliswaar op zijn plicht gewezen door premier Verhofstadt, maar er is begrip voor zijn woorden. Als de prins met zijn handtekening onder het VBO-manifest de regering-Verhofstadt bekritiseert, voelt Verhofstadt zichzelf gepakt. De conclusie is duidelijk: Filip moet zwijgen. Ook de PS, een koele minnaar van verdere liberalisering, neemt het dit keer niet op voor de prins. De foute inschatting van Filip of zijn entourage bij de werkgeversorganisatie doet zijn imago weer geen goed. Opnieuw heeft de pers het over zijn "onkunde". Maar de kroonprins wordt ook door de regering op de korrel genomen. Op het wekelijkse kernkabinet wordt nagepraat over de uitschuiver van Filip. Enkele toppolitici vragen zich af hoe ze de impulsieve kroonprins een halt kunnen toeroepen. Steve Stevaert bevestigt dat er in de marge van het kernkabinet "inderdaad discussies geweest zijn over de incidenten met Filip."

HOOFDSTUK 8

Aanval op de troonopvolger

Op 11 maart 2006 vertrekken prins Filip en prinses Mathilde op zaken-reis naar Zuid-Afrika. Voor Filip is het de zevende keer dat hij het land bezoekt. Deze reis heeft een makkelijk parcours en een duidelijk doel: Belgi-sche bedrijven zoveel mogelijk contracten in de wacht laten slepen. En prins Filip wil, en passant, ook graag zijn gehavende imago wat opvijzelen. Voor de prinses, die in het verleden vaak een zeer uitgebreid programma voor haar eigen rekening neemt, is het aantal activiteiten - zonder haar echtgenoot - dit keer zeer beperkt. De prins zal dus niet in de schaduw van zijn echtge-note staan. Alleen hij, en niemand anders, leidt de missie. Het enige waar de Hofhouding zich al vóór de reis zorgen over maakt is de zeer ruime maar vrij-wel eentalig Vlaamse delegatie die meereist in het kielzog van de prins. Het zijn vooral Vlaamse zakenmensen die hebben ingetekend voor de trip. Dat is geen toeval. Vlaanderen doet, in vergelijking met Wallonië en Brussel, al veel meer en langer zaken met Zuid-Afrika. De prinselijke entourage hoopt dat het Vlaamse overwicht niet voor problemen zorgt. Filip heeft voor de reis naar Zuid-Afrika twee door de wolf geverfde adviseurs mee: Jan Grauls en Ghislain D'Hoop. Zij moeten de reis in goede banen leiden. De kersverse diplomaat Didier Nagant de Deuxchaisnes moet de goodwill van de pers peilen. De adel-lijke adviseur is net in dienst en lijkt een dynamische aanwinst voor het door-gaans duffe korps dat Filip omringt.

's Zondags komt het prinsenpaar in Kaapstad aan. Ze worden er enthou-

siast onthaald en de fotopers stuurt al de eerste plaatjes van een lachend prinsenpaar door naar huis. Filip en Mathilde gaan 's middags voor het oog van
de camera's een wandeling maken aan de haven. De entourage van de prins
beseft dat de eerste ontvangsten en plechtigheden best wat kunnen opge-
luisterd worden met idyllische beelden van het koppel in de baai van Kaapstad. Alle aanwezige journalisten registreren het toeristische uitstapje en maken er dezelfde avond al een verslag over voor de kranten en nieuwsuitzen-
dingen van maandag. Op zondagavond schuift het prinsenpaar nog aan in
het Vlaamse restaurant Den Anker, samen met een paar medewerkers. De reis
lijkt goed gestart.

Naast seminaries en ontvangsten wordt de missie onderbroken voor een
ontmoeting met de flamboyante aartsbisschop Desmond Tutu of met president Thabo Mbeki. Filip en Mathilde worden voor het eerst vergezeld door
staatssecretaris Vincent Van Quickenborne. Ook Vlaams minister van Economie Fientje Moerman is er bij. Zij is een oude bekende voor de prins aangezien ze al diverse missies heeft begeleid. Een gezelschap van 190 mensen, van
wie 165 bedrijfsleiders, hopen in Zuid-Afrika goede zaken te doen. Prins Filip
is ervan overtuigd dat deze reis een succes wordt. En ook op het thuisfront
ziet men – voorlopig toch – alleen nog heil in prinselijke zakenreizen. In het
Vlaams parlement benadrukt zelfs minister-president Yves Leterme, bij de
start van de missie, nog eens de betekenis van een handelsreis geleid door de
prins. Leterme die niet echt een fan is van de monarchie, vindt desondanks
dat de koninklijke familie "deuren opent in het buitenland". Woorden die
profetisch zullen zijn. Ook de beelden van prins Filip en prinses Mathilde die
oud-president Nelson Mandela in Johannesburg ontmoeten, bevestigen alleen maar het idee dat een economische missie best geleid wordt door een lid
van de koninklijke familie. Want Nelson Mandela ontmoet alleen de groten
der aarde. Alles lijkt gesmeerd te lopen. Toch is de sfeer in de entourage van
de prins, volgens een diplomaat, al vanaf het begin niet goed.

Breuk met adviseurs

De prins wordt nauwlettend door zijn adviseurs gestuurd, zowel bij zijn publieke optredens als bij speeches. En dat is niet naar de zin van de kroonprins

zelf. Filip is de betutteling van zijn eigen entourage in Zuid-Afrika plots meer dan beu. De diplomaten, die de prins in bescherming willen nemen, trachten hem ervan te overtuigen dat het succes van deze handelsreis makkelijk kan omslaan als de prins een uitschuiver maakt. Maar Filip wil van geen wijken weten. Meteen na aankomst in Kaapstad ontstaat er een heftige discussie tussen de prins en zijn adviseur Jan Grauls. Hij vraagt de prins voorzichtiger te zijn en niet onbezonnen te werk te gaan. Grauls beseft, als enige adviseur, dat het doen en laten van Filip met argusogen wordt gevolgd door de meegereisde pers, ministers en bedrijfsleiders. Als Filip zonder overleg beslist om het programma om te gooien, is het hek van de dam.

Jan Grauls is een tijdlang adjunct-kabinetschef geweest van de koning en informeert het paleis over het incident. Maar de druk van het thuisfront brengt de prins niet tot bedaren. Volgens een diplomaat riep Filip dat hij "al 46 is en geen adviseurs meer nodig heeft". Filip houdt zijn eigen team op afstand en wil het conflict pas na de reis bespreken.

Al bij de aanvang horen ook de journalisten gemor bij de Vlaamse bedrijfsleiders. Tijdens de eerste dagen in Kaapstad krijgt de schrijvende pers te horen dat Filip "ongeïnteresseerd is". Een ontmoeting met de kroonprins zit er niet in. Het programma is te overladen en de prins heeft het officieel "te druk" om op alle recepties aanwezig te zijn. Wanneer het hele gezelschap naar Johannesburg verhuist, neemt de ergernis alleen maar toe. Volgens verscheidene bronnen is het niet de eerste keer dat bedrijfsleiders tijdens een economische missie over Filip klagen. Pierre Chevalier, die de prins op verschillende missies heeft begeleid, herinnert zich klachten over de afstand tussen de zakenlui en de prins. Zeker de oudere bedrijfsleiders, die nog met prins Albert hebben gereisd, doen vaak hun beklag. "Ik heb de prins toen gezegd dat we aan het einde van de missie met de zakenlui een pint zouden gaan drinken." Maar in Zuid-Afrika biedt een glas bier dit keer geen uitkomst. Ook Patricia Ceysens, die zelf als Vlaams minister van Buitenlandse Handel de prins soms heeft vergezeld, vindt het niet "onlogisch dat er kritiek was tijdens die missie." De teneur bij huidige en vorige ministers van Buitenlandse Handel is steeds dezelfde: zakenlui verwachten te veel van de toegevoegde waarde van de prins. "Misschien moeten we de wensen van die mensen wat temperen. Als ze verwachten dat er telkens contact zal zijn met de prins en dat die alleen voor hen meereist, dan komen ze natuurlijk altijd bedrogen uit," aldus Ceysens. De prins wordt dit keer ook aangevallen op zijn présence en belangstelling. Alleen zijn alle reacties anoniem en durft geen enkele bedrijfsleider zijn gal publiek te spuwen. Terwijl de missie in Zuid Afrika naar zijn einde loopt, ergeren de Vlaamse zakenlui zich vooral meer en meer aan de afwezigheid van de prins. Zo wordt in Johannesburg te elfder ure een receptie voor de delegatie ingekort en daagt Filip op een informele ontmoeting met de zakenlui niet op. Als ook een paar officieel uitgenodigde gasten uit de biecht beginnen te klappen, is het hek helemaal van de dam.

Onbekende reisgezellen

Joachim Coens, de voorzitter van het Zeebrugse havenbedrijf, moet zich zelf aan de prins voorstellen. "De prins herkent hem niet," ook al is Coens al vaak meegereisd. Zelfs de zakenkrant De Tijd beslist een artikel te wijden aan de negatieve spirit tijdens de trip. Een zeer ongewoon initiatief want tot dan is de kritiek van alle media altijd gestoeld geweest op een incident dat de prins zelf heeft veroorzaakt. Dit keer beslist de pers over de kritiek aan het adres van de prins te berichten zonder de geciteerde bronnen met naam te noemen. De algemene teneur in de artikelen die op de laatste dag van de missie in de Belgische kranten verschijnt, is dat de prins deuren opent, maar dat zijn gedrag ze soms ook weer sluit. Journalist Bart Haeck van De Tijd verdedigt ook nu nog de bijdragen die hij toen schreef over de ontevredenheid bij de ondernemers. "Ik merkte al gauw dat er wrevel was bij de ondernemers over het gedrag van de kroonprins. Een zakenman die al vier of vijf keer was mee geweest, vertelde dat de prins hem al vijf keer dezelfde vraag had gesteld: 'Ik ken u. Wat doet u?' De avond na de informele drink zei de zakenman in kwestie: het was weer van dattem." Ook andere ondernemers ondervinden dat de prins niet bij de les is. De journalist is eerst van plan om die verhalen op te sparen om op de laatste dag van de missie een verhaal te maken met de werktitel "Gedrag Prins Filip ergert ondernemers", maar op de voorlaatste dag wijzigt hij zijn plan. Tijdens het traditionele galadiner in Johannesburg verneemt hij dat ook journalist Bart Moerman van Het Nieuwsblad over de klachten een artikel heeft geschreven. En ook Hilde Sabbe, journaliste van Het

Filip en Mathilde op de geruchtmakende handelsmissie in Zuid-Afrika,
hier met Nelson Mandela

Laatste Nieuws, meldt dat zij die dag een vergelijking heeft gemaakt van de
toespraken die de prins doorgaans tijdens handelsmissies geeft. Die speeches
bevatten steevast dezelfde voorgekauwde uitdrukking *"I often compare Belgium with a diamond, it is small but beautiful."* Ook Sabbe heeft haar verslag klaar en maakt een negatieve balans op van Filips optreden in Zuid-Afrika. Deze drie krantenjournalisten en een TV-verslaggever hebben dezelfde ge-
luiden opgevangen en beslissen op hetzelfde moment, veeleer toevallig, erover te berichten.

De pers zoekt en vindt incidenten die de desinteresse van Filip tijdens de
missie illustreren. Zo groeit een verkeerd begrepen grapje, tijdens een bezoek
aan het verlichtingsbedrijf Beka, uit tot een staatszaak. De manager van het
bedrijf stelt zijn activiteiten voor aan de hand van een slideshow en eindigt
met een foto van een gloeilamp aan een houten plankje. De foto moet de ietwat saaie presentatie amusant beëindigen, iets wat de gedelegeerd bestuurder ook expliciet zegt. Alleen heeft Filip de grap niet begrepen waarop in de

zaal een lange en pijnlijke stilte valt. Ook een persconferentie van de prins voor internationale persagentschappen en de Zuid-Afrikaanse kranten verloopt lamlendig. De delegatie klaagt tegenover de pers dat de prins zijn tekst declameert "zonder ook maar een greintje begeestering te tonen".

Antireclame voor België

De vermeende apathie en passiviteit van de kroonprins prijken op de laatste dag van de handelsmissie op de voorpagina's van bijna alle meegereisde Vlaamse kranten. Ook de toespraak van de prins op de laatste avond grijpen de journalisten aan om de desinteresse van de prins te bewijzen. De vergelijking dat "België fonkelt zoals een diamant" heeft Filip namelijk al drie keer uitgesproken tijdens andere handelsmissies. De aanwezige pers is het er, op een enkele uitzondering na, over eens dat de toespraak veeleer "antireclame" is voor België. De Franstalige pers beslist om over de incidenten niet te berichten. De Franstalige journalisten hebben de klachten van de bedrijfsleiders blijkbaar niet gehoord. Daardoor vermoedt de entourage van Filip een Vlaams complot tegen de kroonprins. Een adviseur schermt met het feit dat geen enkel van de geciteerde beweringen op naam van een bedrijfsleider kan geschreven worden. Ook de collectieve aanval doet wenkbrauwen fronsen. Is het toeval dat alleen de Vlaamse pers zo openlijk de prins in zijn hemd heeft gezet? Krijgt de prins de kans om zich te verdedigen tegen die "anonieme getuigenissen" vraagt de entourage luidop? De hoofdredacteurs van de betrokken media verklaren dat ze vertrouwen hebben in hun correspondenten en wijzen erop dat er op geen enkel moment sprake is geweest van een gecoördineerde aanval op de kroonprins.

De schade aan het imago van de prins is overduidelijk: ook tijdens de uitvoering van zijn voornaamste taak als zakenreiziger wordt zijn competentie in vraag gesteld. Dat is zijn vader, die de job vóór hem uitoefende, nooit overkomen, al was het maar omdat de pers ook niet zo op de loer lag toen Albert economisch ambassadeur van België was. "Saaie en ongeïnspireerde toespraken, houterigheid en een schrijnend gebrek aan interesse." Als omschrijving van Filips kwaliteiten kan dat tellen. De prins keert verslagen terug uit Zuid-Afrika, niet begrijpend wat er op die reis is fout gelopen. Een van de eerste mensen die Filip in België over de zaak ontmoet, is Annemie Neyts, zelf ooit verantwoordelijk voor Buitenlandse Handel en een trouwe bondgenoot van Filip. Neyts merkt dat de kroonprins door de negatieve commentaren in de pers "zeer gekwetst is". Maar zij komt, na ampel beraad met haar collega's binnen de Raad voor Buitenlandse Handel, tot de conclusie dat "er niets is gebeurd in Zuid-Afrika". Neyts wijt de aanhoudende persartikelen aan "journalisten die zich stierlijk verveeld hebben en zich na een dronken babbel in de bar op de prins hebben gericht".

Ook andere vertrouwelingen troosten de prins. Rudi Thomaes, gedelegeerd bestuurder van het unitaire VBO, werpt zich op als pleitbezorger van de prinselijke missies. Volgens hem zijn alle reacties die tijdens de reis door de journalisten gesprokkeld werden, overtrokken. Zelfs een berucht republikein als Vincent Van Quickenborne voelt zich geroepen de prins in nood te helpen. De kroonprins voelt zich aangevallen en aarzelt om te reageren. Hij voelt zich "onrecht aangedaan" en wil de situatie rechtzetten. Maar het kabinet van zijn vader geeft geen groen licht voor de zelfverdediging van de prins. Blijkbaar voelt de Hofhouding aan dat het beter is om te zwijgen over negatieve persaandacht.

De betrokken journalisten en hun redacties verdedigen zich tegen het verwijt dat ze bewust een complot hebben beraamd. De redacteurs, onder wie Hilde Sabbe van *Het Laatste Nieuws*, beschouwen zichzelf niet als republikeinen die de monarchie per se willen ondermijnen. Sabbe stelt dat haar "berichtgeving en die van mijn collegajournalisten in Zuid-Afrika geen onderdeel uitmaakte van een geheime agenda met als doel het separatisme". De boodschappers blijven erbij dat de prins op de missie naar Zuid-Afrika niet in vorm was en dat zij alleen de klachten van de ontevreden zakenmensen hebben geregistreerd en geanalyseerd. Ook hoofdredacteurs moeien zich in de discussie. Als alle aanwezige journalisten, op twee uitzonderingen na, dezelfde klachten hebben gehoord dan zouden journalisten "hun naam niet waardig zijn als ze niet over de ontevredenheid zouden berichten". In alle Vlaamse media is de conclusie duidelijk: de prins legt de kritiek best niet naast zich neer. Het is niet omdat de getuigenissen anoniem blijven, dat ze op niets gebaseerd zijn.

De discussie in de Vlaamse pers doet de relatie tussen de prins en de media geen goed. De verhouding is al langer gespannen. Filip wordt al sinds de jaren '80 verweten houterig te zijn en slecht te communiceren. Maar de kritiek beperkte zich altijd tot een of andere uitschuiver. De berichtgeving over Zuid-Afrika gaat een stap verder. De pers stelt zich voor het eerst de vraag of een prins als hoofd van een buitenlandse zending wel zin heeft. Bij uitbreiding wordt de functie van de kroonprins ter discussie gesteld. Ook de politieke wereld interpreteert dat zo, getuige de boude verklaringen van een aantal politici over de protocollaire rol van de toekomstige koning. Voor de zoveelste keer wordt er openlijk in de media over een louter protocollaire functie voor de koning gepraat. De voorzitter van CD&V, Jo Vandeurzen, vindt dat er "over een aantal verantwoordelijkheden eens goed moet nagedacht worden". Ook de partijen die traditioneel kritisch tegenover de monarchie staan, laten zich niet onbetuigd. Geert Lambert, voorzitter van Spirit, noemt de prins "niet geschikt om meer te doen dan louter ceremoniële zaken". Ook de VLD wijst erop dat de partij voorstander is van een protocollaire monarchie. Prins Filip vraagt zich intussen af wie de pers getipt heeft over de ruzie met zijn adviseur. Hoe dan ook is het openlijke conflict met Jan Grauls bepalend geweest voor het falen van de missie naar Zuid-Afrika. De topadviseur had Filip gewaarschuwd. Maar de prins koos zijn eigen koers en die is hem zuur opgebroken.

Het interview met dt-fout

Een week na de reis naar Zuid-Afrika is de storm nog steeds niet gaan liggen. Prins Filip beslist om uiteindelijk toch te reageren op de heisa. De entourage van Filip kiest *La Libre Belgique* en *De Standaard* uit om een reactie van de prins te publiceren. Filip is gecontacteerd door een journalist van de *De Standaard* en besluit om op zijn vragen schriftelijk te antwoorden. *La Libre Belgique* wordt er ook bij betrokken om het taalevenwicht te bewaren, ook al is de kritiek op de reis nagenoeg alleen in de Vlaamse media verschenen. Het "interview" wordt een lijdensweg nog vóór het in de kranten verschijnt. Als premier Verhofstadt te horen krijgt dat Filip een interview heeft toegestaan, eist hij dat hij de tekst eerst te zien krijgt want "je weet maar nooit". Verhofstadt wil een nieuwe blunder voorkomen.

De premier wil aanvankelijk de tekst van het exclusief interview inhouden. De prins is grondwettelijk niet verplicht om de premier in te lichten, maar na de eerdere incidenten is de entourage van Filip voorzichtiger geworden. Algauw zijn ook de andere media op de hoogte van het nakende vraaggesprek. Als het interview niet zou verschijnen, vreest de eerste minister dat dat opnieuw de "onkunde" van Filip zal bevestigen. Beide kranten dreigen er trouwens mee om een artikel te schrijven over "het interview dat niet mocht verschijnen". En dus verandert de eerste minister het geweer van schouder. Waarom Verhofstadt talmt, kunnen de krantenredacties niet achterhalen. Volgens één bron omdat de prins in de oorspronkelijke tekst de Vlaamse pers op de korrel neemt. Dat blijkt deels te kloppen, al gaat het enkel om een "discrete vingerwijzing naar de pers die haar deontologische regels beter in acht zou moeten nemen". Verhofstadt vreest een nieuw incident met de pers en schrapt de bewuste passage uit het interview. Het kabinet van de prins, de kabinetschef van de koning en de eerste minister stellen na uren heen en weer bellen een nieuwe tekst op die pas laat op de avond wordt vrijgegeven aan de betrokken kranten. De gecorrigeerde versie verschijnt in de weekendedities van *De Standaard* en *La Libre Belgique*.

In het schriftelijk interview laat de kroonprins niet echt in zijn kaarten kijken. Zijn reactie op de harde kritiek is veeleer omfloerst. Van een stevige uitbrander voor de Vlaamse pers is, na de rode pen van Verhofstadt, ook geen sprake meer. De prins zegt weliswaar "niet ongevoelig" te zijn voor kritiek maar weerlegt evenmin de negatieve berichtgeving over de reis. "Iemand die een mediaster is, heeft dat meestal zelf zo gewild. Dat is niet onze rol. Wij moeten ten dienste staan van de samenleving. En daarover moeten wij communiceren, en dat in de beste omstandigheden," dixit Filip. Het interview is vrij steriel, de vragen zijn op voorhand doorgemaild en door verscheidene partijen gezuiverd om niemand voor het hoofd te stoten. De antwoorden zelf getuigen van weinig inspiratie. Nergens laat de prins enige strijdlust blijken, nu hij zelf zo is aangepakt in de media. Bovendien blijken zowel het kabinet van de prins, de koning als de premier een dt-fout te hebben gemist wat in de media op hoongelach wordt onthaald.

Voor *De Standaard* is het interview geen vrijgeleide voor de kroonprins. Integendeel, de hoofdredacteur van de krant besluit dat de prins met dit inter-

view andermaal aantoont dat "hij het niet kan". Hoofdredacteur Peter Van-
dermeersch noemt de entourage van de prins "niet in staat om op een normale manier met de moderne media om te gaan". Het interview komt te
krampachtig en stroef over. Ook communicatiegoeroe Noël Slangen noemt
het interview van Filip "vreselijk". Alweer neemt Annemie Neyts de verdediging van de prins op zich. Volgens haar is Filip het mikpunt van een georchestreerde campagne tegen het koningshuis. Ook al geeft de liberale politica toe dat Filip "geen kwikzilveren intellect heeft en niet ongelooflijk snel
is. Toch is hij zeer toegewijd". Pro en contra Filip. In de weken die volgen op
de missie naar Zuid-Afrika kiezen ook de meeste politici partij. De kroonprins
en de manier waarop hij functioneert zijn voor de media een dankbaar onderwerp. De hersteloperatie mislukt. Filip begrijpt alweer niet wat er fout gegaan is en beschouwt het fameuze interview als een gemiste kans.

Hervorming op het paleis

Uitgerekend in maart 2006, net wanneer Filip zo zwaar onder vuur ligt, maakt
het Hof wereldkundig dat de kabinetten van de koning en de andere leden
van de koninklijke familie worden gereorganiseerd. Een aantal mensen wordt
op andere posten geplaatst en er wordt voor een duidelijk politiek evenwicht
gezorgd. Minister van Buitenlandse Zaken Karel De Gucht, die verantwoordelijk is voor de Belgische diplomaten, stuurt de reorganisatie in liberale richting. De regering-Verhofstadt II zorgt ervoor dat de samenstelling van de
prinselijke en koninklijke adviseurs pluralistischer wordt. Een van de meest
opvallende nieuwkomers is Boudewijn Dereymaeker, voormalig ambassadeur
in Zimbabwe. Hij en Marc Mullie, die hoofd wordt van het economisch, sociaal en cultureel departement aan het Hof, moeten ervoor zorgen dat de bij-
wijlen "antivrijzinnige" houding van het paleis wordt bijgestuurd. Ghislain
D'Hoop verdwijnt iets meer naar de achtergrond. Ondanks het feit dat hij
hoofd wordt van het departement Buitenlandse Betrekkingen, worden de
opeenvolgende fouten van de kroonprins deels aan hem verweten. Tijdens de
volgende missies kiest D'Hoop ervoor om minder zichtbaar voor de prins te
werken.

De hervorming van de diensten van het paleis naar een federale overheidsdienst, wordt uitgewerkt door Jacques van Ypersele zelf. Een toppoliticus bevestigt dat "Jacques van Ypersele de diplomaten, die aan het Hof komen werken, persoonlijk uitkiest. Hij weet waar de goeie mensen zitten." Karel De Gucht hoedt er zich ook voor om adviseurs aan te trekken met louter een adellijke titel. Er leeft bij de politiek veel wrevel over de adellijke milieus die de kroonprins wereldvreemd houden. En dus worden dit keer bewust geen baronnen of jonkheren aangetrokken, ook al prijken er wel enkele adellijke titels op de shortlist.

Als vanzelf plooit de discussie over Zuid-Afrika terug op de entourage van Filip. De groep adviseurs, die de prins omringt, wordt verweten bestoft en oubollig te zijn. De diplomaten moeten het ontgelden. Vooral Didier Nagant de Deuxchaisnes, de communicatieadviseur van de prins, komt onder vuur te liggen, net als de rechterhand van de prins, Ghislain d'Hoop. De media-schuwe D'Hoop wordt aan het Hof enorm gerespecteerd, maar de politiek twijfelt aan zijn competentie en stressbestendigheid. Een paars regeringslid bevestigt dat het kernkabinet zich openlijk afvraagt of D'Hoop wel echt de geschikte man op de geschikte plaats is. De gedoodverfde opvolger van Van Ypersele is niet langer onaantastbaar. Toch kunnen de fouten moeilijk allemaal op rekening geschreven worden van Ghislain D'Hoop. Alleen, hij durft de prins nooit tegenspreken.

Goede vriend Paul Buysse noemt de sneren naar de adviseurs onterecht. Volgens hem is "de steun en het advies die de prins krijgt van zijn medewerkers professioneel en waardevol. Ik ben altijd zeer onder de indruk van de kwaliteit en de inzet van mensen zoals Ghislain D'Hoop en kolonel De Bruyne, adviseur van de prins. Zij zijn bijna dag en nacht, weekends incluis, in de weer om de vele projecten in goede banen te leiden."

Omdat de kritiek over de adviseurs dit keer openlijk geventileerd wordt, moet er iemand uit de entourage van de prins sneuvelen. Al was het maar om de indruk te wekken dat het paleis rekening houdt met de roep om vernieuwing en verjonging. De kabinetschef van de koning, Jacques van Ypersele de Strihou, stemt ermee in om Didier Nagant de Deuxchaisnes op te offeren. De edelman wordt de zondebok voor de mislukte PR-operatie in Zuid-Afrika. Nagant is pas sinds anderhalf jaar in dienst, maar moet weg. Volgens Annemie Neyts is Nagant "veel te braaf". Op reis naar Zuid-Afrika zou hij "veel te

vriendelijk geweest zijn met de pers". Neyts verdedigt de verwijdering van
de communicatie-adviseur omdat er een kentering moest komen. "Men mag
nog tien keer zeggen dat er op die reis niets verkeerds is gebeurd, de perceptie is anders. Als je iets wil teweegbrengen, moet je het probleem durven aan-
pakken."

Het blijft hoe dan ook frappant dat Nagant de enige is die geslachtofferd
wordt voor zijn vermeende rol tijdens de reis naar Zuid-Afrika. Een intimus
zegt dat het schandalig is dat Filip zelf niet harder is aangepakt. Is Didier
Nagant slachtoffer van zijn eigen succes? De diplomaat met blauw bloed
moest bij zijn aantreden in de zomer van 2004 net voor meer openheid zorgen. Maar de prinselijke entourage speelt hem nu de zwarte piet door. Zelfs
voor de mediageile Vincent Van Quickenborne, die op elke foto met de prins
een prominente plaats opeist, krijgt Nagant de schuld. In één adem wordt
de communicatieadviseur verantwoordelijk gesteld voor de stuntelige houding van de prins en voor de redevoering die Filip hield in Zuid-Afrika, ook
al is de tekst die de prins tijdens de economische zending voorlas door Ghislain D'Hoop geschreven en niet door Nagant. Volgens Pierre Chevalier is de
afstraffing een voorbeeld van de harteloze manier waarop met medewerkers
wordt omgesprongen aan het Hof. "Er heerst grote rivaliteit onder de Hof-
medewerkers om dichter bij de kroonprins of de koning te staan. En natuurlijk is er dan leedvermaak bij een uitschuiver van Filip, want dat heeft een
directe weerslag op de adviseurs." Officieel wil het Hof het vertrek van Nagant
niet toeschrijven aan het debacle van de kroonprins in Zuid-Afrika. Er bestaat
officieel geen verband tussen zijn ontslag en de mislukte missie, maar de diplomatieke wereld ervaart het vertrek als een pijnlijke vernedering.

Alle geïnterviewde politici zijn het erover eens dat de samenstelling van
de entourage van de kroonprins dringend moest aangepast worden. De slechte beurt van Filip is, achteraf gezien, de gedroomde aanleiding om een nieuwe
wind te doen waaien. Een verjonging en modernisering van de equipe, die
Filip omringt, blijken al langer op de agenda te staan. Miguel Chevalier, ex-
woordvoerder van premier Verhofstadt, zegt bovendien dat "de entourage van
Filip uit controlefreaks bestaat. Ze bepalen zelfs wanneer Filip gaat slapen."

Koninklijke smart

Steun voor Filip komt er uit onverwachte hoek. Nagenoeg meteen na de reis naar Zuid-Afrika, vertrekken de koning en de koningin op staatsbezoek naar Litouwen. De berichtgeving over de Zuid-Afrikaanse zending is bij Albert in het verkeerde keelgat geschoten en hij laat dat ook duidelijk aan de pers weten. Op de heenreis geeft de koning tegenover Reinout Goddyn van het VTM-magazine *Royalty* kritiek op de manier waarop VTM prins Filip heeft aangepakt. "De uitzending heeft me veel pijn gedaan," verzucht de koning. Albert springt voor zijn zoon in de bres. Het commentaar van Albert is weliswaar vertrouwelijk, maar een Franstalige krant pikt de kritiek op en publiceert het gesprek tussen de koning en de journalist.

Eén ding is duidelijk: het imago van prins Filip moet na het debacle in Zuid-Afrika worden opgekrikt. Het oordeel van de bevolking, een maand na de missie, is ronduit desastreus. Een peiling over de populariteit van de koninklijke familie doet het Hof opschrikken. De poll toont een duidelijke kloof tussen Vlamingen en Walen en is vernietigend voor Filip. In Vlaanderen ziet 53 procent, een kleine meerderheid, geen heil meer in het koningshuis. In Wallonië is dat maar 26 procent. De steun voor het Hof is in Franstalig België beduidend groter. Maar het slechte imago van de kroonprins haalt ook de goede score van zijn vader en de andere leden van de koninklijke familie naar beneden. Dat is voor het Hof een teken aan de wand. In Vlaanderen vindt 49 procent namelijk dat Filip niet klaar is voor de troon, tegenover 38 procent die hem wel als koning ziet zitten.

Prins Filip vraagt zich af hoe hij het tij kan doen keren. Na de missie gaat hij discreet praten met een paar vertrouwelingen. Zijn entourage durft hem niet openlijk afvallen, maar off the record is er toch duidelijk kritiek te horen op de slechte beurt die hij heeft gemaakt als delegatieleider. De peiling toont duidelijk aan dat de prins aan vertrouwen heeft moeten inboeten. En dat is voor Filip zelf een zware klap. Intimi bevestigen dat Filip, na Zuid-Afrika, het "zeer moeilijk heeft". Het aantal bezoeken van Filip wordt, voor korte tijd, op een laag pitje gezet. Deels om de prins wat ademruimte te geven. Deels ook om het Hof tijd te geven om na te denken over wat er is misgelopen en wat er moet veranderen. Opvallend is ook dat de prins, in de eerste weken na

de reis naar Zuid-Afrika, nauwelijks alleen op stap gaat: hij neemt de populaire Mathilde steevast mee. Een intimus bevestigt dat de koning beseft dat
"zijn zoon niet geliefd is".

De diepgelovige Filip put zeer veel kracht uit de ontmoeting met de paus
een maand later. In april ontvangt Benedictus XVI de voltallige Belgische koninklijke familie in privéaudiëntie. Alleen prins Laurent, zijn vrouw Claire
en koningin Fabiola zijn er niet bij. Maar de kroonprins en zijn vrouw staan
heel bewust op de voorgrond. Het bezoek is een traditie van het Belgische
koningshuis. Dat maakt er een erezaak van om binnen het jaar na de verkie-
zing van een nieuwe paus ontvangen te worden op het Vaticaan. Voor Filip
en Mathilde is het bezoek een hoogtepunt. Het koppel is zeer religieus en
heeft een diepe bewondering voor Benedictus. Tijdens het bezoek wordt niet
verwezen naar de problemen van de prins. De beelden en foto's van een eens-
gezinde familie, die zich achter de prins schaart, zijn een meevaller. Het imago
van de kroonprins kan best een opsteker gebruiken. En voor het eerst, sinds
lange tijd, staan Albert en zijn zoon ook weer samen op de foto. Een teken
van verzoening tijdens de moeilijke periode die Filip kent. Het geloof verenigt
vader en zoon. Een anonieme bron bevestigt dat Albert zich, na zijn openlijke steun aan zijn zoon tegenover de pers, inzet om de band met Filip wat meer
aan te halen. Guy Verhofstadt heeft de koning aangeraden om zich wat meer
over zijn zoon te ontfermen. Alleen zo kan de kroonprins uit het dal klim-
men. Albert neemt die raad ter harte en geeft zijn kabinetschef de opdracht
om de volgende economische missies van zijn zoon discreet te superviseren.
Albert wil niet dat de buitenlandse reizen van Filip een alibi worden voor de
pers om zijn zoon keer op keer aan te vallen. Albert praat ook enkele keren
met Filip als vader. Later, in de maand juli, reizen de kroonprins en zijn gezin zelfs voor het eerst naar Châteauneuf-de-Grasse af om er met Albert en
Paola de vakantie door te brengen in hun buitenverblijf. Volgens een intimus
is dat een "zeer uitzonderlijk gebeuren", gezien de tot dan toe vrij kille relatie tussen vader en zoon.

De ultieme herkansing

Na de fatale reis naar Zuid-Afrika kiest Filip tijdelijk voor een plek in de luwte. Toch kan de prins niet te lang op de achtergrond blijven. De volgende missie naar Rusland staat gepland en moet een succes worden. Achter de schermen wordt de ene na de andere voorbereidende vergadering belegd: met de dienst Buitenlandse Handel en met een aantal belangrijke partners. Filip moet op de volgende reis beter uit de verf komen en de entourage moet daarvoor zorgen. Ook met Rudi Tomaes, de gedelegeerd bestuurder van het Verbond van Belgische Ondernemingen, wordt overlegd over de gebrekkige communicatie op de omstreden reis naar Zuid-Afrika en wordt de missie naar Rusland goed voorbereid.

Is de heisa over de kroonprins van voorbijgaande aard? Het Hof meent dat er ook andere factoren meespelen bij de kritiek op Filip. De entourage vindt dat Filip niet alleen slecht scoort in Vlaanderen omwille van zijn vermeende incompetentie maar ook om wat hij symboliseert. Filip is de kroonprins en in die zin de toekomst van het koninkrijk België. Door zijn goed functioneren als toekomstig staatshoofd in twijfel te trekken, wordt niet zozeer de persoon maar vooral de functie geviseerd. Het Hof weet dat het weinig kan doen aan de perceptie maar probeert toch een en ander discreet bij te sturen. Zo worden er lessen getrokken uit de verhouding met de pers. Voor de volgende missie naar Rusland komen er elke dag "informele momenten" met de prins en de prinses, verklaart de woordvoerder van het paleis Michel Malherbe. De perswoordvoerder moet ervoor zorgen dat het vertrouwen met en in de pers hersteld wordt, hij reist ook zelf mee. Malherbe beseft dat vooral de Vlaamse pers niet gauw haar kritische houding tegenover de prins zal laten vallen, maar wil vooral beter communiceren. "Hoewel dit in de eerste plaats een economische missie blijft, beseffen wij maar al te goed dat een deel van de meereizende pers vooral in het prinselijk paar geïnteresseerd is," zegt hij. Niet echt een stijlbreuk maar toch een stille wenk dat de volgende reis een andere richting zal inslaan.

Met de nieuwe economische zending naar Rusland gaan 150 bedrijfsleiders mee. Dit keer is het aantal deelnemers netjes verdeeld over het Vlaamse, Waalse en Brusselse gewest. Sterker, van de bedrijfsleiders die mee naar Zuid-

Afrika gingen, reist nagenoeg niemand mee naar Rusland. Het lijkt erop alsof die delegatieleden, die de prins hebben beschuldigd van desinteresse en houterigheid, niet geïnviteerd zijn. Ook de Zeebrugse havenbestuurder Joachim Coens, de enige zakenman die openlijk kritiek had, is er niet bij. Het Hof wil geen risico's en kiest voor de veilige weg: de zogenaamde dissidenten krijgen op de dienst voor Buitenlandse Handel te horen dat er "geen plaats meer is" en "dat het programma van de missie naar Rusland toch niet zo interessant is". Voor de kroonprins is deze reis een herkansing en dus mag er niets fout lopen. Ook de media gunnen Filip een tweede kans. Al vóór de prins vertrekt, wordt er vooruitgeblikt op de andere houding van het paleis tegenover de pers. Zo wordt er uitvoerig geschreven en gesproken over de nieuwe communicatiestrategie van het Hof.

Het paleis beseft intussen dat het de pers beter als bondgenoot ziet dan als vijand. Daarom worden de journalisten ook anders benaderd, zonder dat er te veel wordt prijsgegeven. Op zich is het interview van de woordvoerder al vernieuwend. Want normaal gezien geven de koninklijke familie en haar raadgevers nooit interviews. Jacques van Ypersele de Strihou, die twee koningen heeft gediend als kabinetschef, is daar heel principieel in. Raadgevers mogen nooit het voorwerp worden van discussie of controverse. En daarom onthouden ze zich beter van alle commentaar. Dat er nu toch voor een andere weg gekozen wordt, heeft veel te maken met de heikele situatie. Prins Filip heeft nood aan positieve commentaar in de pers en daarom kiest het Hof voor een andere aanpak. Ook de vernietigende opmerkingen na het interview van de prins in *De Standaard* en *La Libre Belgique* hebben een diepe indruk gemaakt op de omgeving van de prins. Maar in plaats van de prins van de camera weg te houden, kiest het Hof net om Filip meer aan het woord te laten. Voor het eerst lijkt er sprake van een ware communicatiestrategie geleid door de woordvoerder van het Hof. Ghislain D'Hoop staat normaal in voor de communicatie op economische zendingen. Maar het Hof acht het raadzaam om hem die taak niet meer alleen te laten vervullen. Malherbe heeft de prins zelf interviewtechnieken aangeleerd. Samen met de woordvoerder oefent Filip ook in hoe je een speech moet brengen zonder dat de zaal indommelt. De kroonprins leert klemtonen leggen en pauzes maken. Voor die mediatraining wordt bewust geen externe communicatieadviseur aangetrokken omdat de angst voor een perslek te groot is. En dus wordt Michel Malherbe zelf het veld in gestuurd om de prins voor te bereiden op zijn vuurdoop in Rusland.

Ondanks de steun van zijn vader en zijn entourage, maakt Filip in Moskou een zeer zenuwachtige indruk. Hij weet dat de pers hem nauwgezet volgt en hij is bang voor een slipper. De prins is nochtans uitermate goed voorbereid. Dit keer heeft hij de lijst van aanwezige bedrijfsleiders goed bestudeerd. Hij informeert op voorhand naar de zin en het doel van bepaalde geplande bezoeken. Bij aankomst in Moskou let hij er op dat alle deelnemers aangesproken worden en toont hij belangstelling voor hun contracten en contacten. Geen enkele receptie of informele ontmoeting wordt afgelast.

De prinselijke entourage laat de journalisten duidelijk weten dat dit geen toeristisch bezoek zal zijn. Filip moet in de eerste plaats scoren bij de delegatie zelf. En dus moet de prins bijna voortdurend werkbezoeken afleggen, bedrijven bezoeken en contracten bespreken. De nadruk in het programma ligt op het economische karakter. Deels omdat Filip zich daar goed bij voelt, maar ook omdat hij dan minder in het populaire vaarwater van zijn vrouw terechtkomt. Het laatste wat de entourage wil, is dat Filip tijdens de reis voortdurend vergeleken wordt met Mathilde.

Een korte wandeling

Met een element hebben Filip en zijn entourage geen rekening gehouden tijdens de voorbereiding van de reis: de actualiteit. Als bekend raakt dat de lichamen van de verdwenen meisjes Stacy en Nathalie in Luik gevonden zijn, beslist Filip nagenoeg op eigen houtje om te reageren. Maar hij doet dat nog vóór de minister van Justitie of de premier zelf de kans hebben gekregen om hun medeleven te betuigen. Filip wil zijn criticasters voor altijd de mond snoeren en stapt op het Rode Plein naar de camera's om er zijn steun aan de ouders uit te spreken. De spontane reactie is goed bedoeld maar komt veeleer onbeholpen over. Filip beslist vreemd genoeg "om de wandeling in te korten" uit respect voor de meisjes. Bovendien wil de prins de pers niet verder te woord staan, en dit uit eerbetoon aan de overleden kinderen.

De uitspraken worden in eigen land niet door iedereen gesmaakt, zeker niet door de premier en de minister van Justitie die hem telefonisch tot de orde roepen. Zij vinden het ongehoord dat Filip niet eerst contact heeft opgenomen met de regering. Ook de PS is niet te spreken over de "impulsieve loslippigheid" van de prins. Als een journalist hem vraagt of hij in Zuid-Afrika ook echt gedesinteresseerd was, maakt Filip een onverwachte verwijzing naar de malaise bij de Franstalige socialisten, die op dat moment te kampen hebben met een groot corruptieschandaal in het partijkader van Charleroi. Filip vindt dat niet *hij* verantwoording moet afleggen over de reis naar Zuid-Afrika. "Het zijn anderen die tot de orde geroepen moeten worden," zegt de prins. De socialisten voelen zich aangesproken. De Parti Socialiste laat het Hof discreet weten dat het dergelijke opmerkingen kan missen. Door de mediaheisa over de dood van Stacy en Nathalie halen de oprispingen nauwelijks de pers. Maar achter de schermen krijgt Filip wél een uitbrander van de premier. Ook zijn uiting van medeleven wordt op regeringsniveau weggelachen. Volgens communicatiestrateeg Noël Slangen is de reactie van de kroonprins op de dood van de meisjes een "duidelijk teken van wereldvreemdheid. Je kunt evengoed zeggen: uit eerbied voor de slachtoffers, ga ik wat vroeger slapen". De reis naar Rusland is ondanks de uitvoerige voorbereiding alweer geen onverdeeld succes.

Fan van federalisering

Een keerpunt komt er pas later op het jaar, als de prins alleen naar Canada afreist. De afwezigheid van prinses Mathilde leidt al meteen tot speculaties: Mathilde mag haar man dit keer niet naar de kroon steken. "Onzin," zegt woordvoerder Michel Malherbe. Volgens hem blijft Mathilde thuis "omdat ze in Canada niet echt een rol van betekenis kan spelen".

In de pers worden zakenlui geciteerd die vinden dat de prins veel relaxter is dan op voorgaande missies. Bovendien wordt zijn pleidooi voor federalisme "inspirerend" genoemd. De toespraak werd rechtstreeks op de Canadese televisie uitgezonden. "Een risico," getuigt Malherbe, maar het is goed verlopen. De reis verschilt niet zoveel van voorgaande maar de sfeer is toch anders. Filip geeft nog steeds weinig interviews en kiest voor toespraken om zijn boodschap te doen overkomen. Op die manier blijft hij meester van de situatie en is er minder risico op fouten. Sinds de zending naar Zuid-Afrika blijkt er achter de schermen toch heel wat veranderd. VBO-topman Rudi Tomaes bevestigt dat het Hof hard gewerkt heeft om de handelsreizen een nieuw elan te geven. "Dat men zoveel werk heeft gemaakt van de missie in Canada, heeft alles te maken met wat er gebeurd is in Zuid-Afrika. Zeker tegenover de pers is de aanpak gewijzigd." Ook Fientje Moerman ziet dat de relatie met de pers is verbeterd. Volgens haar moet iedereen met journalisten leren omgaan en moet dat contact best professioneel worden begeleid. Intimi wijzen erop dat Filip in wezen niet is veranderd, dat je rekening moet houden met het feit dat de prins zeer koppig is.

Filip getuigt tegenover de schaarse Belgische delegatie van journalisten dat hij zijn job zeker niet beu is, ondanks alle kritiek. Hij blijft overtuigd van zijn rol. "Ik zie niet in waarom men soms moeilijkheden zoekt, als het ook eenvoudig kan. Het is niet simpelweg wat handjes schudden. Ik probeer met de ondernemers te spreken over wat ze bezighoudt. Op dit moment worden er vier missies per jaar georganiseerd. Ik zou er gerust meer willen doen. Ik probeer creatief te zijn en nieuwe ideeën aan te brengen. Kijk, ik ben een enthousiast persoon."

HOOFDSTUK 9

De "missie" van Filip

Bij de start van het nieuwe jaar geeft koning Albert zijn zoon Filip een devies mee: "Zoek de stilte en de bezinning op." De kroonprins heeft in 2006 een moeilijke periode beleefd en zou zich voortaan nog meer moeten toeleggen op zijn taak in de schaduw van zijn vader. De koning raadt Filip, en ook zijn dochter Astrid, aan om vooral niet zelf het voorwerp van een incident te worden en "voorzichtig te zijn als ze de media benaderen". Vooral voor Filip is dat een hele opdracht. Mede onder invloed van zijn kabinet, vindt hij het niet altijd aangewezen dat hij een tweederangspositie moet bekleden. Bovendien kan zijn populariteit een *boost* gebruiken. De prins blijkt in de wolken te zijn met de positieve mediaberichten over zijn geslaagde optreden tijdens de economische missie naar Canada in het najaar van 2006. De journalisten, die Filip vergezellen, noemen Filip "bevlogen en complexloos". De kroonprins lijkt de raad van zijn vader ter harte te nemen en koestert ogenschijnlijk geen wrok tegenover de media die hem een jaar eerder op de korrel hebben genomen. De media zelf nemen het voortouw bij de rehabilitatie van de kroonprins. De optredens van Filip heten plots "geslaagd". Een hoofdredacteur bevestigt dat er achter de schermen discrete druk is geweest om de houding van enkele redacties tegenover de kroonprins wat bij te stellen. Filip telefoneert, na de heisa over de reis naar Zuid-Afrika, meer speciaal naar Christian Van Thillo, de gedelegeerd bestuurder van de Persgroep, die *Het Laatste Nieuws* en *De Morgen* uitgeeft. De Vlaamse mediatycoon toont begrip voor de grieven van de prins.

In een gesprek met *Het Laatste Nieuws* doet Filip alsof het voorbije jaar voor hem geen beproeving is geweest. "Als ik in de spiegel kijk, zie ik nog altijd dezelfde man. Maar ik ben wel bereid om aan mezelf te werken." Goede voornemens die het vergevingsgezinde imago van de prins moeten versterken. Filip beseft, volgens een intieme vriend, ook steeds meer dat zijn vrouw en kinderen een bonus opleveren. Het aanhoudende gedweep van de pers met Mathilde hebben er net als de geboorte van de prinsenkinderen toe bijgedragen dat de bevolking Filip beter accepteert. Filip mag dan al door zijn gestuntel de toekomst van de monarchie in het geding brengen, de scherpe kantjes en kritische vragen verdwijnen na een tijdje telkens weer naar de achtergrond. Dat verandert plots in het voorjaar van 2007. Vreemd genoeg is het dit keer niet kroonprins Filip maar prins Laurent - nota bene de elfde in lijn voor de troonopvolging -, die het debat over de rol van de monarchie opnieuw opent.

Gesjoemel met Clémentine

Prins Laurent komt in het oog van een storm als zijn ex-adviseur, kolonel Noël Vaessen, uit de biecht klapt en hem openlijk beschuldigt van betrokkenheid bij fraude met geld van de Belgische marine. Tegen alle verwachtingen in, en zeer tegen de zin van de Hasseltse procureur des konings Marc Rubens, wordt de prins op 9 januari zelfs gehoord als getuige op een proces over gesjoemel met legerbudgetten. Een lid van het koningshuis dat voor de rechtbank verschijnt is een dankbaar onderwerp voor de pers en ontketent een nooit eerder geziene stroom van analyses, geruchten en mediacoverage over de monarchie. Het getuigenis van prins Laurent brengt het imago van de hele koninklijke familie andermaal schade toe. Niet alleen wordt de kwestie van de dotaties en de schimmige financiering van bepaalde prinselijke fondsen bekritiseerd, ook het toekomstig functioneren van de dynastie en haar leden staat plots weer ter discussie. Laurent blijkt op de hoogte te zijn geweest van een frauduleus systeem waarbij geld van de Belgische zeemacht naar hem werd doorgesluisd. De prins, tot dan vaak de publiekslieveling van de media, bekent dat hij indertijd 185.000 euro van de marine kreeg om zijn villa in Tervuren te verfraaien. Maar Laurent ziet daar, verloren in zijn eigen wereld, absoluut geen graten in. De publieke opinie is genadeloos. De betrokkenheid bij het gesjoemel komt Laurent duur te staan. Hij verliest een groot deel van de steun van het volk. Zijn eigen milieustichting wordt aan een vernederend onderzoek onderworpen. Het Hof laat na de uitspraak van de rechtbank weten dat de koning de marine zelf zal terugbetalen. Qua beperking van imagoschade kan die geste tellen. Maar intussen is de discussie over de hervorming van de monarchie opnieuw in volle hevigheid losgebarsten. Johan Vande Lanotte laat weten dat hij liever een "monarchie light" wil. De voorzitter van de Vlaamse socialisten stelt resoluut dat de koning in de toekomst beter niet langer de formateur of de informateur aanstelt. Zelfs de ferventste verdedigers van de monarchie kanten zich niet meer tegen een aanpassing van de koninklijke taken. Een hervorming van de monarchie is ook voor Elio Di Rupo niet langer onmogelijk. Opgejaagd door verontwaardigde commentaren in de pers, verklaart de PS dat ze bereid is om het heikele onderwerp te bespreken.

De fraudeperikelen van prins Laurent maken een debat over de monarchie plots brandend actueel. En de federale verkiezingen van 10 juni zijn voor vele critici een uitgelezen kans om de rechten en plichten van de koninklijke familie voor eens en altijd aan te passen. Parlementsleden van zowat alle democratische partijen laten verstaan dat de kans groot is dat de rol van de monarchie bij de volgende staatshervorming op de onderhandelingstafel komt. Het voorstel om de macht van het huidige en het toekomstige staatshoofd bij te sturen, komt er op een cruciaal moment. Aan Vlaamse kant is er, in alle stilte, intussen een consensus gegroeid dat er best nu kan ingegrepen worden vóór prins Filip zijn vader opvolgt. Maar ook bij de Franstaligen is de bereidheid groter dan voorheen. De Limburgse gouverneur Steve Stevaert is daarentegen slechts een koele minnaar van een onmiddellijke wijziging van de rol van de koning. Hij noemt dat verkeerd. "Het is toch merkwaardig dat nu de vader populair is, men graag op de zoon mept. Albert staat op een te hoog niveau om hem te pakken. Dus krijgt Filip ervan langs. En die *bashing* van Filip, dat gaat er bij de publieke opinie in als zoete broodjes." Ook Louis Michel vindt dat je "geen wet maakt voor een persoon. Je maakt een wet voor een instelling. Als je die protocollaire kwestie nu toespitst op Filip, dan pas zal je een probleem creëren."

De missie of de taak?

Ondanks de raad van zijn vader en van vertrouwelingen zoals Ghislain D'Hoop of Paul Buysse, heeft Filip de aanvallen op zijn persoon na de reis naar Zuid-Afrika nog niet verteerd. Een vertrouwenspersoon van het prinsenpaar is diverse keren getuige van een gekwetste Filip die de gebeurtenissen van het voorbije jaar niet kan en wil relativeren. Hij ziet ook dat prinses Mathilde haar man telkens sust en hem tracht te overtuigen om alle mediaberichten over Zuid-Afrika te leren aanvaarden. *"Tu dois apprendre à attendre,"* fluistert ze volgens een bron tegen haar man. Volgens haar moet Filip even uit de schijnwerpers blijven. Een beetje discretie kan geen kwaad, zeker nu prins Laurent in de pers zo op de korrel wordt genomen en er zelfs openlijk wordt gepraat over het afschaffen van de prinselijke dotaties van prinses Astrid en prins Laurent.

Filip doet er ook volgens zijn eigen rechterhand Ghislain D'Hoop goed aan om onmerkbaar een stapje terug te zetten en in alle rust de volgende economische missies voor te bereiden. Maar dat voornemen neemt Filip niet ter harte. Tijdens de traditionele nieuwjaarsreceptie in januari 2007 wakkert Filip zelf de discussie weer aan over zijn bekwaamheid om koning te worden.

Op die bewuste bijeenkomst probeert de koninklijke familie niet te laten merken dat de aanvallen van de voorbije weken op prins Laurent hen allemaal pijn gedaan hebben. Ook de politici houden de schijn hoog en verwijzen niet naar de fraudeperikelen. Zelfs de koning blinkt tijdens zijn traditionele speech uit in voorzichtigheid. Albert raadt de Franstaligen en Vlamingen aan om de wederzijdse solidariteit niet uit het oog te verliezen. De boodschap die hij in de troonzaal voorleest is politiek ongevaarlijk in vergelijking met zijn toespraak van een jaar eerder. Toen verwees Albert naar het "omfloerst separatisme" van een aantal Vlaamse partijen dat de voorbode zou kunnen zijn van een splitsing van België. In tegenstelling tot het jaar daarvoor, lijken de uitgenodigde politici zich dit keer nergens aan te storen. Toch krijgt de receptie een naar staartje. De prins besluit om enkele aanwezige hoofdredacteurs, die erg kritisch over hem hebben geschreven of gesproken, zijn ongenoegen te uiten. De kroonprins verschijnt slecht gehumeurd op de nieuwjaarsreceptie. 's Morgens publiceert de Franstalige krant *Le Soir* alweer een opiniepeiling waaruit blijkt dat hij de tweede minst populaire *royal* is. Verder blijkt uit de poll dat prinses Astrid veel geschikter voor de troon wordt bevonden. Filip is het beu om slechte punten te krijgen. Maar vreemd genoeg wordt de hoofdredacteur van *Le Soir*, die op de receptie aanwezig is, niet aangesproken op de voor Filip vernietigende conclusies die de krant publiceert. Het is de Vlaamse pers die het moet ontgelden.

Eerst wordt Yves Desmet van *De Morgen* door de prins op het matje geroepen. De prins benadert Desmet met de opmerking "U ziet mij niet graag". Filip heeft de berichtgeving van *De Morgen* over zijn persoon niet verwerkt en laat dat duidelijk voelen. Hij noemt het ongehoord dat de krant zo eenzijdig over hem schrijft. De hoofdredacteur legt de kroonprins uit dat het de opdracht van de pers is om over alle onderwerpen, de kroonprins incluis, kritisch te berichten. Maar dat argument maakt op Filip geen indruk. De prins herhaalt opnieuw: "U ziet mij niet graag, maar ik zeg u, uw negatieve berichten zullen mij niet verhinderen mijn missie te volbrengen." Yves Desmet staat perplex. Vooral het woord "missie" roept bij Desmet nare herinneringen op. Hij spreekt later grappend met zijn collega's over de "prins als zendeling". Maar volgens intimi bedoelde de prins met de term "missie" zeker niet "een goddelijke zending". "Missie" is letterlijk en slecht vertaald uit het Frans, de moedertaal van de prins. "Une mission" klinkt in het Frans niet zo beladen als in het Nederlands. Bovendien spuwt Filip zijn gal zonder op dat moment echt op zijn woorden te letten. Een vriend van Filip relativeert het taalgebruik en noemt het "begrijpelijk dat Filip zich niet zo genuanceerd kan uitdrukken in het Nederlands. Maar het is wel onbegrijpelijk dat de kroonprins zo uit zijn rol valt".

Het prinselijk standje tegen de pers is nooit eerder gezien. Toch is het "incident" goed op weg om in de banaliteit te verzinken tot... Filip impulsief ook een andere hoofdredacteur aanpakt. Op weg naar de uitgang wordt ook VTM-hoofdredacteur Pol Van Den Driessche door de vleugeladjudant van de kroonprins gevraagd om even met Filip van gedachten te wisselen. De prins wil hem, net als Yves Desmet, zeggen dat hij de kritische toon van de VTM over zijn persoon onaanvaardbaar vindt. Maar het komt er nu nog scherper uit. Van Den Driessche krijgt te horen dat zijn commentaar op de prins niet door de beugel kan en dat hij "ontzag en respect moet tonen, omdat hij de kroon-

prins is en de volgende koning wordt". Ook Van Den Driessche is verbouwe-
reerd. Filip eist bovendien dat de toon van de hoofdredacteur moet veranderen "anders zal u in de toekomst niet meer welkom zijn op het paleis". Pol
Van Den Driessche probeert de kroonprins duidelijk te maken dat het de taak
is van de pers om objectief te berichten over alle instellingen, met inbegrip
van de monarchie, maar toont begrip voor de positie van Filip, die als kroonprins geen commentaar kan geven en alle kritiek minzaam moet slikken. Het
kwaad is geschied. De twee hoofdredacteurs voelen zich behandeld als school-
jongens en pikken de terechtwijzingen niet.

Filip herhaalt tegenover Van Den Driessche tot drie keer toe: "U drukt mij
nu de hand, maar als u nog eenmaal negatief schrijft, zal u mij geen hand
meer geven en bent u niet meer welkom in het paleis." Woordvoerder Michel
Malherbe ziet dat het gesprek uit de hand dreigt te lopen en probeert er discreet een eind aan te maken, maar dat helpt niet. Ook prinses Mathilde tracht
haar man op andere ideeën te brengen en trekt hem zelfs letterlijk aan zijn
jas om hem uit de gênante situatie te redden. Maar de kroonprins weet van
geen ophouden. Het gesprek eindigt abrupt en Van Den Driessche laat tegenover de woordvoerder van het Hof verstaan dat hij de berisping van de kroonprins "niet pikt". Van Den Driessche krijgt van collega Desmet te horen dat
ook hij een flinke bolwassing gekregen heeft. Volgens een intieme vriend van
Filip beseft de kroonprins meteen na het gesprek dat hij de hoofdredacteurs
op een andere manier had moeten aanspreken. "De intentie was goed maar
de toon was verkeerd." Een adviseur van de prins toont zich zéér ongelukkig
met het gesprek. "Zijn rancune is veel te groot. Hij had dat beter moeten do-
seren."

Het blijft op zijn minst vreemd dat Filip niet eerder contact heeft opgenomen met de betrokken redacties om zijn grieven kenbaar te maken. Critici wijzen erop dat Filip wel geregeld met Christian Van Thillo belt, die de
Persgroep beheert, maar niet de moed heeft om zelf contact op te nemen met
de redacties die kritisch over hem berichten. Volgens Miguel Chevalier, ex-
woordvoerder van premier Verhofstadt, is aan het Hof "de moderne communicatie nog niet doorgedrongen". Een intimus verwondert er zich telkens over
hoe moeilijk het is voor Filip om contact te leggen met politici en media-
mensen. "Het is niet zo vanzelfsprekend dat Filip hoofdredacteurs contacteert.

Hij mag niet zomaar gelijk wie bellen, al is het maar voor een informele bab-bel. Hij krijgt daartoe van de entourage van zijn vader geen toestemming." Toch is het geen toeval dat Filip tegen de Vlaamse pers in de aanval gaat. Zijn ongenoegen tegenover de Nederlandstalige media is niet nieuw. Eén prinse-lijk adviseur bevestigt de rancune van de kroonprins tegenover Vlaamse jour-nalisten die de prins als *racaille* omschrijft. Filip is er blijkbaar van overtuigd dat de pers zich bewust tegen hem en zijn vrouw kant uit politieke overtui-ging. Miguel Chevalier bevestigt dat er "een enorme terughoudendheid be-staat ten opzichte van de Vlaamse media. Ik heb hem al gezegd dat zijn me-ning berust op vooroordelen maar hij begrijpt dat niet."

De persoon, niet de functie

De eerste minister is duidelijk niet opgezet met de exclusieve uithaal van de prins naar de Vlaamse pers en besluit om het niet te laten bij een discreet te-lefoongesprek met de kabinetschef van de koning. In een gesprek met Jacques van Ypersele de Strihou noemt Verhofstadt de houding van de prins "onge-past". Ook De Strihou hamert erop dat er dit keer weer een openlijke reactie van de regering moet komen.

Eén bron beweert dat de berisping van de regering er komt op aansturen van de hoofdredacteurs zelf. Herman De Croo, de vurigste verdediger van de monarchie in België, noemt de aanvaring tussen de prins en de twee hoofd-redacteurs "een bewust gecreëerd probleem". Maar zowel Pol Van Den Dries-sche als Yves Desmet ontkennen dat. Zij waren totaal verrast door de uitval en het dreigement met een paleisverbod. Ze vroegen ook geen veroordeling van Filip. De woordvoerder van de premier krijgt het nieuws veeleer toeval-lig te horen op een informele lunch met de Wetstraatpers. Tot grote verba-zing van de betrokken hoofdredacteurs beslist de premier vrijwel meteen te reageren.

Het incident tussen de pers en de prins zorgt alleszins opnieuw voor po-litieke heisa. De dag na de nieuwjaarsreceptie scharen nagenoeg alle partijen zich achter de veroordeling van Filip. Johan Vande Lanotte dreigt ermee de grondwet aan te passen "als hij (nvdr. Filip) zich niet aanpast". De socialis-tische voorman wil dat de koning een louter protocollaire functie krijgt. "We hebben de prins al zo vaak moeten terechtwijzen. Stel je voor dat we dat moeten doen als hij koning is. Dat zou een crisis van de monarchie inhouden." Ook de Franstalige partijen reageren, voor hun doen, zeer offensief op de aanvaring met de pers. De PS stelt bij monde van vicepremier Laurette Onkelinx voor, om een grondwettelijk omschreven functie voor de kroonprins uit te werken. De kroonprins heeft, naar de letter van de grondwet, geen statuut. Een grondwettelijk kader kan een aantal rechten en plichten duidelijk omschrijven, "zoals de plicht zich niet in de politiek te mengen". De Franstalige socialisten willen dat het speciale statuut ook de dotatie en de "prinselijke omkadering" specificeert. Een niet mis te verstane boodschap aan de huidige adviseurs van de prins die volgens verscheidene bronnen "niets hebben gedaan" om dit incident te voorkomen. Vooral de relatief nieuwe adviseur Boudewijn Dereymaeker wordt als de hoofdschuldige voor het incident aangewezen. Nochtans was de zelfverzekerde liberale diplomaat speciaal naar het kabinet van de kroonprins gedetacheerd om ervoor te zorgen dat Filip zich gedeisder zou opstellen.

De uithaal van Filip wordt, ook door die politici die de monarchie gunstig gezind zijn, een "zeer onverstandige zet" genoemd. Volgens Karel De Gucht geeft het incident aan "dat Filip geen juiste inschatting maakt van wat het koningschap kan en moet zijn in de 21ste eeuw. Het is vooral bevreemdend en zelfs verontrustend dat hij met het idee leeft dat hij een missie heeft. Dat zet hij het best zo snel mogelijk uit zijn hoofd." Ook de Franstalige liberaal Louis Michel is die mening toegedaan. Louis Michel is goed bevriend met koning Albert en maakt zich zorgen over de prins. Volgens hem had hij "dat niet mogen doen, *tout court*".

De politieke opwinding over de prinselijke uitschuiver is net iets groter dan bij de vorige incidenten. In de Kamer leest vicepremier Laurette Onkelinx een droge veroordeling voor van de regering: "De houding van prins Filip is ongepast, hij moet terughoudender zijn."

Ook in de wandelgangen debatteren politici van alle partijen voor de camera's over de onkunde van de kroonprins. Karel De Gucht stelt dat er met Albert nooit problemen zijn. Maar "prins Filip heeft geen bevoegdheden en met hem zijn er altijd moeilijkheden. Het probleem is niet de functie, wel de persoon." De politieke wereld vraagt zich hardop af of Filip wel ooit een

competente koning kan worden voor een moeilijk land als België als hij niet
bestand is tegen kritiek. Michel Didisheim verdedigt dan weer de prins. "Ook
na het incident met de hoofdredacteurs geloof ik dat Filip dit land zal kunnen leiden. Maar zoals alle kroonprinsen zou hij soms wat meer geduld moeten oefenen."

De Franstalige pers staat in tegenstelling tot bij vorige incidenten perplex.
Commentatoren tonen zich verbaasd over de rancuneuze houding van Filip.
De koningsgezinde krant *La Libre Belgique* stelt vast dat de prins recent meer
zelfvertrouwen toonde waardoor de aanvallen van de pers waren gestopt. Filip
is nu zelf verantwoordelijk voor de nieuwe spanningen met de pers, vindt ook
Le Soir die zich afvraagt waarom Filip zelf de kat de bel heeft aangebonden.
De toon in de Franstalige pers is nu heel anders dan toen Filip in 2005 het
Vlaams Belang in een interview aanviel. Toen werd hij nog stilzwijgend ge-
roemd omwille van zijn moedige kritiek op extreem-rechts.

De politieke consensus over een aanpassing van de rol van de troonopvolger is nog nooit zo groot geweest. Op Herman De Croo na, roepen alle partijen dat er "een probleem is met Filip". Ook in Franstalig België, dat zich traditioneel braafjes achter de monarchie schaart, is men alom sceptisch over
Filip. Zelfs Philippe Moureaux, de éminence grise van de PS, verklaart zich
bereid om te praten over de functie van het koningshuis. Moureaux heeft het
over de "dwaze streken" van Filip en meent dat "de Salische wet niet voor niets
is aangepast".

Hier en daar wordt andermaal gesuggereerd dat prinses Astrid de plaats
van haar broer zou kunnen innemen. Die hypothese is niet nieuw, maar ze
is wettelijk gezien onmogelijk. Want in de rechtstreekse opvolging komt
Astrid pas na Filip en zijn kinderen. Astrid kan onmogelijk haar vader opvolgen, als hij overlijdt of troonsafstand doet. De grondwet laat gewoon niet toe
dat de prinses de eerste troonopvolger wordt, tenzij Filip en zijn kinderen hun
rechten opgeven. Toch is haar troonsbestijging een scenario dat sinds de uitschuivers van Filip regelmatig opdrukt. Al in 1998 onthult het Franse royalty-
blad *Point de Vue* dat niet Filip maar Astrid het volgende staatshoofd wordt.
Ook bij de tiende verjaardag van de troonsbestijging van koning Albert in
2003 suggereert een anoniem regeringslid dat de troonopvolging van Astrid
"niet onmogelijk is". De liberale toppoliticus bevestigt dat er op regerings-

niveau ooit crisisberaad geweest is om de opvolging van koning Albert voor
te bereiden. Filip kan, volgens hetzelfde regeringslid, makkelijk afstand doen
van zijn rechten op de troon. Maar waarom zou Filip? De grondwet voorziet
geen mogelijkheid om een troonopvolger over het hoofd te springen. Een
adviseur van Filip bevestigt dat de kroonprins desondanks zeer bang is voor
deze denkpiste. "Want er zijn mensen die wensen dat hij zijn vader niet opvolgt. Hij hoort al die geruchten en het zijn zeker niet allemaal loze roddels."

Guy en Albert

Ook de timing is bijzonder slecht gekozen. Het incident met de hoofdredacteurs valt in een belangrijk verkiezingsjaar, zodat ook de rol van de monarchie een terloops thema wordt voor alle partijen. De verkiezingskoorts is op
een paar maanden van de stembusgang al voelbaar en premier Verhofstadt
wil in de pers geen vijanden maken. Verhofstadt moet kiezen tussen twee
hoofdredacteurs of één kroonprins. Zo pal voor de verkiezingen, opteert de
eerste minister voor de weg van de minste weerstand. Hoe dan ook, het is opmerkelijk hoe snel de premier de prins voor de derde keer tot de orde roept.
Bij eerdere incidenten is er nog een zekere terughoudendheid om de prins publiek te kapittelen. Dit keer is alle schroom weg. Ook de derde reprimande
komt er nadat het kabinet van koning Albert is gepolst. Filip wordt, in nauwelijks twee jaar tijd, drie keer terechtgewezen door een regeringsleider in
functie. Dat is nooit eerder vertoond.

Een vriend van Filip ergert zich aan Guy Verhofstadt. Volgens hem heeft
de eerste minister "de kant gekozen van Albert en discrimineert hij Filip". Een
adviseur van de kroonprins bevestigt dat Filip ontgoocheld is in de steun van
de regering-Verhofstadt. De kroonprins ziet daarin een bewuste strategie om
zijn positie te ondermijnen. De terechtwijzingen van de regering plaatsen
telkens vraagtekens bij zijn competentie als kroonprins en stellen onvermijdelijk zijn rol ter discussie.

De eerder geciteerde adviseur is vooral van mening dat Guy Verhofstadt
de incidenten opklopt. "Hoe minder sterk de kroonprins scoort, hoe makkelijker het is om hem later een deel van zijn macht af te nemen." Er heeft altijd een zeker spanningsveld bestaan tussen politiek en monarchie. Maar

DE MISSIE VAN FILIP 227

nooit eerder heeft de spanning zich zo geconcentreerd op de troonopvolger. Eerste ministers of regeringen in functie hebben in de loop van de geschiedenis van België vaak problemen gehad met de macht die de koning zich toe-eigende, maar daarbij bleef de opvolger altijd buiten schot. Sinds de troonsbestijging van koning Albert in 1993 heeft de politiek zijn twijfels over de volgende koning nooit zo openlijk geventileerd als nu. Michel Didisheim noemt dat onbegrijpelijk. "Iedereen zegt: 'Sire, u moet blijven.' De politieke wereld gelooft niet in Filip. Maar dat gebrek aan vertrouwen is niet gefundeerd."

Contact met politici

Het blijft op zijn minst vragen oproepen dat de relatie tussen de kroonprins en de politieke wereld zo slecht is. Politici kennen de troonopvolger niet. Ze weten weinig over Filip en hebben nauwelijks contact met de man die ooit staatshoofd moet worden. Volgens oud-premier Wilfried Martens is "het politieke milieu absoluut niet loyaal tegenover de monarchie. Ik denk dat de politieke klasse onderschat welk probleem ze zelf creëert. De prijs zal uiteindelijk door de politici zelf betaald worden." Een anonieme liberale toppoliticus geeft toe dat "er geen enkel regeringslid is, dat Filip voor vol aanziet". De incidenten maken de kroonprins tot een makkelijke speelbal voor politici van zowat alle, Vlaamse en Franstalige, partijen die de monarchie als een ondemocratisch instituut bestempelen. Filip is intussen de perfecte schietschijf van de politiek. Vooral Wilfried Martens neemt het op voor de kroonprins. Hij vindt dat de politieke wereld haar verantwoordelijkheid moet nemen en de troonopvolger "voluit moet steunen." Prins Filip blijkt zich in het verleden al meermaals te hebben beklaagd over de afstand die er tussen hem en de uitvoerende macht bestaat. Pierre Chevalier getuigt dat de kroonprins, twee jaar na het aantreden van Guy Verhofstadt, nog nooit met de eerste minister had gepraat. "Via mij hadden we een afspraak geregeld. Maar toen bleek plots dat Jacques van Ypersele zich daar tegen verzette. Hij vond dat er geen contacten moesten zijn tussen de kroonprins en de politiek." Filip zoekt dus wel toenadering maar wordt telkens teruggefloten door zijn vader.

Blijft de vraag waarom een regering er baat bij heeft om de troonopvolger bewust in diskrediet te brengen. Volgens een prinselijk adviseur heeft dat te maken met de beate adoratie voor de monarchie bij het grote publiek. "Zolang die bewondering van het publiek er is, zal de politiek zich achter de koninklijke familie scharen. Tegelijk is de monarchie ook een doorn in het oog van de politiek want de prins probeert invloed uit te oefenen en België bij elkaar te houden. Die tegenstelling zal vuurwerk blijven leveren tot de dag dat Filip koning wordt."

"Leve de koning"

Volgens een hofdignitaris stuurde koning Albert zelf aan op een derde berisping van zijn zoon. De koning heeft een vertrouwensrelatie met zijn eerste minister en ziet in hem een loyale bondgenoot. Dat Albert toestemming geeft om zijn eigen zoon terecht te wijzen, verwondert intimi niet. De troonopvolger is een concurrent van het staatshoofd. Het feit dat Albert zijn zoon niet de hand boven het hoofd houdt, is tekenend voor de relatie van Albert met Filip. "De koning en zijn opvolger zien elkaar privé bijna niet. Er zijn geen spontane en intieme relaties aan het Hof. Zelfs niet nu er kleinkinderen zijn." De steun, die Filip van zijn vader krijgt, wordt door een ex-medewerker aan het Hof "bedroevend" genoemd.

Een adviseur van Filip ergert zich aan de rivaliteit tussen vader en zoon. "Albert zou Filip meer moeten introduceren in zijn leefwereld. De koning moet beseffen dat het zijn verantwoordelijkheid is om kennis en ervaring over het koningsambt over te dragen op zijn zoon." Filip reageert niet op de geruchten over zijn koele verstandhouding met zijn vader. In een openhartig interview in november 2004 overlaadt Filip zijn vader integendeel met lof. Bovendien wijst Filip op het hechte team dat hijzelf en zijn vader vormen: "Mijn vader is een fantastisch man. Ik ben de eerste die hem moet ondersteunen. Ik hoef met hem niet in competitie te gaan. We moeten niet vechten om dezelfde plaats. Dat is het mooie aan een monarchie."

Toch blijft het verleden de relatie tussen Albert en Filip vertroebelen. Een intieme vriend van de koning: "Er zijn periodes van grote stilte tussen vader en zoon. Ze zitten in hetzelfde gebouw maar hebben zelden een gesprek van man tot man. Als ze samen zijn, is er altijd een onaangename spanning. Die

stiltes kunnen soms maanden duren. Het verleden heeft te veel kapot gemaakt." Het is op zich niet ongewoon dat een vader en zijn zoon van mening
verschillen. Maar als het een koning en zijn opvolger betreft, voelt de politieke
wereld zich betrokken partij. Ook in de Wetstraat gonst het van de roddels
als zouden de vorst en de kroonprins niet *on speaking terms* zijn. Diverse
bronnen spreken dat tegen. Zo is Louis Michel het niet eens met de zogezegde
geringe steun van de koning voor zijn zoon. "Albert doet wel inspanningen
om zijn zoon meer verantwoordelijkheid te geven. Hij probeert hem ruimte
te geven." Albert zou volgens een liberale bron al diverse keren geprobeerd
hebben om Filip meer op de voorgrond te brengen, ook bij politiek gevoelige
materies. Zo lanceerden enkele politici in de begindagen van de paars-groene
regering het voorstel om Filip naar Congo te sturen. Een uitgelezen kans voor
de kroonprins om zich te bewijzen, los van zijn vader. "Albert heeft die reis
aan Filip voorgesteld, maar Filip heeft die kans niet willen grijpen."

De prins van de Bilderberg

Nog tijdens de nieuwjaarsreceptie krijgt de kabinetschef van de koning te horen dat Filip zijn hand overspeeld heeft. De altijd glimlachende Jacques van
Ypersele brieft meteen de koning. Ook Albert kan geen begrip opbrengen voor
de zoveelste miskleun van zijn zoon. Filip heeft zijn raad in de wind gesla-
gen. Albert neemt zich voor om niet publiek in de bres te springen voor zijn
zoon. Filip staat, niet voor de eerste keer, helemaal alleen in zijn hemd. De
kroonprins neemt, meteen na de ontvangst op het paleis, het vliegtuig naar
het Zwitserse Davos. Samen met zijn vrouw woont hij er het exclusieve Wereld Economisch Forum bij maar ook daar laten de berichten over zijn voort-
varend optreden hem niet los. De dag na het incident brengen de adviseurs
Filip een overzicht van de vaderlandse pers. De verwijten zijn niet mals. Ook
de aanwezige zakenlui kunnen moeilijk naast de *headlines* kijken. Zij lezen
over het ongenoegen van de Belgische media en praten, in alle stilte, over de
uitschuiver van de kroonprins. Eén Franstalige ondernemer neemt het resoluut op voor de kroonprins maar bij de Vlaamse zakenlui, die Filip in de
marge ontmoet, leeft een zekere ontmoediging. Eén van hen laat zich zelfs
ontvallen dat "Filip op deze manier België nooit zal kunnen leiden". Ook Filip

zelf beseft dat hij te ver gegaan is. Zijn wrok heeft hem misleid, al blijft hij ervan overtuigd dat hem onrecht aangedaan is.

Diverse zakenmensen, die op de top in Davos aanwezig zijn, reageren vol ongeloof op de démarche van Filip. De kroonprins probeert, sinds de troons-bestijging van zijn vader, de banden met de vaderlandse bedrijfswereld nauw aan te halen. Maar de ondernemers zijn niet gediend met een troonopvolger "die buiten de lijntjes kleurt". Prins Filip en prinses Mathilde proberen hun gedachten te verzetten en volgen trouw hun uitgestippelde programma in Davos. Voor Filip is het overigens niet de eerste keer dat hij er is uitgenodigd. Het prestigieuze Forum biedt hem de kans om zijn blik te verruimen. Bo-vendien is het een uitgelezen manier om een internationaal netwerk uit te bouwen in de bedrijfs- en politieke wereld. Die kans is niet voor iedereen weg-gelegd en dat beseft Filip zelf ook. Zijn vader Albert heeft als prins van Luik nooit de gelegenheid gehad om op zo'n hoog niveau met wereldleiders en mondiale zakenmensen van gedachten te wisselen. Net daarom begrijpt nie-mand van de Belgische aanwezigen in Davos waarom Filip zijn imago als kroonprins steeds maar weer te grabbel gooit.

De prins en zijn entourage werken al jaren hard aan zijn aanzien en ge-loofwaardigheid. Filip is zelfs stiekem jaloers op de populariteit van de Ne-derlandse kroonprins Willem-Alexander die met zijn speciale inzet voor wa-ter- en deltawerken overal ter wereld wordt uitgenodigd. Ook Filip probeert zich internationaal te profileren, maar zijn omstreden gedrag gooit telkens roet in het eten. Dat Filip zijn taak als eerste ambassadeur heel serieus neemt, blijkt uit zijn aanwezigheid op de vergaderingen van de Bilderberggroep.

De Bilderberg-conferentie brengt de machtigste industriëlen en politici ter wereld samen om enkele dagen van gedachten te wisselen. Etienne Da-vignon zorgt ervoor dat Filip op een van de meetings uitgenodigd wordt. De zogenaamde Bilderbergers zijn de directeurs van de belangrijkste bedrijven ter wereld, de grootste bankiers, toppolitici en ook enkele leden van koninklij-ke families. Koningin Beatrix en Juan Carlos van Spanje zijn vaste gasten. Bil-derberg wordt vaak verweten er een neoconservatieve politiek en ethiek op na te houden. Filip voelt zich alleszins thuis bij de groten der aarde. Topman Etienne Davignon bevestigt dat Filip veel opsteekt van die vergaderingen en telkens graag terugkomt. Ook Bilderbergkenner Daniel Estulin vindt het niet ongewoon dat Filip de kans krijgt om op de conferenties aanwezig te zijn. "Filip is de troonopvolger en dus is hij een nuttige rekruut voor de toekomst. De vergaderingen moeten zijn gedachten kneden zodat hij zich kan houden aan de ideeën van de Bilderbergers." Of Filip sterk beïnvloed wordt door de ideeën van de Bilderbergclub is moeilijk te achterhalen. Volgens ingewijden houden de koninklijke gasten zich tijdens de debatten op de vlakte. Volgens Etienne Davignon zijn de *royals* "iets discreter dan de andere gasten tijdens de formele vergaderingen. Maar gedurende de lunch en de diners tafelen ze met wie ze willen. En daar kunnen ze vrijer spreken". De aanwezigheid van de Belgische kroonprins op de topontmoetingen roept in België geen vragen op. De politieke wereld laat de kroonprins vrij om naar de conferenties van de Bilderberggroep te gaan. De prins behoort zo, zonder het zelf goed te beseffen, tot een machtige lobbygroep. De gretigheid waarmee de *royals* zich op de jaarlijkse vergaderingen vertonen is volgens Daniel Estulin begrijpelijk. "Ze koesteren hun macht en ze begrijpen dat ze in de democratie van vandaag geen macht hebben." Ingewijden getuigen dat Filip het een enorme eer vindt dat hij telkens wordt uitgenodigd. Maar het prestige van de organisatie straalt helaas niet af op de kroonprins. Filip weet dat hij niet openlijk te koop kan lopen met de ideeën van Bilderberg. Discretie is de enige garantie om opnieuw uitgenodigd te worden.

In de wachtkamer

Kunnen de uitschuivers van Filip verklaard worden door het feit dat hij ongeduldig is en "staat te popelen om zijn taak op te nemen"? Alle geïnterviewde intimi noemen het frustrerend dat Albert geen klare taal spreekt over de toekomst. In Nederland en Luxemburg hebben zowel koningin Juliana als groothertog Jean niet tot hun dood gewacht om de fakkel door te geven. Maar in de meeste Europese vorstenhuizen is het wel de traditie dat de monarchen blijven regeren tot lang na hun pensioengerechtigde leeftijd.

Ook Albert geeft geen enkel signaal over troonsafstand of vervroegd pensioen. Officieel luidt het dat de koning zijn taken nog steeds aankan en dat hij zowel fysiek als mentaal nog helemaal bij de les is. Maar andere bronnen spreken dat enigszins tegen. Albert is vaak afwezig door zijn precaire gezond-

Prins Filip tijdens het autosalon in Brussel, 2006

heid. De vorst moet regelmatig zware pijnstillers innemen voor zijn rug en kampt met slapeloosheid. Een intimus vertelt dat Albert soms dagen na elkaar moet rusten als hij een te druk programma heeft gehad. Begin 2003 wordt gesuggereerd dat Albert, voor zijn zeventigste verjaardag, de fakkel zal doorgeven aan zijn zoon. Maar evengoed beseft "de koning dat de tijd nog niet rijp is". Boudewijn bleef tot aan zijn dood op de troon. Niets wijst erop dat Albert het voorbeeld van zijn broer niet zal volgen. Michel Didisheim bevestigt dat Filip "zich, na zo'n lange voorbereiding, natuurlijk afvraagt hoe lang het nog zal duren voor hij koning wordt. Hij is ongeduldig. Maar wie zou in zijn positie niet ongeduldig zijn?"

Filip kan ook niet naast het voorbeeld van zijn collega's in het buitenland kijken. De Nederlandse koningin Beatrix geeft haar zoon Willem-Alexander, sinds zijn huwelijk, bewust meer verantwoordelijkheid. Waarnemers zijn het erover eens dat het groeiende gezag van Willem-Alexander te danken is aan de steun van zijn moeder en de grotere zichtbaarheid van de Nederlandse kroonprins. In Nederland is de traditie natuurlijk anders. Het staatshoofd doet, eenmaal de troonopvolger voldoende is opgeleid, afstand van de troon. In die zin kan de grotere steun van Beatrix ook gezien worden als een voorbereiding op haar troonsafstand. Ook de Spaanse troonopvolger Felipe en de Noorse prins Haakon nemen steeds meer taken over van hun vader. Maar bij Filip is dat niet het geval. Een vriend van de prins getuigt over de "immense frustratie" bij Filip als zijn vader een buitenlands staatshoofd ontvangt en hij "er weer eens niet bij mag zijn". Koning Albert vraagt, in tegenstelling tot zijn buitenlandse collega's, niet dat de troonopvolger telkens aanwezig is bij plechtige ontvangsten van staatshoofden.

Dat een scherpe profilering van de troonopvolger niet altijd tot verhitte debatten moet leiden, bewijst kroonprins Charles van Groot-Brittannië. Spindoctors helpen hem, na zijn desastreuze huwelijk met prinses Diana, af van zijn oubollige imago en kneden hem tot een wegbereider van biologische landbouw en milieuvriendelijke energie. Vooral consultant Mark Bolland draait Charles helemaal binnenstebuiten. Bolland maakt van Charles een van de meest geliefde Britse *royals*. En dat is een wonder. Want veel Britten wijzen de kroonprins met de vinger voor de tragische dood van zijn ex-vrouw Diana. Tien jaar na haar overlijden blijkt dat het nieuwe imago van Charles aanslaat. De kroonprins heeft een eigen gezicht gekregen buiten zijn officiële rol om. Bovendien wordt zijn band met de politiek juist als positief ervaren door pers en publiek. Waarnemers noemen hem, na zijn tweede huwelijk met Camilla Parker Bowles, expliciet "de schaduwkoning". Charles kniest niet omdat hij in de wachtkamer zit. Integendeel, hij besteedt zijn tijd nuttig en geeft blijk van een uitgesproken maatschappijvisie. Zijn ongezouten mening ontlokt soms negatieve commentaren, maar de Britse publieke opinie twijfelt nooit openlijk aan zijn intelligentie of de manier waarop hij zijn rol van kroonprins invult.

In tegenstelling tot Filip is het troebele studieverleden of het geringe communicatietalent van Charles geen voer meer voor discussie. De prins, die er duidelijke ideeën op nahoudt over milieu en architectuur, neemt na het aantreden van Gordon Brown in juni 2007 spontaan contact op met de nieuwe eerste minister. Hij stuurt hem een brief met gelukwensen en nodigt hem uit voor een gesprek onder vier ogen. De troonopvolger en de eerste minister stellen samen een agenda op. Volgens de persdienst van Clarence House (de residentie van Charles) ontmoet de kroonprins de eerste minister gemiddeld drie à vier keer per jaar voor een intensieve werkvergadering. Ze praten onder meer over ontbossing, de waterkwaliteit en de uitstoot van broeikasgassen. Het zijn stuk voor stuk thema's die Charles na aan het hart liggen en waarmee hij zijn stempel op het beleid wil drukken. Premier Brown laat meteen weten dat hij de nauwe samenwerking met de prins appricieert. Volgens hem doet de relatie met de troonopvolger niets af van de "constitutionele rol die de monarch (in dit geval koning Elisabeth) speelt". Brown heeft ook diepe bewondering voor de Prince's Trust, dat sinds de oprichting 31 jaar geleden, 500.000 minderbedeelden heeft geholpen. Brown beschouwt het Fonds "als een instrument dat de levens van zoveel mensen heeft veranderd".

Dat de politiek zich achter de kroonprins schaart, is dus niet zo ongewoon. Ook in Spanje en Denemarken hebben de troonopvolgers belangstelling voor het regeringswerk. In België blijkt dat niet mogelijk. Filip kan geen toppolitici uitnodigen omdat het meteen voor communautaire wrevel zou zorgen.

Het blijft op zijn minst vreemd dat de man die ooit staatshoofd zal worden, zo weinig voeling mag krijgen met de uitvoerende macht. Het contrast met de buitenlandse voorbeelden kan alleszins niet groter zijn. De Britse Queen is 81 en lijkt nog niet van plan om de troon op te geven. Ze blijft behoorlijk fit maar wil het wat kalmer aan doen. De *king in waiting* schoffeert zijn moeder niet door meer toenadering te zoeken tot de politieke leiders van het land. Integendeel. Zolang hij boven de partijpolitiek staat en zich neutraal opstelt, ziet geen enkele partij graten in de profilering van de prins. Overigens onderhoudt Charles ook nauwe contacten met de leiders van de conservatieve en liberale partij, met de oppositie dus. In afwachting van de troonsbestijging groeit daardoor het gezag van de Britse kroonprins.

Waarnemers verwachten dat Charles steeds vaker zijn moeder zal vervangen op *investitures* en andere officiële plechtigheden. Bovendien krijgt hij nu meer toegang tot vertrouwelijke regeringsdocumenten en mag hij zijn eigen *office* uitbreiden tot een volwaardige dienst. Het zijn privileges waar de Belgische kroonprins, die weliswaar een pak jonger is, alleen maar van kan dromen. Toch zijn alle bronnen het erover eens dat Filip een enorme wilskracht ten toon spreidt "om het goed te doen". De prins bereidt zijn buitenlandse missies minutieus voor en acht het zijn plicht de welvaart van zijn landgenoten te verbeteren. Zijn agenda is overvol en dat terwijl de kroonprins officieel niet eens een taakomschrijving heeft. De kroonprins kan, volgens een intimus, "makkelijk het hele jaar door aan het strand gaan liggen en zijn geld tellen. Maar hij doet het niet. Uit plichtsbesef. Omdat hij het beste met dit land voor heeft." Filip heeft de perceptie duidelijk niet mee. Een Mark Bolland is hem niet gegund en bovendien blijft de publieke opinie hem zijn stuntelig gedrag inpeperen. Een vriend van Filip betreurt dat de kroonprins geen alternatief aanbiedt. Hij speelt zijn passie voor techniek, ruimtevaart en vliegkunst te weinig uit. Daardoor beklijft voor de Belgen alleen maar zijn imago van grijze muis. Enkele vertrouwelingen hekelen ook de ondeskundige ondersteuning van het Hof. Daar begrijpt men nog altijd niet dat een bekwame consultant in staat is om de beeldvorming over de prins in de juiste richting te sturen.

De enige rol die voor Filip weggelegd lijkt, is die van handelsreiziger. Maar de contacten met de politiek of de diplomatie blijven voor de prins verboden terrein. Alleen als Albert fysiek niet aanwezig kan zijn, mag Filip de koning vervangen. Wanneer Albert in juni 2007 zijn heup breekt en noodgedwongen een tijd in het ziekenhuis verblijft, treedt Filip even op het voorplan. Hij gaat de renners in de Ronde van Frankrijk in Gent toejuichen. De kroonprins mag ook de Britse Queen Elisabeth ontvangen als zij de herdenking van de slag bij Passendale komt vieren. Maar Filip moet zijn plaats kennen en mag enkel af en toe acte de présence geven.

Een intimus, die dicht bij de koning staat, bevestigt dat "Filip en Albert nog nooit een serieus gesprek hebben gehad over de troonopvolging. Er zijn twee taboes aan het Hof: het verleden en de toekomst." De politieke druk op Albert om op de troon te blijven, is bovendien groot. Koning Albert zou ook rekening houden met de wens van Paola die geniet van haar leven en status als koningin.

De taboes uit het verleden

De kroonprins heeft niet het joviale karakter van zijn vader en dat speelt in zijn nadeel. De pers en politiek rakelen die verschillen tussen vader en zoon ook graag tot in den treure op. Nu al gaat Albert de geschiedenis in als de "sympathiekste koning". Op het vlak moet Filip zijn meerdere erkennen in zijn vader. Maar net die geringere populariteit baart hem grote zorgen. Hij voelt zich niet aanvaard door de bevolking.

De prins wordt ook vaak vergeleken met zijn autoritaire grootvader, koning Leopold III. Maar volgens zijn entourage kent de prins "de limieten van het koningschap maar al te goed en is hij bereid zich te schikken naar de grondwet". Intimi zijn getuige van een vertwijfelde Filip die zich afvraagt waarom hij voortdurend naast zijn voorgangers geplaatst wordt. "Hij weet dat Leopold III te ver is gegaan. Maar Filip is niet van plan om zijn voorbeeld te volgen," aldus Michel Didisheim. Politici verwijten Filip anoniem een gebrek aan maturiteit. De politiek is als de dood voor een autoritaire koning. De incidenten met de hoofdredacteurs en over het Vlaams Belang tonen aan dat de kroonprins niet flexibel genoeg is. De weigering van Boudewijn om in april 1990 de abortuswet te ondertekenen, zorgde voor een eenmalige crisis tussen politiek en monarchie. Volgens Louis Michel heeft de politieke klasse toen aanvaard dat Boudewijn zijn been stijf hield omdat de koning in gewetensnood zat. Maar "ik zou Filip echt niet aanraden om zijn oom als voorbeeld te nemen. Boudewijn had een zeker moreel gezag. Filip heeft dat niet."

Nu Filip de kaap van de 50 nadert, wacht hij nog steeds op de promotie waar hij zijn hele leven voor is klaargestoomd. Een vriend van Filip bevestigt dat de kroonprins "barst van ambitie. Bovendien heeft hij lessen getrokken uit de kritiek die hij gekregen heeft. Het leven en de problemen van zijn ouders hebben hem veel geleerd." Volgens Michel Didisheim heeft "Filip alles in zich om een zeer goede koning te worden. Maar men moet hem de kans geven".

Eendracht maakt macht

De Belgische dynastie leeft niet langer in een tijd van absolute volgzaamheid en adoratie. De koning moet er constant over waken dat de politiek of de actualiteit zijn familie niet uit elkaar drijft. Tegelijk mag de vorst ook het contact met het publiek niet uit het oog verliezen. Als hoofd van de familie moet hij voortdurend koorddansen tussen volkse aanvaarding en de mythe van het

Prins Laurent en prinses Astrid

koningschap. Boudewijn droeg onberispelijkheid hoog in het vaandel. Als het moest, dan trad hij op als een echte pater familias die zijn familieleden de les spelde en ervoor zorgde dat ze niet buiten de lijntjes kleurden. Vaak zorgde hij voor de nodige financiële steun die de gemoederen kon bedaren. "Afvallige" familieleden zoals zijn halfzus, de flamboyante prinses Marie-Christine, kregen achter de schermen geld toegestopt. Zijn rebelse neef Laurent hield hij in de pas door voor hem een huis te laten bouwen in Tervuren.

Ook koning Albert werd na zijn aantreden geconfronteerd met een achterban die niet altijd eendrachtig is. Zijn kinderen hebben nooit een harmonieus gezinsleven gekend en zijn daardoor uit elkaar gegroeid. Maar net als Boudewijn begrijpt koning Albert dat de sterkte van de dynastie ligt in eendracht en eensgezindheid. Albert wikt en weegt zodat geen van zijn kinderen zich benadeeld voelt. Maar dat lukt niet altijd. Vooral de kroonprins voelt zich door zijn broer of zus snel in het nauw gedreven. "Als Filip een goede koning wil zijn," zegt een naaste vriend van de prins, "dan zal hij ook een goede pater familias moeten worden."

Filip erkent dat zijn vaders wil wet is, maar hij uit tegenover zijn staf vaak zijn ongenoegen als Laurent of Astrid te veel belangstelling krijgen. Hij vreest vooral dat zij populairder dan hij kunnen worden. Astrid ligt goed bij het publiek om haar empathie en haar eenvoudige omgang. En veel Belgen hebben ook een zwak voor het enfant terrible Laurent. Het blijft een open vraag of Filip dezelfde volgzaamheid van zijn zus of broer zal kunnen afdwingen als hij eenmaal koning is. En daarin zal hij moeten slagen, om een sterke koning te kunnen worden.

Alle bronnen zijn het erover eens dat de toekomstige koning Filip de hulp van zijn broer en zus best zal kunnen gebruiken. De vorst of Mathilde kan niet overal tegelijk aanwezig zijn. Bovendien is de koninklijke familie er zelf bij gebaat om al haar troeven uit te spelen. Ook Boudewijn liet zich voor officiële verplichtingen vaak vervangen door zijn broer Albert. En toen Albert eenmaal zelf aan het roer stond, schakelde hij Filip of Astrid in om nu en dan voor hem de honneurs waar te nemen.

Ook in het buitenland gaat het zo. De voorbeelden zijn legio. Prinses Anne, de enige dochter van de Britse koningin Elisabeth, heeft minstens een even drukke agenda als haar moeder. En ook prins Charles moet de bejaarde vorstin vaak in het buitenland vertegenwoordigen. Aan het Britse Hof is taakverdeling een feit. Elk lid van de familie heeft er een specialiteit en voorkeur. De agenda van de Queen wordt ook aangepast aan de wensen van haar eigen kinderen of familieleden. Ook de Nederlandse koningin Beatrix leidt haar oudste zoon op tot toekomstig staatshoofd en haar jongste zoon Constantijn als reservekoning. Los daarvan heeft zij altijd een beroep kunnen doen op haar jongste zus Margriet.

Diverse intimi zijn het erover eens: Filip ziet zijn eigen broer en zus "te weinig als bondgenoot en te veel als concurrent". Enkele voorbeelden maar. Als de regio rond Liedekerke en Gent begin 2003 overstroomt, wil prins Laurent zich spontaan naar de getroffen streek reppen. De staf van de kroonprins krijgt lucht van Laurents voornemen en roept de prins een halt toe. Het is uiteindelijk de kroonprins zelf die de bewoners een hart onder de riem mag gaan steken. Filip wijzigt, via het kabinet van zijn vader, ook geregeld de agenda van Astrid. Zolang Albert de numero uno is, is de wrevel onder de prinsenkinderen van weinig tel. De koning is het gezicht van de monarchie. Zijn familie komt op de tweede plaats. Maar volgens tenminste één raadgever van prins Filip, "is de wedijver tussen broers en zus op lange termijn niet goed voor het imago van het koningshuis. Want zodra Filip op de troon komt, zou het beeld van een verscheurde familie zijn koningschap kunnen hypothekeren".

Het lijdt geen twijfel dat prinses Astrid haar taken in de schaduw van koning Filip zal blijven vervullen. Maar het Hof maakt zich ernstige zorgen over de volgzaamheid van prins Laurent als Filip aan het hoofd van de familie komt. Het jongste kind van Albert en Paola schikt zich nog nauwelijks naar het protocol van het Hof. Hij bepaalt zijn eigen agenda en laat zich niet sturen door het kabinet van zijn vader. De benjamin van de koninklijke familie komt meermaals te laat op officiële verplichtingen. De woordvoerder van het paleis reageert vaak moedeloos op vragen naar deze of gene rel met prins Laurent. Ook tijdens de heisa over de fraude met marinegeld in januari 2007 geeft het paleis openlijk toe dat men er niet langer de communicatie verzorgt van de prins "aangezien hij toch alleen maar cavalier seul speelt". Als Laurent alweer te laat arriveert op het galadiner, voor het staatsbezoek van koningin Beatrix in juni 2006, berispt Albert zijn jongste zoon openlijk. Ook op de vooravond van de nationale feestdag in 2007 verschijnt de prins ruim een kwartier te laat op een concert in Bozar. Zijn vader is furieus en gunt hem geen blik. De jongste zoon van Albert aanvaardt, volgens mensen aan het Hof, noch steun noch advies. Wel wil de prins koste wat kost zijn jaarlijkse dotatie van ruim 272.000 euro behouden. Net die financiële steun dreigt weg te vallen zodra koning Albert overlijdt. De politieke wereld is het er na 2000 stilaan over eens dat het aantal dotaties aan leden van de koninklijke familie moet beperkt worden als er een nieuwe koning aantreedt.

HOOFDSTUK 10

De monarchie van de toekomst

" Als men vanuit een rationeel en democratisch standpunt erkent dat een vrij onschuldig irrationeel en ondemocratisch element in een staatsbestel dit staatsbestel voor een groot deel van de bevolking aantrekkelijk maakt, valt er iets voor te zeggen in de landen in Europa waar dit bestaat, het instituut van het erfelijk staatshoofd te handhaven." Dat was een van de stellingen die professor W.H. Roobol poneerde op de conferentie *Monarchie en Republiek*, die op 24 november 2002 door de Universiteit van Amsterdam werd georganiseerd. Of er "iets" voor te zeggen valt de erfelijke monarchie in stand te houden, hangt af van het antwoord op de vraag of de erfelijke monarchie "vrij onschuldig ondemocratisch" is.

Het spanningsveld tussen monarchie en politiek

Een gefundeerde uitspraak over de monarchie in ons land is hoe dan ook maar mogelijk als men zich bewust is van de evolutie die deze instelling in België sinds 1831 heeft doorgemaakt. Pas als de structurele veranderingen zijn blootgelegd die zich bij het invullen van het koningschap vanaf Leopold I tot en met Albert II hebben voorgedaan, is een degelijke prognose over de verdere ontwikkeling van de monarchie te maken.

De grondwetgever van 1830 creëert een spanningsveld tussen de erfelijke monarchie en de regering als emanatie van de volksvertegenwoordiging. De

inzet van die tweestrijd is de besluitvorming. De vorst heeft in ons staatsbestel geen persoonlijke macht, hij is politiek onverantwoordelijk. Hij kan maar
handelen samen met zijn ministers; die alleen zijn verantwoordelijk tegenover het parlement. De koning is enkel symbolisch het hoofd van de uitvoerende macht. De ministers regeren, zij voeren het politieke beleid. De grondwetgever plaatst koning en regering op een tandem waarbij het uitdrukkelijk de bedoeling is dat de regering vooraan zit. Het is niet evident dat Leopold I, die opgroeide in het ancien régime, zich zonder meer naar dat con-
cept zou schikken. Hij en zijn opvolgers trachten het politieke leven in België naar hun hand te zetten.

Van Leopold I tot Leopold III: de macht van de koning

Leopold I neemt een dominante positie in de politieke besluitvorming in. De
politici van het jonge België missen ervaring en mondigheid en zijn aanvankelijk niet of nauwelijks georganiseerd. Zij vertegenwoordigen enkel het
meest gegoede gedeelte van de bevolking en bieden nauwelijks weerwerk aan
een koning die dankzij zijn diplomatieke relaties met Groot-Brittannië en
Frankrijk de nieuwe staat doorheen de internationale beroering rond de Belgische onafhankelijkheid loodst. Vanuit die sterke positie hoeft Leopold I het
niet zo nauw te nemen met de grondwet. Hij beschouwt in eerste instantie
Defensie en Buitenlandse Zaken als domeinen die aan de koning zijn voor-
behouden. Maar ook in de binnenlandse politiek speelt de koning de eerste
viool: hij zit de ministerraad voor en bepaalt mee de politieke agenda. De ministers en leden van het elitaire parlement laten hem grotendeels begaan. Met
zijn bewind beleeft België de laatste uitloper van het ancien régime.

Daaraan komt een einde onder Leopold II. Die wordt geconfronteerd met
veel sterkere bewindslieden die geruggensteund worden door politieke partijen. De veralgemening van het kiesrecht, waartegen de vorst zich tevergeefs
verzet, doet het gewicht van die formaties nog toenemen. Tijdens zijn bewind
vormen liberalen en katholieken afwisselend homogene regeringen. Geleidelijk moet de koning inbinden; de politieke klasse leert hem zich aan de grondwettelijke spelregels te houden. De frustratie die hij daarbij ondervindt, com-
penseert Leopold II ruimschoots door in Congo een onbeperkte heerschap-

pij te vestigen. In zijn Afrikaans gebied gelden voor de koning geen wetten; de vorst is er oppermachtig en buit zijn bezit grondig en meedogenloos uit. Alleen onder druk van de internationale gemeenschap, die het wanbeheer in Congo aan de kaak stelt, wordt Leopold verplicht zijn Afrikaanse eigendom als kolonie aan België over te dragen.

Albert I slaagt er tijdens de Eerste Wereldoorlog in zijn politiek op te dringen aan de regering. Hij wil dat het Belgische leger zich beperkt tot het verdedigen van het eigen grondgebied, terwijl de regering een veel nauwere samenwerking met de bondgenoten wenst. Zijn dominante positie tijdens de oorlog biedt Albert de mogelijkheid zijn stempel te drukken op de naoorlogse politiek. Tijdens zijn bewind maakt het algemeen enkelvoudig kiesrecht een einde aan de periode van de homogene regeringen. Bij de vorming van vaak ingewikkelde coalitieregeringen speelt de vorst een vooraanstaande rol als verzoener en scheidsrechter. Hij pretendeert daarbij de nationale belangen tegen de partijbelangen te verdedigen. Hij laat herhaaldelijk zijn ongenoegen blijken over het feit dat de politieke partijen een steeds grotere rol gaan spelen ten nadele van het koningschap. In de crisis van de jaren dertig pleit hij op discrete wijze voor een versterking van de uitvoerende macht.

Leopold III neemt de politieke partijen en het parlementarisme nog veel scherper op de korrel dan zijn vader. Met zijn neiging naar autoritarisme jaagt hij een deel van de politieke klasse al voor de oorlog tegen zich in het harnas. Dat hij in 1936 de "los-van-Frankrijk"-politiek van de regering volmondig steunt, wekt bovendien de irritatie van francofielen en Wallinganten op. In mei 1940 slaagt Leopold er niet in de politiek van de koning aan de regering op te dringen. Leopold wenst naar het voorbeeld van zijn vader enkel het Belgisch grondgebied te verdedigen. De regering-Pierlot wil na de onvermijdelijke militaire capitulatie van het Belgisch leger vanuit Frankrijk de politieke strijd tegen nazi-Duitsland aan de zijde van de Geallieerden verderzetten. Rond dit cruciale punt komt het tot een breuk tussen de vorst en zijn ministers. Leopold wordt krijgsgevangene; de regering stelt vast dat de vorst daardoor in de onmogelijkheid verkeert te regeren en trekt de volledige uitvoerende macht naar zich toe. Daar ligt de kern van de koningskwestie: een open confrontatie tussen politiek en monarchie, waarbij de koning uiteindelijk de duimen legt.

Tijdens de bezetting manoeuvreert Leopold zich in een machteloze positie; hij krijgt van de Duitsers niet de gelegenheid België in autoritaire en corporatistische zin te hervormen, noch het openlijk voor de onderdrukte bevolking op te nemen. In zijn politiek testament van januari 1944 heeft hij geen goed woord over voor de regering, het verzet en de Geallieerden. Leopold III houdt koppig vol dat hij het gelijk volledig aan zijn kant heeft. Zijn gezag en zijn aanzien worden ook daardoor steeds verder aangetast. Prins Karel, die als regent de troon voor zijn broer warm houdt, ziet in hoe gevaarlijk de situatie is, maar vermag er weinig tegen. Als Leopold enkel de steun krijgt van de Christelijke Volkspartij, is zijn lot politiek bezegeld. Hij kan daarna immers nog bezwaarlijk als symbool van nationale eenheid fungeren. Dat is des te meer het geval als bij de volksraadpleging van 12 maart 1950, die 57% ja-stemmen oplevert, in feite blijkt dat de vorst enkel in Vlaanderen op grote steun kan rekenen. In Brussel en Wallonië is een meerderheid van de bevolking tegen hem. Leopold is de koning van één partij en van één regio. De confrontatie tussen de koning en de politieke machthebbers in het verscheurde land loopt uit op de troonsafstand van Leopold III. Die vormt een breuklijn in de geschiedenis van de monarchie. Met Leopold verdwijnt het koningschap dat vaak autoritair zijn stempel drukt op het politieke leven in België.

Boudewijn en Albert II: de macht verdwijnt, de invloed blijft

Boudewijn erft een uitgehold koningschap van zijn vader. Voortaan maken de regering en de politieke partijen de dienst uit. Enkel in crisismomenten rond de regeringsvorming kan Boudewijn nog van zijn sleutelpositie gebruik maken om de politieke stromingen enigszins te kanaliseren. Door toe te treden tot internationale organisaties en bondgenootschappen, zoals de NAVO en de Europese Gemeenschap, krijgt België steeds minder ruimte om een eigen buitenlands en defensiebeleid te voeren. De machtsvermindering die daaruit voor regering en koning voortvloeit, wordt nog versterkt door het verlies van Congo. De overheveling in het raam van de staatshervorming van nationale bevoegdheden naar gemeenschappen en gewesten holt de politieke macht van de federale regering en van de koning verder uit. Boudewijn legt zich uiteindelijk neer bij die politieke omwenteling en bij de particratie; hij laat de politiek meer en meer aan de politici over.

Hij geeft aan de tweede helft van zijn koningschap veeleer een moreel-maatschappelijke inhoud; vanuit zijn religieuze overtuiging neemt hij het op voor verdrukten en gemarginaliseerden. In dat humanitaire leiderschap wordt hij door de regering gesteund. Alhoewel zijn politieke invloed aftakelt, neemt met de jaren het gezag van Boudewijn toe. Hij weet zich gesteund door een stijgende populariteit, terwijl de politieke klasse steeds meer in diskrediet raakt. Net voor zijn dood beleeft Boudewijn de voltooiing van het federaliseringproces. Zijn politiek testament drukt de hoop uit dat de nieuwe instellingen, in een geest van wederzijds begrip, optimaal zullen werken.

Albert II voert het testament van zijn broer uit en legt daarbij de nadruk op eenheid in verscheidenheid. Ook zijn humanitaire bekommernis en zijn maatschappelijke boodschap liggen in het verlengde van het beleid dat Boudewijn sinds het einde van de jaren zeventig heeft gevolgd.

De monarchie van de toekomst

Uit al wat voorafgaat, blijkt dat het huidige koningschap inhoudelijk grondig verschilt van de monarchie van de negentiende en de eerste helft van de twintigste eeuw. Met vallen en opstaan hebben de vorsten geleerd dat de politiek aan politici moet worden overgelaten. Dat lijkt evident vanuit democratisch oogpunt, maar tot en met Leopold III hebben de koningen met wisselende kansen geprobeerd de politiek naar hun hand te zetten.

Het morele leiderschap dat koning Boudewijn uitoefent, leidt in 1990 tot een minikoningskwestie. De vorst weigert de abortuswet te bekrachtigen die door het parlement is goedgekeurd. De regering drijft de controverse niet op de spits en verklaart de vorst voor één dag in de onmogelijkheid tot regeren. Een grondwettig zeer betwistbaar procedé. De weigering van Boudewijn lokt in politieke kringen felle kritiek uit, maar initiatieven om een herhaling van dit incident te voorkomen, blijven uit. Vijf jaar later plaatst het Hof zelf de bekrachtiging van wetten discreet op de politieke agenda. De bedoeling is de koning de mogelijkheid te geven zich van wetten in verband met ethische kwesties te distantiëren. Maar dit opzet is tot mislukken gedoemd. De meeste geraadpleegde politici vinden het procedé onaanvaardbaar. Merkwaardig is dat het Hof uit de minikoningskwestie enkel het besluit heeft getrokken dat de grondwet op de maat van de koning moet worden aangepast. Nochtans is het omgekeerde de enige aanvaardbare oplossing in een parlementaire democratie. Niets laat vermoeden dat soortgelijke ingrepen van het Hof zich nog zullen voordoen. Dit is overigens uitgesloten als de politieke wereld correct reageert en zeer strikt de politieke invloed van de koning aan banden legt.

Men heeft de grondwetswijzigingen van de jaren tachtig en negentig alvast niet aangegrepen om wezenlijke bepalingen in verband met de monarchie aan de praktijk aan te passen. Sinds België tot de NAVO is toegetreden, stelt het militaire opperbevelhebberschap van de vorst nog weinig voor. De koning is ook voor andere essentiële grondwettelijke bevoegdheden politiek buiten spel gezet. Het zijn de partijvoorzitters die de ministers benoemen en een door hen geïnspireerde regering die de hand heeft in de ontbinding van het parlement. De grondwetwijziging van 1993 heeft op een aantal punten de bevoegdheden van de koning enigszins ingeperkt. De ministers van de regionale regeringen leggen de eed af voor hun parlement. De regionale ministers-president doen dit samen met hun ministers maar leggen daarna pro forma ook de eed af in handen van de koning. De regionale assemblees zijn legislatuurparlementen, wat concreet inhoudt dat zij zelf voor de vervanging van de regering of van afzonderlijke ministers instaan. Maar ook op federaal vlak vermindert de invloed van de koning. De Kamer kan een regering tot ontslag dwingen en een opvolger voor de eerste minister aan de koning voordragen. De vorst moet dan het ontslag van de regering aanvaarden en de voorgedragen politicus tot eerste minister benoemen. Als die virtuele premier er niet in slaagt een regering te vormen, rest de koning niets anders dan het parlement te ontbinden. De vorst behoudt enkel manoeuvreerruimte als de federale regering vrijwillig ontslag neemt na een crisissituatie of na de goedkeuring van een motie van wantrouwen in de Kamer. De vorming van de regionale regeringen voltrekt zich zonder inmenging van de vorst. Het zijn de meerderheidspartijen die in dat verband de nodige initiatieven nemen.

De monarchie krijgt dus de facto een steeds meer representatieve en symbolische functie, zij het dat de koning de rol van raadgever blijft spelen voor de federale regering. Die hele evolutie past perfect in het democratiseringsproces dat ons land vanaf het einde van de negentiende eeuw meemaakt. Voor de politieke wereld is bovengeschetste evolutie onomkeerbaar. Het Belgische pragmatisme weerhoudt vooralsnog de politici ervan om dit veel explicieter in de grondwet op te nemen. De onderliggende redenering daarbij is: "Waarom zouden we een systeem wijzigen dat werkt?" Een veel indringender vraag is echter hoe lang men een aanpassing van de grondwet aan het uitgeholde koningschap kan blijven uitstellen.

De jongste jaren hebben zich verschillende incidenten voorgedaan rond politieke uitspraken van kroonprins Filip. Die zijn in dit boek uitgebreid ter sprake gekomen. Telkens worden daarbij bedenkingen gemaakt over de toekomstige uitoefening van de monarchie. Die discussie werd opnieuw aangezwengeld naar aanleiding van gebeurtenissen waarmee prins Laurent en prins Filip einde 2006 en begin 2007 in het nieuws kwamen. In het proces te Hasselt in verband met een grootschalige fraude met kredieten van de Zeemacht komt aan het licht dat 185.000 euro van dat geld aan prins Laurent ten goede is gekomen. De prins treft daarin volgens de rechtbank geen schuld, maar toch vragen vele waarnemers zich af hoe het komt dat de prins blijkbaar niet rond komt met een belastingvrije dotatie van 272.000 euro. De volgende stap in de discussie is of de elfde troonopvolger wel een dotatie moet krijgen. In politieke kringen is men alvast van oordeel dat de dotaties aan de koninklijke familie aan herziening toe zijn. Het tumult rond prins Laurent is nog niet helemaal uitgewoed als prins Filip op de nieuwjaarsreceptie op het koninklijk paleis in aanvaring komt met twee hoofdredacteurs. Hij dreigt hen daarbij de toegang tot het paleis te ontzeggen.

Naar aanleiding van beide incidenten rijst telkens de vraag over de rol die de monarchie in ons land nog mag spelen. In politieke kringen gaan in januari en februari 2007 stemmen op om de volgende grondwetswijziging aan te grijpen om de functie van de koning te herleiden tot de semiprotocollaire rol die de vorst nu al speelt. Voor de ontbinding van het parlement keurt de Kamer de lijst goed met de artikelen van de grondwet die voor herziening vatbaar worden verklaard, maar geen enkel artikel dat betrekking heeft op de monarchie komt daarin voor. Van alle politieke voornemens blijft dus weinig of niets over. De vraag is of regering en parlement met dat mandaat na de verkiezingen van 10 juni 2007 ook maar iets zullen kunnen of willen veranderen aan de rol van de monarchie.

BEKNOPTE BIBLIOGRAFIE

Adriaens, M., *Van U, prins, geen kwaad*, brief aan Filip, Hadewijch 1990

Balfoort, B., Leyts, B. en Van Den Driessche, P., *Albert II, Tien jaar koning*, Van Halewyck 2003

Boël D., *Een verhaal over liefde en onmacht* – Pieter Dewever, Aqua Fortis 2006

Danneels, M., *Paola, van 'La Dolce vita' tot koningin*, Van Halewyck 1999

De Donder, V., *Patrouilleleiders komen getreden*, Katholieke scouts en gidsen in Vlaanderen, Standaard Uitgeverij 1993

Dumoulin, M., Gerard, E., Van Den Wijngaert, M. en Dujardin, V. *Nieuwe Geschiedenis van België (1905-1950)*, Lannoo 2006

Fralon, J.-A.n, *Boudewijn, de man die geen koning wilde zijn*, Manteau 2001

Jacquemin, N. en Van Den Wijngaert, M. *O Dierbaar België. Ontstaan en structuur van de federale staat.* Hadewijch 1996

Koninckx, C. en Lefevre, P., *Boudewijn. Een koning en zijn tijd*, Lannoo 1998

Liebaers, H., *Koning Boudewijn in spiegelbeeld; getuigenis van een grootmaarschalk 1974-1981*, Van Halewijck 1998

Molitor, A. *La fonction royale en Belgique*, Crisp 1994

Neuckermans, L. en Van Den Driessche, P., *Albert II. Koning na Boudewijn*, Van Halewyck 1995

Polspoel, G. en Van Den Driessche, P., *Koning en onderkoning*, Van
Halewyck 2001

Raskin, E., *Prinses Lilian. De vrouw die Leopold III ten val bracht*,
Houtekiet 1998 en 2007

Raskin, E., *Elisabeth van België. Een ongewone koningin*, Houtekiet 2005

Senelle, R., Clement, M. en Van De Velde, E., *Handboek voor de Koning*,
Lannoo 2004

Suenens, L.-J., *Koning Boudewijn. Het getuigenis van een leven*, F.I.A.T.
Uitgaven 1995

Stengers, J. *L'action du roi en Belgique depuis 1831. Pouvoir et influence*,
Duculot 1996

Van den Berghe, J., *De schaduw van de kroon; mythes en schandalen rond
het Belgische Koningshuis*, Manteau 2005

Van den Berghe, J., *Noblesse Oblige. Kroniek van de Belgische Adel*, Globe
1997

Van Den Wijngaert, M., Beullens, L. en Brants, D. *België en zijn koningen.
Monarchie en macht*, Houtekiet 2000

Van Den Wijngaert, M. Dumoulin, M. en Dujardin, V. *Een koningsdrama.
De biografie van Leopold III*. Standaard Uitgeverij 2001

Van Den Wijngaert, M. en Dujardin, V. *België zonder koning. 1940-1950: de
10 jaar dat België geen koning had*, Lannoo 2006

Vanhaere, J. *Laurent, Prins op overschot*, Standaard Uitgeverij 2003

Velaers, J. en Van Goethem, H. *Leopold III. De koning, het land, de oorlog*,
Lannoo 1994

Witte, E., Craeybeckx, J. en Meynen, A., *Politieke geschiedenis van België
van 1830 tot heden*, Standaard Uitgeverij 2005

Witte, E., Nandrin, J.P., Gubin, E. en Deneckere, G. *Nieuwe Geschiedenis
van België (1830-1905)*, Lannoo 2005

Witte, E., en Meynen, A. *De geschiedenis van België na 1945*, Standaard
Uitgeverij 2006

REGISTER VAN PERSOONSNAMEN